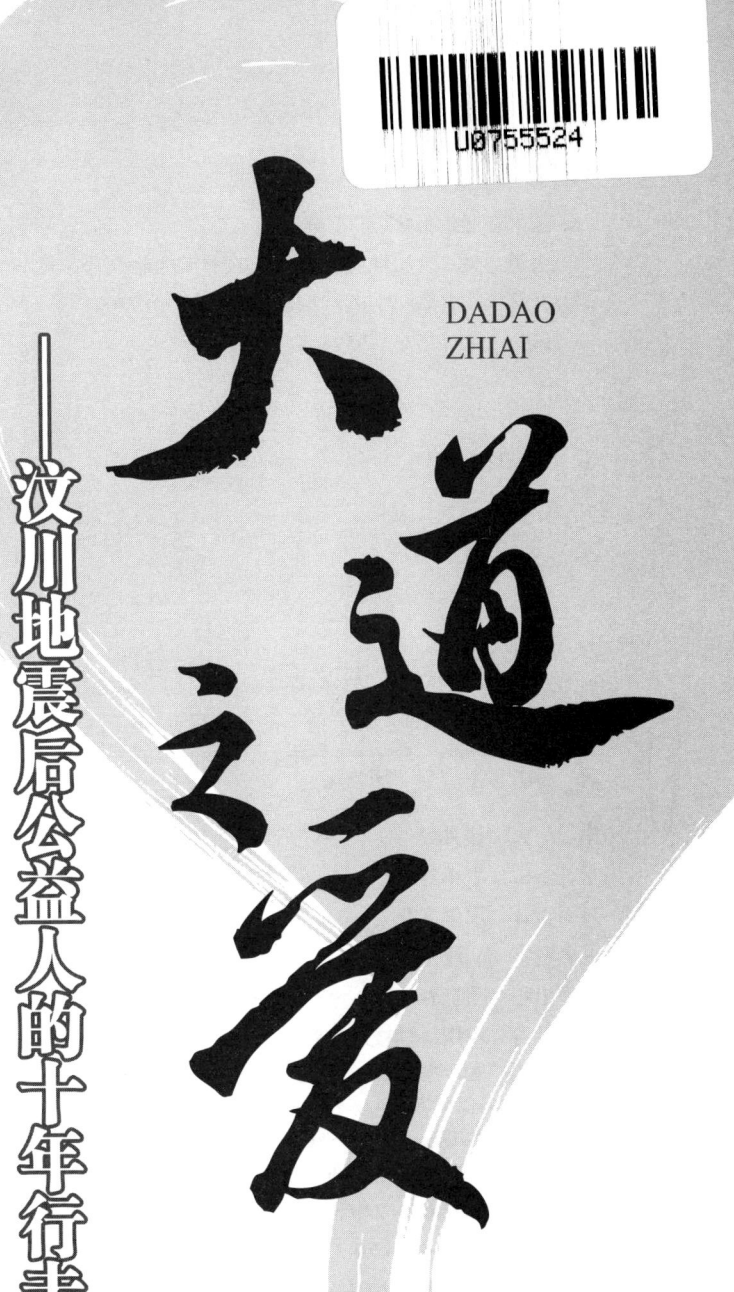

大道之爱

DADAO
ZHIAI

——汶川地震后公益人的十年行走

王洁玉　胡波儿◎著

四川科学技术出版社

·成都·

U0755524

图书在版编目（CIP）数据

大道之爱：汶川地震后公益人的十年行走 / 王洁玉，胡波儿著. -- 成都：四川科学技术出版社，2019.9

ISBN 978-7-5364-9594-4

Ⅰ.①大⋯ Ⅱ.①王⋯ Ⅲ.①慈善事业 - 中国 - 文集 Ⅳ.①D632.1-53

中国版本图书馆CIP数据核字（2019）第197594号

大道之爱

——汶川地震后公益人的十年行走

著　　者　王洁玉　胡波儿

出 品 人　钱丹凝

责任编辑　牛小红

封面设计　墨创文化

书名题字　胡波儿

责任出版　欧晓春

出版发行　四川科学技术出版社

　　　　　成都市槐树街2号　邮政编码 610031

　　　　　官方微博：http://e.weibo.com/sckjcbs

　　　　　官方微信公众号：sckjcbs

　　　　　传真：028-87734035

成品尺寸　170 mm × 240 mm

印　　张　21　字数 420 千　插页 4

印　　刷　四川省南方印务有限公司

版　　次　2019年9月第1版

印　　次　2019年9月第1次印刷

定　　价　42.00元

ISBN 978-7-5364-9594-4

邮购：四川省成都市槐树街2号　邮政编码：610031

电话：028-87734035　电子信箱：sckjcbs@163.com

■ 版权所有　翻印必究 ■

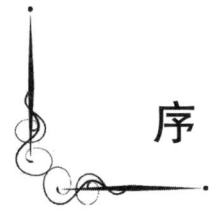

序

无私爱心　无限希望

如果在百度上搜索"公益"一词，你会发现有很多词条："公益"是公共利益事业的简称，是为人民服务的一种通俗讲法；"公益"指有关社会公众的福祉和利益；"公益"是个人或组织自愿通过做好事、行善举而提供给社会公众的公共产品。每个人对"公益"一词都有着自己的理解，但相同的是每一个热心公益的人都拥有一颗真诚、奉献的心。

古道热肠、助人为乐，自古以来就是中华民族公认的传统美德。当你心无旁骛、不求回报地帮助他人的时候，收获的不仅仅是一份快乐，更多的是自己内心的丰盈，最重要的是你向整个社会播撒了善念的种子。俗话说"德不孤，必有邻"，这颗种子会生根发芽，带动更多的人一起奉献爱心，那么内心的愉悦与丰盈就会翻倍增长。人，作为社会性动物，是需要这样的归属感和使命感来获得他人的认可和尊重，完善自己的理想人格，按照马斯洛的需求理论来说，这是金字塔顶端的高级需求，也是一种高级的精神享受，远比吃饭穿衣等基本感官需求的满足来得更畅快淋漓，所谓"富润屋，德润身"大概也是这个道理吧。

"恻隐之心，仁之端也"，孟子认为，人生来就具有向善的本能，《论语》里也有"里仁为美，择不处仁，焉得知"这样的句子，这两位先哲都希望人能生活在一个有仁德的社会里。新时代的主题是构建和谐社会，和谐社会需要每个人都能够以身作则，在力所能及的前提下帮助需要帮助的人，这

样才能将善行和善心层层传递、扩大，此时你助人，将来人助你，这样才能形成一个善良的闭环。

《大道之爱——汶川地震后公益人的十年行走》这本书让人感到希望之希望、光明之光明的是那些怀揣大爱的人们把一份公益做成了自己生命中的一轮太阳。说是自己生命中的，那是因为公益事业已经成了这些公益人生命中不可缺少的一部分；之所以说是太阳，因为这些公益事业照亮了受助人的未来，也照亮了公益人自己的人生。

为善而善，为己而善，都不是大善；为怜而爱，为眼前而爱，也都不是大爱。这本书主要讲述的是在"5·12"汶川特大地震后一些爱心人士和机构的10年公益故事。能把一件公益坚持到10年或更长，让受助人从孩子健康地走向成人，从身心残障成功回归社会，并勇往直前，这当中需要的不仅仅是一种信念和热情，更需要的是一种科学的态度和方法。为他人，重精神，讲科学，向未来，是公益事业可持续发展的要素。我们非常提倡和支持这样的善举，这样的大道之爱。也希望这样的爱能够发散更广，传播更远。

社会中的每个人获得了温暖而具体的幸福，将这些温暖的幸福汇聚到一起，传播出去，就形成了温暖、有爱、向上的大社会。我们相信每一束微弱的光都能照亮人们前行的路；给人以力量，每一束微光都能在无形中感染他人，给人以希望；每一束微光都能汇聚成大大的力量，向整个社会播撒善意和希望！

汤小泉

2018 年 12 月 19 日

汤小泉，女，1947 年 5 月出生，江苏江阴人。历任北京市鲁迅中学党支部副书记，北京市西城区教育局团委书记，北京市西城区团委书记，北京市西城区饮食公司党委书记，北京市西城区政府办公室主任兼法制办主任，中国聋儿康复研究中心主任，中国康复研究中心主任、党委书记，中国残疾人联合会执行理事会理事长、党组成员，中国残疾人联合会副主席，中国残疾人福利基金会理事长，第 29 届奥林匹克运动会组织委员会副主席，第 11 届全国人大常委会委员、全国人大财经委员会委员。

自　序

授人以渔　国之大爱

　　"5·12"汶川特大地震以后，党和国家组织了强大而及时的救援力量抢救生命，提供良好的医疗环境，帮助灾区人民迅速重建家园，为他们创造了优美的生活环境和良好的生活条件。仅仅10年时间，曾经惨遭涂炭、满目疮痍的灾区发生了翻天覆地的变化，成了最美的社会主义新农村和中国小城镇。

　　这个"最美"的概念不仅仅是房屋漂亮和风景优美，更重要的是人们自强不息、努力建设家乡的精神面貌，感恩、和谐、宁静的幸福感，蔚然成风的文明道德风尚。灾后重建也给发掘、唤醒、抢救潜在的、沉睡的、濒临失传的民间文化带来了机会。许多地方根据自己的民族民间文化特色建成了有价值的文化园区、有特色的旅游观光地。比如绵竹的年画村、北川的羌族博物馆、茂县的中国古羌城等。

　　短短10年，国家帮助地震灾区基本解决了农民增收、农业发展、农村稳定的"三农"问题。"绿水青山就是金山银山"在地震灾区得到了充分的体现。其根本原因就是国家扶助地震灾区的理念是"授人以渔"。对地震灾区的群众进行劳动技能培训，帮助他们提高自身发展能力，开发农业经济和旅游文创项目，提供就业机会，吸引外来投资和消费群体，搭建购销网络信息平台。

　　对口援建，这可能是世界上独一无二，最具中国特色的互助壮举。它不仅及时有效地解决了灾后重建迫切、实际的问题，也浸透了血浓于水的手足之情。

　　"一方有难，八方支援""众人拾柴火焰高"，中国文化中集体主义思想往往在大灾大难中自觉引爆，发挥得淋漓尽致。它最大程度地提升了我们的民族自信心和凝聚力。曾经有人说"一个中国人是一条龙，三个中国人在

一起就成了虫"。"5·12"汶川特大地震让我们看到，14亿中国人在一起，就是一条巨龙，一座火山，一片大海。

"5·12"汶川特大地震发生在中国西部贫困山区，对口支援的主要是经济较为发达的地区，这又体现了物质资源、科学技术和责任能力分配上的科学性。中国人民解放军的援建以另一种形式体现了人民军队在和平时期的"铁壁铜墙"的作用。

2018年2月12日，习近平总书记前往汶川县映秀镇考察。在漩口中学遗址，向在"5·12"汶川特大地震中罹难的同胞和在抗震救灾中捐躯的英雄敬献了花篮，并三鞠躬。他叮嘱一定要把地震遗址保护好，使其成为重要的爱国主义教育基地。这又把灾难及灾后重建的价值和意义推向一个新的高度。

往灾区的任何地方一走，每个区域，各项援建，让人无法不感受到国家的兴与旺，人民的热与情。

这是一份"5·12"汶川特大地震的对口援建名单——

1. 山东省——四川省北川县
2. 广东省——四川省汶川县
3. 浙江省——四川省青川县
4. 江苏省——四川省绵竹市
5. 北京市——四川省什邡市
6. 上海市——四川省都江堰市
7. 河北省——四川省平武县
8. 辽宁省——四川省安县
9. 河南省——四川省江油市
10. 福建省——四川省彭州市
11. 山西省——四川省茂县
12. 湖南省——四川省理县
13. 吉林省——四川省黑水县
14. 安徽省——四川省松潘县
15. 江西省——四川省小金县
16. 湖北省——四川省汉源县
17. 重庆市——四川省崇州市
18. 黑龙江省——四川省剑阁县
19. 广东省（主要是深圳市）——甘肃省受灾严重地区
20. 天津市——陕西省受灾严重地区
21. 中国人民解放军——名单上所有的灾区

每每看到这份名单，脑海里都情不自禁地浮现出一幅幅画面：兄弟姐妹手拉着手，走出黑暗，走向光明。

本书没有专门的章节写到上述内容，主要呈现的是一些个人和机构的10年公益。但是，个人的光芒一定是在国家巨大光辉照耀下点亮的。

王洁玉　胡波儿

2019年5月

前 言

爱有道　方为大爱

这是我们写的有关"5·12"汶川特大地震的第三本书了。第一本《灵与肉的守护——一个心理志愿者的震后援助手记》（王洁玉著）是写在四川大学华西医院住院的22位伤残孩子的坚强乐观，家长的不离不弃，医护人员的精益求精，志愿者的大爱无私。第一本书完成以后，就想到要在10年以后再有一本书反映这些孩子的成长和现状。于是，第二本书《爬出废墟的孩子们——20位汶川特大地震小伤员的10年成长》（王洁玉、胡宪生著）在2018年汶川特大地震10周年纪念日之前5月4日出版了。书中写的20个孩子有15个是《灵与肉的守护——一个心理志愿者的震后援助手记》一书中介绍过的，但每个人的篇幅却长了很多。10年的故事，其实远没写完。

现在写这本《大道之爱——汶川地震后公益人的十年行走》，不是要继续讲述地震受伤孩子们的励志故事，而是要通过一些爱心人士10年不间断的工作，展现和倡导有益、有效、有责任的科学之爱。这样的爱的意义和价值远远超过金钱、物资，也不仅仅局限于地震和灾难。

2017年9月底到2018年底，我们通过走访、电话聊天、间接了解，采访了50多个当年因特大地震而伤残的孩子以及这些孩子背后的家长、医生、护士、教师和志愿者。

10年了，尽管孩子们大多数残疾状态都很严重，但没有一个出现过严重的心理问题，而且生活现状都很好。归纳他们的生活状态，大概包括四个

方面：

1. 接受教育情况

当年大地震后的适龄孩子除了卧床不起的，全部重返学校读书。而且许多学校在残疾孩子的教育方面花了大量的人力和物力，进行了有价值的探索与实践，也呈现出了可喜可赞的效果，出现了值得推广的残疾人教育模式。比如，都江堰市友爱学校的残健融合全纳教育，德阳东汽八一中学的残疾人美术高考班，四川华新现代职业学院的残疾学生美术工作室等。那些残疾孩子初中毕业后大都上了高中，进而考上大学。没有上高中的孩子都上了职业技术学校。

2. 生存技能培训

根据残疾人的身体状况，许多机构和个人为他们提供了适合个人身体条件的人生技能培训，使他们有了自食其力的本领。比如，"五彩基金"为肢残地震伤员提供的美术技能培训。他们培训的适龄地震伤员大部分考上了大学美术专业，如今都有了稳定的工作；百年职校第一时间招收灾区孩子，为他们提供了职业技能教育和就业机会；还有成都市谐福关爱中心为残疾孩子们的家人开展了各种课堂，提升他们的自我价值感，同时也学到一些创造社会价值和经济价值的本领。

3. 工作就业情况

从我们所跟踪的当年的儿童地震伤员中，除了极少数年龄较小的孩子还在中学读书以外，其他都已就业。而他们的就业除了自身的努力外，还受到许多爱心人士的帮助。包括人际资源的提供和心理的帮助。而这些地震伤员如今在工作单位都是优秀的员工，有的成为农村的养殖专业户、个体手工艺生产者。他们不仅能够自食其力，有的还有了比较富足的生活状态。

4. 婚姻家庭状况

在我们访问的孩子中，除了还在学校读书的以外，已经就业的大部分都结婚生子或正在谈恋爱。残疾人找的另一半也大都是健全的。他们之间没有生活和心理的障碍，从目前了解的情况，他们都感到幸福美满。

这样一种结果的出现，除了自身品格、家庭教育和学校教育外，一些爱心人士对他们的心理辅导、生涯规划指导都起了不可或缺的作用。比如，天津市明理家和业咨询公司程社明和他的团队10年来一直坚持对他们进行生涯

规划指导；格桑泽仁、王洁玉、胡宪生等心理健康教育工作者 10 年中对他们心理健康的持续关注和指导。

"5·12" 汶川特大地震以后，大家一直在坚持做一件事情，而且一做就是 10 年。

把一件公益事情坚持做 10 年，受助人 10 年以后的状态达到了当年预期的目标，而且效果显著，这本身就说明了一个问题：这件事情做得认真，做得科学。

认真不必多讲。在公益慈善这个事情上，"科学"二字是很容易被忽略的，但它很重要。当年 "5·12" 汶川特大地震发生后，全世界都伸出援助之手，每个人都升起仁爱之心。中国当时可以说呈现出一种人人参与的大规模的援助热潮。从可爱的军人到纯朴的擦鞋工；从麻将桌上的志愿者到来回奔忙的出租车司机；从献血的人潮堵街到灾区堆积如山的矿泉水；从默默陪伴到高调裸捐……

各个层次、各种形式的援助，让每个中国人强烈地感到：

那一刻，我有一个强大的祖国。

这是非常可喜可敬，值得骄傲的事。但 10 年以后掉头回望，还是有许多做法值得我们反思。

2008 年，由于一场特大灾难，中国有了许多标签："中国公益元年""中国心理元年""多难兴邦年""最温暖中国年"，等等。

这些标签表明我们的困难，表明我们的关爱，更表明我们的探索。既然是探索，就有做得不好的地方。最为突出的，就是援助的科学性。

在《灵与肉的守护——一个心理志愿者的震后援助手记》中，有这样一段故事，那是我受到的有关科学慈善最深刻的一次教育：

"光爱中心"的工作效率惊人，物资援助慷慨大方。但发放物资时却有着严格的原则。

我们原计划买 20 只口琴送给孩子。但他们一共买了 50 只，说愿意学的成人地震伤员和家属也欢迎，不够再买。愿意学别的乐器，只要身体条件适合，携带方便，都可满足。

我想，来者一人发一只口琴。但苏静却叫大家当场报名参加口琴班。报了名的才发。有些人不报名，就眼睁睁地望着发口琴的志愿者越过他们，把

口琴发给旁边的人。教口琴时，他们也只有睁着羡慕的眼睛看着别人吹奏。看着他们，我有些于心不忍。

那天，口琴只发了 20 多只。下来我和苏静沟通，看是否把剩下的口琴都发给那天没来的和来了没报名的孩子。苏静不同意。她说出了两个理由：

第一，我们帮助和鼓励的是有强烈学习愿望的人。自己没有愿望，东西发给他就浪费了资源，而这些资源还可以用在另一些需要的人身上。

第二，如果他不需要这个东西，我们发给他可能刺激他的贪欲。如果我们的援助使人的贪欲膨胀，就失去意义了。

这才是真正的慈善家，在施善的同时不忘社会责任。而且考虑周密，不忽略任何细节。

（摘自《灵与肉的守护——一个心理志愿者的震后援助手记》第六章 我们都是志愿者"二、快乐的行者"）

接着，我发表了我当时的感言：

人性是复杂的。利他是本能，利己也是本能。在大灾大难爆发的紧急关头，人们为了维护大的群体的利益，往往忘记了小我，奋不顾身地帮助别人，以求得整体利益的保障。这导致了许多义举和善举。

但在紧急关头过去之后，人们回到生活的现实状态中，有暇考虑个人利益的时候，人性一些利己的或劣性的行为就可能表现出来。受灾者也好，援助者也好，都是如此，难以避免。

善举的动因是多种多样的。有的为善而善，有的为恶而善；有的为己而善，有的为他而善；有的自觉行善，有的被迫行善；有的清醒行善，有的糊涂行善；有的为了解决别人的困难，有的只是为了满足自己的心理需要；有的行善恰当，有的行善过度。

当然，无论出于什么原因，善举总是好事。但善举如果没有受到良好的管理，施善者如果没有强烈的责任感和对人性的清醒认识，善举就不会给人带去好处，甚至会引起恶果。

刺激贪欲，给不法分子以可乘之机，物资分配不均衡而造成的严重浪费与极端匮乏同时存在，受助者的惰情与依赖，这些都是善举的恶果。

所以，我佩服和尊敬苏静和她们的慈善机构。他们是一群清醒、自觉、

富有责任感的施善者，他们的善举是科学、严谨、高效的。

只有科学的施善，才是真正的施善。

（摘自《灵与肉的守护——一个心理志愿者的震后援助手记》第六章 我们都是志愿者"二、快乐的行者"）

通过 10 年的学习、实践和思考，通过写《爬出废墟的孩子们——20 位汶川特大地震小伤员的 10 年成长》的采访，我对科学慈善有了更多的了解和认识。也欣慰地看到，许多爱心人士和机构在行善的过程中是讲究科学的，这种科学性主要体现在几个方面：

1. 在帮助别人时，维护受助人的尊严

助人最基本的原则是不损害受助者的尊严。曾经有位学生在我这里做心理咨询，他特别想不通的一件事是：他每周请班里一名家庭贫困的同学出去吃好吃的。结果，那位同学反而不理他，还在其他同学面前说是他自己出钱吃的饭。

这并不说明这位同学没有良心，不懂感恩，而说明过度的帮助是有害的，受助人心理是不舒服的，甚至是嫉妒的、仇视的。因为你有可能在持续地提示他是无能的，伤害他的自尊，给他压力。

我们采访的大部分个人和机构，书里写到的所有助人者，都特别注意这一点。尤其是在捐款捐物时表现出的方式和态度，绝不让受助者感到是被施舍和怜悯。比如"友爱教育基金""五彩基金"等，他们以补助生活和奖励的方式资助学生，这就避免了个人直接接受现钱捐赠时的尴尬与内疚。

2. 关注和尊重受助人的需要

"为他而善"，这是行善者美好的本意。有了这份本意，在行善时首先想到的是受助者的需求，包括物质和心理的需求。慈善一定是"雪中送炭"，而不是"锦上添花"。前者为别人，后者为自己。

"有人做慈善把家里的钱全捐了，还到处借钱捐，弄得家里矛盾不断。这不叫慈善，这是为了满足自己的个人心理需要的变态的'慈善'"。（程社明）

所以，帮助别人时，首先是从别人的需要出发。在实施心理帮助的过程中，除了危机干预，一般情况遵守"来访者自愿"原则。相信许多心理问题

是可以通过自己和家人的努力而解决的。"5·12"汶川特大地震发生后，王洁玉、胡宪生、向秀清、黄颖、刘衍素等人组成的志愿者团队在绵阳、都江堰、华西医院等处进行儿童心理辅导时，他们做得最多的工作是根据家长的需求，帮助他们怎样陪伴伤残的孩子；根据孩子们的兴趣，开设各种文化和心理课堂。这样，在孩子和家长们充分接纳和喜爱的情况下进行心理辅导。他们的工作起到了很好的作用。

3. 科学分配救援物资

在"5·12"汶川特大地震发生后，曾出现过救援物资分配不均而导致的一些问题。这主要是来源于一些民间的捐助，没有统筹计划、安排和分配。香港光爱中心的苏静，从浙江、上海过来的金关然（现成都市谐福关爱中心的院长）等志愿者在地震发生初期进行紧急救援的时候，特别注重这一点。他们首先通过调查，了解是否需要？需要多少？然后，按需帮助。既满足了受灾群众合理的物资需求，又不造成浪费，受到了受灾群众的好评和尊敬。

4. 注重精神慈善

天津市明理家和业咨询公司的程社明博士主张"做公益做慈善一定要用正确的精神慈善带动有效的物质慈善"。

他所说的精神慈善是指在援助过程中保证受助者心理的健康、品行的良好。除了避免依赖、懒惰、贪婪等不良品行的发生，还要有较高的自我价值感、发自内心的感恩心情、传递大爱和回报社会的意愿。

在我们采访的所有爱心人士中，对这个问题有高度的共识。10年来，大家也始终是这样做的。

赵超、张玉洁夫妇是地震孤儿宋馨懿的义父母，10年来他们为小馨懿提供了良好的生活和受教育的条件。然而，他们对馨懿的援助远不止这些。2018年4月22日，我们在参加馨懿的13岁生日植树活动时，看到的是赵超夫妇对孩子品格和行为的严格要求。馨懿如今的品学兼优、心理健康渗透了赵超夫妇的心血。

5. 坚持助人自助的原则

"老天助自助之人"，这句话的意思是自己没意愿帮助自己的人，老天也帮不了他。

助人自助，是心理辅导中的一个重要的原则，在其他援助中也适用。助

大道之爱

——汶川地震后公益人的十年行走

人自助，不是一句空话，也不是"你不配合我，我就不管你"的不负责任做法的借口。真正的助人自助应该从几个方面理解和入手：

（1）激发受助者自助的愿望；

（2）引导受助者自助的方向；

（3）教会受助者自助的方法；

（4）陪伴受助者自助的过程；

（5）检验受助者自助的效果。

这样才能真正帮助到别人。王洁玉、程社明、胡宪生等在 10 年的心理辅导中，始终坚持这样的原则和做法。

6. 关注受助者的未来发展

在公益慈善中关注受助者未来的发展，是许多爱心人士和机构在儿童援助时的核心内容。

格桑泽仁、王洁玉、胡宪生等的心理辅导工作一开始就把目标定位在孩子未来的心理健康上；程社明及其团队及时为孩子们做生涯规划指导，使他们明确人生的方向和目标；"五彩基金"教孩子们生存的技能；都江堰友爱学校的残健融合全纳教育让残疾学生在和健全人交往的过程中充满自信；百年职校坚持"教育照亮人生，技能立足社会"的办学理念；励建安、丁明甫、孙增春等康复专家在帮助地震伤员康复的 10 年过程中，始终怀抱让地震伤员"成功回归社会"的信念，使许多残疾者享受到和健全人同样的成就和荣誉。

10 年前的想法，10 年中的做法，在 10 年以后见到了可喜的结果，相信这些结果会对孩子们的终生，甚至他们的后代产生深远的影响。

7. 注意助人者的自我成长

"做公益做慈善活动的人必须自己不断提升，如果自己在知识上、修养上、能力上没提升，总有一天会江郎才尽，越做越枯竭。做公益做慈善的人不断提升也是让慈善事业良性循环的必要保证。在做慈善的过程中不仅帮到别人，自己的心灵也得到洗涤。做慈善感动别人是可能产生的效果，首先是要感动自己。"

程社明道出了认真做公益、科学做公益的所有人的真实想法和实际情况。10 年来，这些人在公益慈善中学习、实践，不断进步，不断完善。无论从个人品格，还是知识技能水平都有了很大提高。这也推动了全中国公益慈善不

断走向成熟。这在后来四川雅安芦山地震、青海玉树地震的援助中得到了充分的体现。

公益是一种善举，更是一种责任。爱需要仁心，更需要仁术。

这本书里讲述的只是在"5·12"汶川特大地震以后浩大的援助队伍中极少部分援助者的故事。我们相信，它足以为大家提供一个"窥一斑而见全豹"的管子，借以感知更多的爱的故事。

爱的内容很丰富，方式也很多。我们要倡导的是一种有责任，讲科学的爱。这就是爱之道。

爱有道，方为大爱。

王洁玉

2019 年 5 月

目 录

1. 八千里路云和月

——程社明和他的团队

程社明，男，管理学博士，管理学教授，职业生涯开发与管理企业应用咨询师，职业生涯发展指导师，国家二级心理咨询师，清华大学、北京大学、南开大学"职业生涯开发与管理"授课教授。2008 年"5·12"汶川特大地震发生后，他带领他的团队——天津市明理家和业咨询公司在灾区做心理辅导和职业生涯规划指导。10 年来坚持不懈地奔走在四川灾区，帮助受灾人员进行心理康复和职业生涯规划指导。《灵与肉的守护——一个心理志愿者的震后援助手记》（作者著的另一本书）中"我们的胖哥哥"。

一、一组真实的数据

这是一组真实的数据，它记录了一个人，一个团队，几十颗爱心在四川地震灾区走过的路，留下的足印，洒下的汗水和心血。

自 2008 年 6 月到 2018 年 7 月，10 年之间，他们——

从天津、北京到四川 55 次。

到达绵阳、德阳、绵竹、茂县、成都、什邡、雅安……大部分地震灾区。

深入到近 30 个学校、乡镇、企业等进行心理辅导和职业生涯规划指导。

它们是：

北川中学（四川长虹集团培训基地）

四川什邡洛水镇伞花中学

四川什邡镇向倩爱心学校

绵竹市广济镇中心学校

四川省德阳东汽中学

四川省德阳孝泉中学

四川绵竹市南轩中学

四川绵竹市兴隆镇学校

四川茂县中学

四川茂县八一中学

四川雅都镇小学

四川雅安二中

四川广济爱心帐篷学校

汉旺中心友谊小学

德阳市旌阳区柏隆镇

四川绵竹市隆镇灵桥村

四川茂县雅都镇镇政府

四川雅安政协

四川长虹集团

长虹多媒体产业公司

四川德阳志愿者协会

德阳华升重型机械厂

德阳东方汽轮机公司

四川美乐公司

四川大学附属华西医院

四川八一康复中心

四川成都置信大学

……

累计行程约 22 万公里。

为四川民众进行一对一及团队心理辅导 93 场，直接帮助 1 515 人次，间接受益超过万人。

进行大型公益活动 56 次。

为四川地震灾区受灾人员提供免费职业生涯课程 159 场，参与者 11 082 人次。

直接参与到爱心活动中的天津市明理家和业咨询公司员工达 163 人次。

带动公司员工、生涯规划学员、职家弟子、社会爱心人士参与援助活动 400 余人次。

在四川地震灾区援助活动中，10 年投入经费累计 120 余万元（财务统计数据）。

收到奖状、锦旗、书信等形式的有形感谢和赞扬 50 余件。

二、留在灾区的脚印

我要去，
不去，口不对心！
我一定去，
不去，魂不在身！

那里没有我的家，
我的家在天津。
那里没有我的亲属，
我不是四川人。

那里就是我的家，
那里的人都是我的亲人，
因为我是中国人！

我不觉得我是去救助他们，
我相信能从他们身上获得力量，洗涤我的灵魂，
我将和他们一起流泪、一起思考、一起发奋！

这是 2008 年 5 月 16 日，程社明在法国巴黎临回中国前写的一首诗。

"2008 年 5 月 12 号，我在网上看到四川发生特大地震的消息，当时我在法国巴黎。我马上仔细查阅，看到遇难死亡的人数不断在增加，一种揪心切肤的牵挂，一种心急如焚的归盼。我坐不住了。我有一个强烈的愿望，立刻回国，参与救灾！回国后我召集天津市明理家和业咨询公司的员工开了紧急会议，也做了些准备，6 月开始奔赴灾区。"

现在说起来，程博士语速还有些急促。

6 月 21 日，程社明和他在天津和北京公司的部分员工鲁晨慧、姚明、王爽等人组成了一个团队，直接奔赴四川绵阳长虹集团培训基地北川中学师生的临时校舍。程社明是做职业生涯规划的专家，当时在国内已经有一定的知名度，也学习和研究过心理辅导的理论和方法，在生涯规划的咨询培训中做过许多实践，收到很好的效果。这次他们去四川目的是要对受灾人员进行心理援助和生涯规划培训。

那时候，心理辅导对中国人来说，还十分陌生，程社明团队不知道去了跟谁联系，在哪里做辅导。但就是有一个强烈的愿望：要去帮助灾区人民，这种愿望是没有什么力量可以阻挡的。

在"5·12"汶川特大地震中，北川中学伤亡惨重，活下来的师生都去了绵阳，在长虹培训基地临时搭建的板房和帐篷里上课和生活。程社明团队就去了长虹培训基地，给北川中学的师生做心理辅导。

回忆起刚去时的情景，程社明说：

"一个帐篷里睡好几十个人，空间特别狭小。我算了一下，如果大家都躺下睡觉的话，每个人的位置大概就是半米宽。这么狭小，怎么睡觉啊？是不是可以增加一些帐篷让大家睡得宽松一点？这是我的想法。但学生们怎么说？'胖哥哥，我们班一多半的同学都走了，就活下我们这些了，我们睡觉的时候就希望手拉着手，胳膊挨着胳膊。挤着点好，我们就怕一觉醒来哪些同学又不在了。'这是我们在正常情况下无法理解的心情。那时候学生们还没从地震的震惊和悲伤中解脱出来。"

"你都是一个一个给他们做辅导吗？"我问。

"不是，根本来不及。大多数情况只能做集体辅导。只有极个别的做个

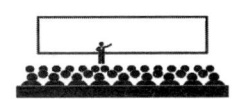

案辅导。"程博士有些无奈地摇了摇头。

有一天傍晚，程博士走进一间教室，看见一个女孩，好像有 20 多岁。他发现她走路眼神呆滞，跟她打招呼没反应，直愣愣地往前走。程博士一看就知道这是一个精神状态不正常的人。他把她叫出去，和她沟通：

"你是老师吗？"

"不是，我是学生。"

"你多大了？"

"13 岁。"

程博士很惊讶，她的个子很高，表情很凝重，看起来比实际年龄大很多。程老师感到十分心疼。

"看上去你心情不太好？"

她不说话，眼睛还是直愣愣地看着不知什么地方。

"你看我一眼，我是做心理辅导的。你能相信我吗？"程社明温和地对她说。

她收回眼光，看了他一眼：

"我能相信你。"似乎没有什么道理，也许就是直觉，她觉得眼前这个人值得信赖。

"你心里的痛苦给我说说吧。"

原来，她的两个弟弟都在地震中遇难了。

当时就在一根电线杆旁边，程博士在路灯下给她做了心理辅导。经过辅导以后，她的眼神、表情恢复正常。

"九年过去了，现在她已经大学毕业。"说着，程博士给我翻看着女孩戴着学士帽照的照片，十分欣慰地说："她叫欧阳敏儿，也叫欧阳多。"

程博士一行在长虹集团的培训基地待了两天，给 400 名师生做了辅导，其中包括团体辅导 4 次，个案辅导 30 余次，受到了老师们和孩子们的认可。程博士收到了不少于 50 封的感谢信，受到了长虹集团培训部李吉兴部长的赞许。

离开绵阳后，他们又去了德阳、北川、绵竹、汉旺等多处重灾区，有学校、家庭、村民安置点。

在绵竹灾区，开始大家并不认识他们，也不知道他们是干什么的。他们便以最快的速度让受灾的民众了解他们是谁，来做什么，以及良好的心理辅

导是什么，让受灾的民众觉得心理辅导能帮到自己。

由于震后初期大量志愿者无序涌入灾区，给营救的指挥和管理造成了许多麻烦，所以在6月份管控就比较严格了，有的地方是不让进去的，很多志愿者被拦在村、镇外面。他们开始也受到这样的阻碍。但他们并不放弃，每到一个地方就和管理人员真诚地沟通，深入地解释，精诚所至，金石为开，他们想去的地方都去了。因为辅导的效果很好，名声很快传开。后来他们走到哪儿，基本都畅通无阻。开始是他们找别人，后来是很多人来主动找他们。

一天，他们从一个村里做了心理辅导出来，准备往其他地方去，在路上被一辆出租车追上了，从车上下来一群人，要请他们做心理辅导。

这是一家人，一个小女孩和他的父母、奶奶。四岁的小女孩叫兮兮，因为在地震中受到惊吓，好多天不说话，也不让他人靠近，晚上睡觉经常被噩梦吓醒。那天她的爸爸、妈妈和奶奶听说有个程博士心理辅导做得好，打听到他们的去向，便打着车一路追赶。

程博士很受感动，可是，荒郊野外，在哪里做心理辅导呀？他们便在附近的小镇上找了一个小饭馆，在那里给孩子做了辅导。做完辅导后，那孩子又说又笑，还唱歌跳舞。

前些日子程博士还给她妈妈打过电话。现在她上初中了。她妈妈发来了她的照片，个儿长得很高，满脸笑容。

6月21～24日，他们在灾区度过了紧张的4天，共培训、演讲8场，参加人数共计1 220人；集体心理辅导14次，单人辅导20多次，受导者年龄最大的约70岁，最小的4岁。辅导的环境有临时教室、学生帐篷、路边餐厅、路灯下面、学校操场等。

回到天津和北京，把灾区的情况向公司的员工介绍以后，大家都积极踊跃报名争取去灾区。程博士和大家讨论了进一步的援助方案。在以后的几个月里，程博士又多次带领员工们到达灾区前线和后方为受灾群众、干部、教师、学生和地震伤员做心理辅导和生涯规划。

开始程博士去灾区的频率比较高，待的时间也比较长，一次去一个星期或10天。白天辅导，辅导完了还要总结当天的经验，讨论第二天的工作，平均每天只能睡两三个小时，而且那时候因为灾区都是危房，室内是不能住的，

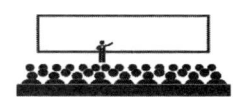

都是住帐篷、板房，有时候甚至就在外面临时靠着什么地方或躺在地上凑合过去。

时间太长了大家实在吃不消，有一次他们看到一个宾馆没人住，就想住在那里。宾馆的人告诉他们说，如果你们实在要住，就住外面的帐篷。住到里面不能保证生命安全。因为楼道墙壁上都是大裂缝。

"我们实在太累了，太累了。住帐篷休息不好。我对老板说，我们就住房间吧，你们别担心，房费我照付。"

其实，住在房间里也并不能睡踏实，担心余震不敢睡沉。更多的时候是身体一倒下就呼呼大睡，但正睡得香甜，突然外面一阵骚动，闹余震，大家又醒了，拼命往外跑。

在灾区，没有正式的饭菜，一般都是干粮加矿泉水，挨饿的时候也很多，偶尔在路边的小餐馆吃碗面条就算是奢侈大餐了。很多时候，大都忘了吃饭。

后来找他们做心理辅导的人越来越多，他们每天基本上是从每天早上 8 点钟开始，做到深夜十一二点。

"压力其实蛮大的，身心也累。经常是我做完灾民的心理辅导，然后我的同事给我做辅导。"程博士说，"到后来基本上是这样一种情景，需要接受辅导的人排着队。尤其面对那些失去亲人想自杀的，压力就更大。后来慢慢摸索出一些经验，我一般用快速催眠的方法，让他们和逝去的亲人对话，给自己找到活下去的理由和方法，时间控制在半小时之内。"

在灾区，除了做心理辅导，他们还给救援官兵、受灾群众、村镇干部做演讲，演讲的主题是"为了亲人活得坚强，为了祖国干得精彩"。在学校，他们在做心理辅导的同时，也对学生进行职业生涯发展培训，让他们有梦想，有信心，清醒面对未来。

2013 年 4 月 20 日雅安芦山地震后，程博士又带着 30 人的专业团队奔赴雅安灾区，为那里的灾民、在校的中学生、救援官兵和当地干部做心理辅导和生涯规划培训。

他们把脚印留在了灾区的土里，把汗水洒在了灾区的地上，把心血注入了灾民的心中。

三、只许成功，不能失败

在德阳，他们遇到一位妇女叫赵晓红，她的儿子特别优秀，在学校是班长，学习成绩很好。地震中，那个班上一共只有两三个同学遇难，她儿子是其中一个。那时她还不到 40 岁，她和老公对未来的美好憧憬，都是基于这个优秀的儿子。儿子遇难后，她觉得活不下去了。

程社明他们去的前一天，她和老公就想不开要走极端。村干部劝他们说，第二天请心理辅导师帮助他们。

轮到为赵晓红做辅导时，程社明判断少于两个小时做不下来，因为她沉浸在悲痛之中太深了。程社明的同事冯燕见了她一下子把她抱住，大家都一起哭。两个小时过去了，除了哭，没有任何效果。程博士就自我安慰起来：谁能保证每次心理辅导都有效呀？我做十个九个有效已经很了不起了。这个也没办法呀。算了，别做了。

于是，他给冯燕说：

"你就再抱着她哭会儿吧。我出去喘口气，还要为别人做辅导，有那么多人等着呢。"

他一开门，外面还有十多个家长，在那里伸着脖子，瞪着眼睛看着他，他们都是失去孩子的父母。见程博士出去便心急地问他"怎么样了？"

"我能不能说没办法？我做不成？"程社明对我说，"我把门关上，又回到屋里，想象着这样一个情况：头天晚上他们夫妻俩想走极端，经过我谈了两个小时，反而出现不好的结果。那我是来帮忙的，还是来捣乱的？你说大家一传出去，那我就罪恶深重了。后来我想，有的心理辅导，你当时做不成，还有机会再做，可这是一个要自杀的人啊，弄不好就没机会啦。她本来抱有一线希望，心理咨询师能救她，可是这一线希望都没有了，你说我是不是到灾区来给灾区人民添乱啊？其实，人是活在希望当中的。"

于是，程社明对自己说，绝对不能放弃，一定要让她从悲伤中走出来。他知道，成不成功，与内心能量和思维方式密切相关。当你自己想放弃，就真的没招了，当你不想放弃的时候，老天都来帮你。对受助人是这样，对助人者也是这样。这就是助人自助的双重含义。

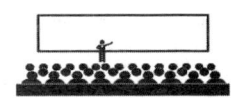

决心一下，脑洞大开，许多方法和技巧闪现出来。又经过近一小时的辅导，终于让她放弃走极端的念头。

由于辅导赵晓红的时间太长了，其他人就只能做集体辅导。可是，这些人说的四川方言程博士一点都听不懂。心理辅导是要对话的，怎么办？当时他发现一个也失去儿子的妇女说的话跟普通话比较接近。程博士就跟她交流，指导她做动作，她翻译，其他的人跟她一起做。这个问题就解决了。做完后，在场六位失去孩子的妈妈都重新露出了笑容，表明她们对今后的生活有了新的希望。

家长们十分感谢程博士，事后有人还要请他到家里吃饭。程博士幽默地对她们说：

"我今天就不去了，你在家好好准备哈，说不定哪天我就去了。我可吃得多，还要带人去吃。"

程博士这样说并不是要去她家吃饭，而是让她感到活着是有价值的。

有一次，程博士带着团队非常艰难地徒步走到伞花学校（解放军空降兵帮助建的临时学校），准备给孩子们做辅导。

到了那里，人家问：

"你们是受什么部门派遣？有谁介绍？"

"没有。"

"没有人派遣，你们来干嘛？有些人到这里来，说是做心理辅导，结果造成新的伤害。我们不欢迎，你们快走吧。"

听了这话，程社明心里非常沉重。的确，中国的重大灾难心理辅导才刚刚起步，无论是从国家的相关法律法规，还是从个人的专业水平、机构的管理水平，都非常不成熟，咨询师的素养良莠不齐。遇到那么大的灾难，许多志愿者都没有心理辅导经验，因此，也产生了一些负面影响。有些人来了，把灾民的心理伤疤撕开，也不会处理，就撂那儿走了，造成第二次伤害，大家都害怕了。

程社明感到了责任重大，他必须做好，这是对灾区人民的负责；他必须证明自己能做好，也是对心理咨询队伍和中国心理咨询的发展负责。

他对学校负责人说：

"你们先拿一个学生我们试试。因为我们老远从北京来了。"

"不行。你看吧，我们这里只接受国家派遣的心理辅导机构，和当兵的人驻扎在这里，外面的人一概不让进。"

"你们就给我们一个孩子，如果辅导完这孩子后没有效果，我们全体立刻撤。"他继续请求。

校长被他们的执着打动了，学校也确实需要心理辅导，就对他们说："好吧，你跟他们聊吧，我也不只给你一个孩子，我给你两个班的学生。但是约法三章，不准照相，不准录音，不准录像。"

程社明立即把学生召集在帐篷里，并请求老师们能去的都去。他先引导大家进行心理宣泄，让大家哭出来，释放压抑的情绪，然后采用了NLP(Neuro-Linguistic Programming 神经语言程序学)简快心理疗法和潜意识对话，增加心理能量。不到一小时，师生们负面情绪的分数就从七八分降到二三分，正能量的指数迅速上升，接着又进行了一些认知的引导，师生们整个精神面貌发生了很大的改变。

校长非常高兴，向他们表示谢意和致歉，临走时还要求和他们合影。

一天，程社明刚给一群人做完团体心理辅导，就接到德阳市团委书记何升元的电话，问他能不能赶到孝泉中学去帮他们一下，说那里的学生不进教室。孝泉中学当时借住在德阳民族中学，程社明立即带着团队赶到那里。

只见操场上黑压压的一片，学生、老师、家长，有1000多人。这所中学的教学楼在地震中垮塌，由于平时训练到位，地震发生时及时组织撤离，全校无一人死亡。

因组织学生疏散腿部骨折还绑着夹板的魏有冬校长一见到程社明，一下子抓住他的手："程博士，同学们不敢进教室，快帮帮我们吧。"

程社明请校长简单介绍了一下情况。原来，地震发生时学生们紧急疏散到操场，亲眼看见校舍摇晃、波动、扭曲，直到垮塌。程博士知道，这种情况造成的心理创伤并不比压在废墟里轻，他非常理解学生们的恐惧心理。

"程博士，你能不能让学生们都进教室上课啊？"校长望着程社明，殷切期盼着。

面对1000多名学生、老师和家长，程社明感到这是个严峻的考验，要是做不成功的话，势必造成二次心理伤害，这意味着他们对心理辅导就不信任了，产生抗拒，也不会相信别人。绝对不能允许这样的情况发生！

程社明指挥自己的团队立即在操场安装扩音器，组织实施团体心理辅导。在老师、家长和在场其他人员的配合下，前所未有地给这么庞大的群体进行集体辅导。

40分钟后，现场1 000多人集体振臂高呼：

"为了亲人，活得坚强！为了祖国，干得精彩！"那场面非常感人，震撼人心！。

辅导结束，所有学生都进教室了。

校长激动不已，紧紧握住程社明的手说：

"程博士，真是太感谢你了！很多家长普通话都不会说的，你辅导他们都能听懂。他们一起跟着喊口号，太不容易了！"

"是吗，他们是不会说普通话吗？看看说得多整齐啊：为了亲人，活得坚强，为了祖国，干得精彩。声音多响亮啊！"

"那是你把他们的潜能都激发出来了。别说普通话，你要是用英语喊，他们也能喊得很好。"

孝泉中学给程博士团队写了感谢信。初三的班主任赵老师说："特别感谢你们的心理辅导，孩子们目前正好是升高中的一个重要阶段，特别需要有健康的心理。"

"那一次是对我们最大的鼓励。" 程社明说。

做过许多案例，经历了许多这样的考验，他深深感到，在灾区做辅导，只能成功，不能失败。

他们在灾区做过90多场心理辅导，没有一次失败的经历，直接受益1 500多人次。这源于他们的能力，更源于他们的责任心与爱心。

"这是老天对我们的眷顾。上苍也为我们志愿者开了一扇窗。"程博士感慨地说。

四、转移到后方

2008年8月6日，经四川大学心理健康中心主任、全国知名心理专家格桑泽仁引介，我认识了程社明。当时地震已经过去近三个月了，在陪伴孩子们平稳渡过急性心理应激期后，我们正在考虑怎样为孩子们进行生涯规划指

导。程博士的到来，无疑对我们后期的心理辅导是一个很大的补充和支持。他们的工作重点也就从前线转移到后方。

2008 年 8 月 8 日，下午 3 点，距北京奥运会召开还有 5 个小时，程博士利用这个时机给地震伤员及其家属做了一个讲座，让他们积聚能量，更勇敢地面对伤痛，面对未来。他在讲座中讲述了澳大利亚激励大师先天无腿人约翰·库提斯和无臂女任吉美的故事，让大家认识到即使自己身体残缺，如果意志不衰退，利用自己身体健存的部分，仍然可以活得精彩，活得有尊严；分享了大地震以来每个人受到的来自国家政府、亲人朋友、医务工作者、全世界的爱心人士的关怀和帮助，激发大家的感恩之情和回馈社会的强烈愿望；回顾了中国人追求奥运梦想的艰难历程和申奥成功时激动人心的瞬间，用国家的使命、民族的尊严激励大家。那时候每个人都热血沸腾，感觉到心中有一个强大的祖国。

整个会场上充满了正能量，那些地震伤员们 10 年后还记忆犹新，还能从中获得力量，引发他们思考。坚定他们信念的口号就是那一天扎根在他们心上的：

"为亲人坚强活，为祖国加油干！"

"心怀感激接受命，积极主动改变运！"

"只要开始永远不晚，只要进步总有空间！"

接下来的几天，程博士到各个病房了解地震伤员的情况，然后和大家一起讨论辅导方案、实施辅导。

因为他在天津和北京有两家公司要经营，还要到全国各地进行生涯规划培训，工作非常繁忙，那段时间基本上是到成都几天，又回去工作十来天，然后再来成都，再回去。

在医院里我们共同设计和组织了地震伤员辅导、家属辅导、医务人员辅导、医患沟通、职业生涯规划辅导等团体心理辅导活动十来场，他还带着他的助手对地震伤员及其家属做个案辅导和亲子沟通 30 余人次。

和程博士共同工作那段时间，留给我们最深刻的印象是他们的高效工作和不辞辛劳。一旦发现问题他们会立即解决，从不会拖过一天，即使在天津或其他出差的地方，从电话里了解到一些情况，他们也会马上赶飞机到成都处理，而且处理完后很快给予反馈。

记得我们组织的"说出你的感激，说出你的决心"的医患沟通辅导，定于 2008 年 8 月 18 日晚上进行。上午他们在天津还有工作，下午程博士和同事冯燕等从天津飞到成都，一下飞机就直奔康复中心，开展辅导。辅导完后，又和大家交谈了一会儿。10 点过离开康复中心。

第二天一大早，程博士就将头天晚上辅导时孩子们写的感谢医护人员的纸条送到医生护士手上，并和他们进行交流，促进医患沟通。下午，他们又飞回天津。

过了约一个星期，我和康复中心的医护人员都收到了程博士寄来的 18 日辅导孩子的录像。

在医院他深入接触了一些爱学习、有梦想的孩子、家属、志愿者，帮助他们进行了职业生涯规划，并建立起了持久的关系，从医院出去后有十多人受他邀请免费参加过他的生涯规划培训课程。也是在这里，他认了王林做干女儿。

在这期间，他去了德阳东汽中学的板房学校给师生们做辅导，并为他们和在华西住院的几位东汽中学的学生搭起了沟通的桥梁，让老师的关怀和嘱咐传达给孩子，孩子们也把自己治疗康复的情况、感受讲给老师听，孩子们得到支持，老师们也受到鼓舞。为救学生英勇牺牲的谭千秋老师的夫人张关容是东汽中学的英语老师，程博士就是在那时候认识她并为她做了心理辅导的。

程博士说给张老师做辅导花了两个小时。她的丈夫是为了保护学生牺牲的，当时他们的大女儿正在上大一，小女儿才一岁多。程博士非常理解她承受的压力，那段时间她听到最多的话就是"你要坚强"。她在媒体或其他人面前也要做出一副坚强的样子来，但心里的痛苦没有得到缓解。

程博士做的第一件事就是让她宣泄，她把压抑了这么长时间的悲伤，对丈夫的想念，对未来带两个孩子的担心，全都宣泄了出来。然后引导她和丈夫对话，去听她丈夫的在天之灵对她的期待。最后，她脑子里想到一个场景：她把丈夫的骨灰埋到一个山坡上，然后带着她的学生们在山坡上种树。所有这些树都是她和丈夫的学生。这些树的茁壮成长就代表了她跟她丈夫的心血，培养的祖国的新一代。当她描绘这个场景的时候，她是笑着的。她说这是丈夫去世后第一次发自内心的笑容。她感到骄傲自豪。

辅导完后张老师感到心情轻松多了，决心要好好生活，照顾好两个孩子，完成丈夫没有完成的遗愿，培养出更多的优秀学生。

2008年12月31日，地震伤员医疗康复中心解散，地震伤员绝大部分出院，我们也结束了在华西医院的心理辅导工作。但程社明博士并没有终止这里的工作，因为这里还有魏玲没出院，他的干女儿王林还躺在床上，他仍然不时地来到华西医院，直到两个孩子都转院到八一康复中心。

五、你的船，你的海——引领生涯规划路

程社明博士写过一本书叫《你的船 你的海——职业生涯规划》，该书介绍了初入社会如何正确对职业生涯进行规划、如何在职场中运筹帷幄等问题。这也是职业生涯规划的一本教科书。

程博士的重要职业领域是职业生涯开发与管理的研究与培训。职业生涯"早学习，早规划"是他的强烈主张。

一个人的生涯就是从出生到去世的过程，人生生涯包括六个方面：健康生涯、性格生涯、情感生涯、学习生涯、职业生涯、兴趣爱好生涯。其中，职业生涯对人生的经济收入、人际关系、成就感价值感影响最大。当一个人对自己的职业生涯有明确的方向，有具体的目标，有有效的方法，就会对人生充满信心。因此，在急性应激期过去之后，对地震灾区受灾人员的重要辅导内容是帮助他们制定职业生涯规划。

"5·12"汶川特大地震以后，程社明和他的团队在地震灾区除了给受灾群众做心理辅导，也为灾区师生进行职业生涯规划讲座和培训，这两件事是互相影响的。如果不能从震后的灾难中解脱出来，就不能为今后的美好生活去奋斗；灾区人员即便是能从当时的痛苦中解脱出来，但不知道未来怎么办，也不能很好地生活下去。所以，让他们接受现实、获得价值，面对未来、明确目标，这是程博士他们在灾区同时进行心理辅导和职业生涯规划指导的目的。

做生涯规划是他们团队的强项，学习心理辅导也有七年的时间了，但面对这么大灾难的心理辅导和生涯规划还是第一次，有时候遇到的困难不是能预先想好对策的。所以，这也是他们的一种尝试，一边摸索一边做。

　　2008 年 8 月 6 日，程社明来到华西医院地震伤员康复医疗中心，正好我们前期三个月的心理辅导有效预防了孩子的创伤后应激障碍，使他们部分恢复到过去熟悉的生活，同时能够悦纳自己的伤残，勇敢面对未来。

　　但是，以后的道路怎样走？怎样规划自己未来的学习和职业生涯？什么样的职业适合自己伤残的身体？怎样面对学习和职场中的困难？孩子们需要职业生涯规划的专业指导。程博士的到来，正好填补了这一空缺，使我们在华西医院的心理辅导进入了一个新的阶段。

　　其实，我的理解，职业生涯规划属于心理辅导的一部分。根据马斯诺的需要层次理论，人的需要从最基本的生存的需要，到安全的需要，再到归属和爱的需要、自尊的需要，最后是自我实现的需要。我们前期做的辅导重点是解决安全需要，归属和爱的需要、自尊的需要，职业生涯规划主要解决自我实现的需要。

　　人生要有方向，要有目标，这是职业生涯规划的基本出发点。程博士和他的团队希望在职业生涯的道路上，给予孩子们更早的帮助和长远的引领。

　　8 月 8 日的讲座，既是一次励志的心理辅导，也是职业生涯规划的认知课程。这是程社明博士团队在华西医院对地震伤员职业生涯规划指导的开端。

　　8 月 10 日，对康复中心全体地震伤员及其家属进行了一对一的生涯规划指导，这是一次涉及地震伤员具体人生目标的辅导。

　　辅导开始时，程博士做了一个简短的讲座。他在讲座里说明了职业生涯规划的重要性和必要性，激励孩子们寻找人生的方向和目标。也介绍了自己的职业生涯道路和取得的成就，给孩子们提供了学习和模仿的具体榜样。

　　那一次的辅导很成功，每个孩子都填写了自己的短期和长期目标。

　　2009 年、2010 年，程社明团队在成都专门为经历了"5·12"汶川特大地震的孩子、老师、志愿者开了多期职业生涯规划心理辅导班。

　　通过前期的辅导和个别访谈、观察了解，程博士挑选了一些有强烈的愿望规划自己的人生、也愿意帮助别人的孩子继续学习他的职业生涯发展与管理课程。地震小伤员李丹就是第一个被邀请到他的职业生涯规划培训师班学习的学生。

　　有一天课间，程博士发现李丹坐在台上愁眉苦脸的，就问她为什么发愁。她说在大地震中她们班那么多女生都去世了，她想帮她们的爸爸妈妈做点什

么，又不知道怎么帮他们。程博士发现李丹在为这个事着急，说明她内心非常善良，就决定长期帮助她。

在辅导工作过程中，程博士认识了在地震中失去右腿的东汽中学学生景超。景超乐观顽强，懂得感恩，自助和助人的愿望都非常强烈，而且具有很强的学习能力和组织能力，于是程博士邀请他参加了生涯规划系列培训课程。课程结束后，景超回到东汽中学，在学校成立了"馨园励志社"，帮助同学们走出地震灾害的阴霾，还请程博士去他们学校给师生们做心理辅导和职业生涯规划指导。

还有一些没有受伤，但是愿意帮助别人的人，比如救向孝廉的英雄少年马健，一直坚守在地震伤员身边、为他们服务的志愿者罗彬等，都是程博士较早邀请的学员。

"我们帮助人有一个原则：我们帮了你，你得有愿望和能力把这份大爱传递出去，帮到别人。"程博士说。

除了地震伤员，有一些表现出自强不息、乐于助人的家属也应邀参加了程博士的课程学习，如杨吕的母亲、贾佳的母亲、李丹的母亲等。

在华西医院住院的地震伤员中，参加了程博士培训班的还有魏玲、向孝廉、贾佳、何周雨、唐仪君、龙娇、杨吕、寇娟、杨敬强、刘芳等。

除了受灾学生，程博士还邀请了一些灾区学校的教师、干部、志愿者参加了他的培训课。北川中学失去女儿的刘宁老师、失去妻子的刘全老师，东汽中学为保护学生英勇牺牲的谭千秋老师的夫人张关容老师，都是程博士在给他们做了心理辅导后又资助他们上他的培训课程的。

在培训课上，关于他们的规划，程博士跟每个人细聊，要求他们对未来写一个规划。景超的"独立人生"规划图就是在那时做成的。

后来，程博士又完善了六天五夜的"职业生涯规划培训师课程"，资助了许多灾区人员参加。通过培训，他们的收获不仅是解决了当前的困惑，更重要的是更明确未来要去哪里：你的未来形象是什么？这一点让他们真正明白未来要成为什么样的人。这也是六天五夜的职业生涯培训课程特别的亮点，很多人在这个环节做出深刻的思考和详细的规划。100小时的训练使人感觉到跨越了很大的时空，整个人的状态都发生了巨大变化。

"10年过去了，我们的学员看起来依然还是那么年轻，其实就是从内心

真正调节，达到逆生长。人生要有目标和方向，才能走得更有激情。"程博士的同事鲁晨慧这样说。

2017 年，我回访了当年参加培训的那些孩子，虽然他们所学的专业和从事的职业不一定都是当年填写的具体目标，但"人生要有方向，有目标"的观念已经在他们心中牢牢树立。10 年间，他们就是在这样的观念引导下，怀揣梦想，满怀信心，一路前行。

下面是部分学员在职业生涯规划培训课堂上的感言节选。

李丹（地震中失去右臂）：全体老师们，下午好！我在这几天的学习里收获了很多，一个是知识和能力上的学习，就是我学习了如何应对那些突发的事件。还有如何用自己的肢体语言去表达，使自己的演讲更加有活力，最重要的是我感受到了大家对我的爱。当我在演讲的时候，不管我的演讲有多么的不堪，大家都是用掌声来鼓励我。所有的学员都非常爱我，大家都给我爱，给我送书，给我支持，给我照相，我觉得大家对我真的很好，我会把这份爱带回灾区，带回四川，让所有的人都知道全国人民、全世界人民都爱我们四川，爱我们灾区的人。谢谢！

罗彬（热心的志愿者）：大家好，经过这次学习，我感觉自己进步挺大的，从第一天上台演讲，腿是发着抖上来的，一句完整的话都说不出来。到现在面对这么多人我能正常交流了，但现在我的普通话还是很欠缺。第一天我们小组得第一的时候，我感觉有拿冠军的机会了，我当时就觉得特别爽，可能前几天比较在意这个名次。不过昨天突然觉得不在乎了，重要的是得到了锻炼，我觉得我经过锻炼各方面都很有进步。没想到今天我们还真是冠军。希望大家以后来茂县玩的时候可以给我打电话，可以跟我联系，茂县是个好地方。

张关容（英雄教师谭千秋的妻子）：在这里我非常感谢程老师！第一次见到他的时候，他的心理咨询让我走出了过去的阴影。在这个职业生涯培训师的训练中，让我不仅学到了培训师的基本知识和技能，更重要的是我能够面对自己的心，去爱身边的每一个人，我相信我以后的生活会更好。我会永远地记住你们大家，谢谢！

向孝廉（地震中失去一只小腿）：这是我第二次来北京，我觉得这一次比我上一次收获的更多，因为我结识了很多肝胆相照的好朋友，收获了很多

无比宝贵的知识，让我认识到了人生的价值，也让我找到了学习的目标，找到了人生的方向！所以说，我要感谢在座的每一位同学、每一位老师、每一位嘉宾，谢谢！

从 2008 年到 2018 年，程社明博士总共资助了四川地震灾区受灾人员 30 多人学习他的六天五夜职业生涯规划课程，为四川地震灾区开展了 159 场次免费职业生涯规划讲座和培训，4 000 多人受益。

在孩子们的生涯规划路上，程博士把他们"扶上马，还送一程"，一直关注着他们的成长和变化。定期跟孩子们电话沟通，了解他们的心理状况和需求，发现了问题，及时实施帮助。使孩子们不仅飞得高，也走得稳。

向孝廉没赶上程老师的第一批培训课程，是后来去上的。程老师发现她当时负面情绪比较重，抱怨较多。他觉得这孩子如果继续这么抱怨下去，肯定是没有好的人生发展，就先给她做心理辅导，然后再去上课。通过一系列的辅导，向孝廉停止抱怨，积极阳光起来。

10 年来，程博士引领着大家驾驶着自己那条船，寻找着自己的那片海，在职业生涯路上乘风破浪，勇往直前。

六、胖爹和他的干女儿

程社明博士和王林结缘是因为魏玲。那天，魏玲把程社明博士带到王林床前，他就有一种前世有缘的感觉，特别亲切。

在地震中，王林脊椎严重受损，造成高位截瘫。有一段时间，王林情绪很不好，想结束自己的生命。而她能采取的唯一方式就是绝食。程博士在天津知道了这一情况，专程赶到成都看望她。见了林林，他特别心疼，通过心理辅导帮助她放弃了轻生的念头。一位医生说，王林可能还能活几个月，你们能不能用心理辅导的方法让她这几个月活得心情好一些。这位医生说，王林出生不久母亲就去世了，抚养她长大的外婆也去世了，她父亲因为忙于生计也不能对她有更多的照顾。医生建议多给她亲人般的关爱，于是，程博士就想，认林林为自己的亲人吧，她多一位亲人，就多一份活下去的力量。

于是，程博士决定立即认亲。

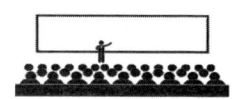

这是一个催人泪下的场面，也是一个庄重的时刻，程博士坐在王林的病床旁，俯下身问她：

"我做你的亲人好吗？"

王林脸上含着笑，用力地说："好"。

"我做你的什么亲人呢？"

程博士拿出一张纸条，写上一串亲人的称谓：哥哥、叔叔、伯伯、舅舅，让王林在上面选一个。王林却说了一个上面没有的称呼，她很郑重地说："爸爸。"

王林戴着呼吸机，无法发出大的声音，但程社明听得清清楚楚。他的眼泪唰地涌了出来，王林的眼泪也涌了出来，在场所有人都为之动容。程博士说："我可以答应做你的爸爸，你也必须答应我一个条件：好好地活下去。我比你大30多岁，你要是做了我的女儿，又死在我的前头，我会很痛苦的。"

王林答应了，说："我会好好活下去。"

"好的，咱以后就改口了。叫我什么？"

"爸爸。"

"好。从此以后，你就多了一位亲人。你就是我的女儿。"程博士一边为林林擦着眼泪，一边说。一双慈父般的眼睛深情地看着眼前这个饱受伤痛折磨的女儿，哽噎地对她说："女儿，你一定要好好活着，配合治疗，坚持锻炼，早一点脱掉呼吸机。脱了呼吸机，爸爸就把你接到天津，我会好好照顾你，还要带你去看世界。"

林林含泪点头应允着。

这是一场郑重的认亲仪式，也是一份庄严的生命承诺。在场的鲁晨慧、姚明、尹书刚、罗彬等见证了这一感人的时刻。那是2009年10月12日，四川大学华西医院金卡国际医院。

别的孩子叫程博士胖哥哥，林林给程博士起了一个专用称呼：胖爹。还说好只能她一个人用。

为了这份亲情，也为了这桩承诺，程博士频繁地奔走于天津与成都之间，他的生命中，又多了一份牵挂；有了这份亲情，有了这份承诺，林林对生活充满了信心，对未来有了新的憧憬。

胖爹工作繁忙不能一直守候在林林身边,他便派了公司的员工程胜华、姚明、鲁晨慧轮流陪伴林林。许多志愿者也在他们的感召下相继去照顾林林、关心林林。

程博士的学生尹书刚、孟蛟、张晓农、王婷和她 10 多岁的女儿张艺小、爱心人士陈丹、杨凌、杨薇、刘丽华、赵玉琼等都陪伴、照顾过林林。

远在山东威海的双举海参店的老板李双举先后给林林寄去了价值数万元的海参,为林林补充营养,并给她写了一封信,表达他对林林的关爱和对程社明的敬佩之情。

程博士的家在天津,林林在成都,他们平常只有用电话联系。而林林不能大声讲话,手不能动,最初的沟通只能通过护理人员转述。后来程博士给林林买了电脑,鼓励她学习用嘴控制鼠标打字。

一天,程博士收到了林林发来的一条 QQ 短信:

"胖爹,你好吗?"

短短的几个字,让程博士兴奋得不能入睡,他知道,那是林林用嘴衔着鼠标,在电脑上一笔一笔艰难地打出来的。

10 年来,程博士去成都看望林林近 50 次。

程社明为王林付出的心血,所做的事情,我不能记录下所有的事实,但下面的点点滴滴也能够让大家窥一斑而见全豹。

2009 年底,林林住在四川大学华西医院金卡国际医院,那几天程博士来成都陪林林。一天早上,我去林林的病房,林林还没醒,程博士在陪伴床上也熟睡着,看来是夜里没休息好。我看了一下林林的医疗设施,一切工作正常,便坐在一边看书,没打扰他们。

一会儿只听得"叭叭"两声,程博士一下惊醒过来,原来是林林在用拌嘴唇的声音叫他。这是他们约定的信号,如果胖爹睡着了,她需要帮助,就用这样的方式叫醒他。

我不知道整个夜晚,程博士要被这个酷似"爸爸"的声音唤醒多少次。

2017 年 8 月的一天,程博士来成都讲课,第二天,我们约好了吃完早饭就去八一康复中心看王林。在约定的时间,我到了程博士住的宾馆,没见到他。过了很久他才回来。这在程博士来讲是很少见的,他向来是一个守时如钟的人。原来,他吃完早饭准备出发时,听说林林的手机坏了,脚上长了灰

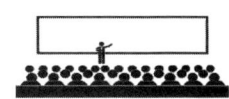

指甲，他便去商店给林林买手机和治疗灰指甲的药。

到了林林的病房，程博士立即为林林换好手机卡，然后就坐在林林床尾给她治疗灰指甲。他坐在那里，弯曲着庞大的身体，埋着头，先剪掉林林的脚趾甲，然后用小刮刀细心地刮掉脚趾盖下的甲灰，用酒精消毒，最后搽上药。

看到程博士专注的神态，柔和的表情，我的鼻子有些发酸。这个在培训场上刚毅严苛，有时候甚至显得有些无情的职业生涯专家，此时此刻，在我的眼前，没有其他任何形象成分，只是一个个完完全全的父亲。他高大魁梧的身躯里，装着一颗柔软的心，那就是慈父的心。

林林的脚虽然没有任何知觉，也不能动弹，但我相信她一定感受到了来自胖爹的温暖和深情。

2017 年 12 月，我再一次和程博士去八一康复中心看王林，这一次，林林的情绪不太好。程博士坐在林林床旁一直和她说话，告诉她目前第三军医大学正在研制恢复脊髓功能的治疗方法，有望让脊髓损伤的人重新站起来。他摸着林林的头，对林林说：

"你一定要坚持，坚持到那一天，我们都一起努力。千万别放弃！"

10 年了，我们大家都怀抱着美好的愿望，希望更大的奇迹出现，大家也在不懈努力。10 年的卧床病人，她没有出现褥疮、呼吸道严重感染、血栓，还保持着这么良好的精神状态，已经是奇迹了，这当中包含了医护人员多少心血和努力啊！

大家能够做的就是等待。10 年，王林的世界只有一间病房，她的视野只有一块天花板。谁能够真正体会到这样的痛苦？可是，她还在坚持着。我们理解她的情绪低落。

一天，我在微信里和程博士有一段对话：

"听说林林想捐器官，你知道吗？"

"九年前就知道了。"

"有人问能不能找相关机构落实，帮她完成这个心愿。"

"这种想法混蛋透顶！"

我赶紧回信解释：

"你别生气，可能是我表达不合适，他们也是想尊重林林的心愿。我理

解你的心情，不希望林林因为有这样的打算降低活下去的力量。我是这样认为的，林林积极乐观地活着，哪一天她站起来了，活到100多岁，她的器官还是健康年轻的，还可以惠及他人。"

"人活一口气啊！处理好后事，这口气就断了。"我似乎看到了他的忧虑和哀怨。

真正的慈父！这种父爱，像火一样，明亮炽烈，像儿童一样简单纯净，没有一丝理性的杂质和灰暗，相信它会永远照耀林林，为林林的生命不断增加能源。我突然想到小时候听过的《天方夜谭》中的一个故事，讲一个小孩得到一个红宝石，他的使命就是让红宝石永不熄灭。小孩必须每天捧着这颗红宝石去追赶西去的太阳，接受阳光的照射才会不灭。有一次，小孩因为经历了一场艰难险阻，追赶太阳的时间被耽误了。可是，他竭尽全力，捧着红宝石拼命地向太阳奔跑，眼看红宝石渐渐灰暗下去，即将熄灭，这时他终于追上了太阳，红宝石又熠熠生辉，小孩幸福地笑了。林林就是这颗红宝石，她的胖爹就是捧着她追赶光明的人。那光明，就是永不落山的希望。

"程老师，谢谢！你的情绪点亮了我的故事。相信林林一定会和太阳相遇。"

其实，那天他也给我上了一课。我更理解了中国人为什么不在人没死的时候向他提及后事的安排。这是中国文化中最伟大的心理学。它从多方面体现了中国文化中生本能的勃勃生机。为了活着，忍受痛苦。为了活着，面对亲人的煎熬。为了活着，只要还有一口气，就不放弃。哪怕有百分之一的希望，就要尽百分之百的努力。有句俗话最能反映中国人这种文化心态：好死不如赖活。这是对生命至高无上的尊重，也是生命本质的体现。同时也表达了中国人的坚韧、接纳、自信这些优秀的文化基因。其实，西方人可能也是这样的，不然，为什么弗洛伊德对生本能的研究深入而透彻，可是对死本能的研究却草草收场？因为，死本能可能就是违背人性的，或者说是人在极度痛苦的时候的逃避心态。人主动走向死亡，其目的不是指向死亡，而是回避痛苦。

还有许多故事和细节，我想，下面一些文字能够补充他的故事：

我可爱的女儿

程社明

2009 年 4 月，我们在成都举办"职业生涯培训师训练班"的第三天，我因父亲病危而提前回天津，没能和我的同事冯燕、鲁晨慧、王爽、曹志娜到华西医院看望震后治疗的患者。她们回来后跟我说：我们去年做过心理辅导的魏玲精神面貌非常好，脸上充满阳光；而一个叫王林的女孩因高位截瘫躺在床上不能动，不能说话，看了真让人心疼。

10 月 10 日，我们在成都开办为期三天的"心理辅导工作坊"，邀请了东汽中学的景超、李丹等在地震中受伤截肢的学生和汉旺中学的刘勇老师（地震中失去女儿）等 20 多人参加。10 日晚上，我们和志愿者罗彬一起来到华西医院 ICU 病房，罗彬让我稍等，他叫出了王林的二姐，二姐哭着说："王林不吃药，不吃饭，她觉得拖下去是家人的累赘，她想放弃了。"我安慰她说："我去给王林做心理辅导，帮她重新树立信心，她会好起来的。"在为王林做心理辅导的最后，我请二姐抚摸着王林的脸，看着她的眼睛温柔地说："姐姐很爱你，姐姐永远陪伴你！你要好好活下去！"王林的泪水不断地涌出来。辅导后，我问二姐："以前跟王林这样说过吗？"二姐说："没有。"我说："每次来看她都要这样说，这对她很重要。"

10 月 11 日晚，我和同事鲁晨慧、曹志娜以及罗彬、李丹、魏玲、藏族小姑娘何蕾、羌族小姑娘陈红肖来到王林的床前为她唱歌。王林戴着呼吸机，几乎不能发出声音，但她非常努力地张着嘴和大家一起唱。我们唱了十几首歌，令人惊讶的是王林对每首歌的歌词都很熟悉。大家忘词了，她就提醒大家。王林脸上的快乐和笑容感染着每一个人。

我特地拜访了王林的主管医生赖巍，赖医生跟我说："地震过去这么长时间，志愿者很少来了。王林现在最需要的是亲情关爱和心理辅导，这是医药治疗所不能替代的。"

我从王林二姐处了解到：王林出生于云南，出生后不到两个小时，母亲就因为难产去世了。王林从小跟外婆长大，她上初一时外婆也去世了。父亲忙于生计很少有时间关照女儿。王林从小就很懂事，初中时是班上的学习委员，高中时是文艺委员，很喜欢唱歌、跳舞。周末回到家里写完作业就主动

帮父亲忙一些生意上的事，和大姐的感情也很好，真是个懂事的好孩子！

我下定决心要让王林多感受亲人的关爱。可做她的什么亲人呢？有的同事说："让她挑吧！也许四川的叫法和北方的叫法不一样呢？"

10月13号我们去德阳，为东汽八一中学的学生做学习生涯、职业生涯培训讲座。280个座位的教室挤满了520多位学生。讲座之后我们又为10多个在地震中失去亲人的学生做了心理辅导。千万别以为失去亲人的痛苦仅仅随着时间的流逝就会自动消失，专业的心理辅导是必要的。一位老师说，东汽八一中学还有几百名同学需要心理辅导，我们12月份再来！

我实在放心不下王林，14日早上我们又来到华西医院第四住院楼。看着王林清澈纯净的眼光，我问："我做你的亲人好不好呀？"王林的脸有些红，高兴地说："好。"我掏出纸和笔，准备把"叔叔""伯伯""哥哥"等亲戚名称写上去让她挑，我刚抬起头就看到王林用力地说："爸爸！"没有犹豫，没有挑选！我很惊讶，再一次问她："哪种亲人？"她还是努力地说："爸爸！"随即，我们两人的眼中都噙满了泪水。当我的泪珠涌出来的时候，王林流着泪对我说："不哭，不哭……"我们互相注视着，什么也没有讲，什么也讲不出，什么也不用讲，只是任凭泪水流淌……

我非常感激王林对我的信任、信赖。我不觉得是认了一个女儿，而是觉得找回了一个失散多年、受了许多苦难的亲人。我对王林说："以后每天吃饱了也还要再多吃一口，按时吃药，等你可以摘掉呼吸机，身体健壮一些，明年夏天我带你坐飞机去北京，看天安门！"王林笑了，笑得很甜。

从家庭系统来说，任何人也不能替代王林的生身父亲，但我相信我和众多爱心人士可以给王林一份真挚的爱。人与人之间除了两性之间的情爱，家庭成员之间的血缘爱，一定还可以有一份超脱两性关系、亲属关系的大爱。当双腿截肢的魏玲每天给王林喂饭、为她唱歌时，就表现出了这种大爱。

我的儿子程遥知道后给我发了短信："我觉得很好啊。而且她妈妈也是1960年生的，这是不是什么缘分啊？如果这种说法能真的挽救这个女孩那就很有意义，我觉得挺好。"谢谢你狗狗，不愧是我的好儿子！

我的同事都非常理解和支持我，我们商量在王林原生家庭的基础上，再为她组建一个爱心大家庭，招募四个"伯伯"、四个"叔叔"、四个"姑姑"、四个"舅舅"、四个"姨"、四个"哥哥"、四个"姐姐"、四个"弟

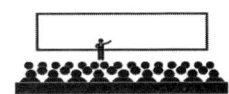

"弟"、四个"妹妹"，同事们抢着报名。

我在讲授完为时三天的《总裁价值——总裁如何打造职业化团队》课程之后，10月20日和21日，分别给王林的父亲、大姐、二姐打了电话，详细讲述了和王林的认亲情况，他们其实早就知道了，都很感动，频频道谢。我说："不用谢！我们一起努力让王林感受到亲人的关爱，笑着活下去！"我邀请王林的父亲、大姐、二姐参加12月12～14日在成都举办的"心理辅导工作坊"，承诺为他们做心理辅导，并教给他们至少10种简单有效的心理辅导方法。

我给王林的医生和护工打电话时了解到：王林吃饭比以前多了，主动要了回锅肉吃，还说很想吃火锅。她的脱呼吸机练习已经从半个小时增加到一个小时，10月21日又达到两个小时。

每当我看着和王林的照片，我都会感受到信赖的力量。有一天晚上我做了一个梦，梦见王林从外面蹦蹦跳跳地跑回来，笑着大声说："爸爸，我回来了！"

王林现住在四川大学华西医院第四住院楼金卡ICU908，如果亲爱的读者有机会去看望她，请和她唱首歌或给她讲一个快乐的故事。进ICU病房有一定的限制，你只要说是胖哥哥程社明博士的朋友，工作人员就会为你放行。见到王林时，你只要说是胖哥哥的朋友，你就会看到她纯美的笑容！

谢谢你！你是上天赐予我的宝贝女儿。有了你，我的人生更完美！

这张照片多么和谐、美好！我久久地注视着，心灵净化着。

双腿截肢、战胜死亡的魏玲常常给王林喂饭、笑着为王林唱歌。

这道美丽的风景感天动地！

在病床上瘫痪了一年半之后的王林再次焕发着纯美的青春活力。

我要全力帮助你，你一定会重新站起来，我可爱的女儿！

2009年10月21日

让我们一起创造奇迹——为我可爱的女儿

程社明

有人曾经说："王林不可能摘掉呼吸机了，因为她的呼吸肌肉已经萎缩，

她这一生只能靠呼吸机呼吸了。"我不相信，我对王林说："你只要摘下呼吸机，就能和我天天通电话了，就能和别人自由交流了；只要摘掉呼吸机，即使坐轮椅也能去北京；只要你能有一只手恢复活动，就给你买一台电脑。"王林相信了！她在努力练习脱机呼吸，从几分钟到几十分钟，从半个小时到一个小时，从一个小时到两个小时，两个半小时……11月17日，她连续脱机训练8个小时，当天脱机训练累计10个半小时！王林让二姐转告我，我下次去看她时，她一定不带呼吸机！现在我倒要反过来劝她不要过于着急，要尊重康复训练的规律。我心里非常激动，为王林身上迸发的这种追求生命的活力。

王林能有这样快的良好转变，是因为从许多人身上得到了大爱。他们是：

程胜华、姚明、牛顺琼、罗彬、尹书刚、杨凌、何达、李响、楚繁、杨薇、王婷、张艺小、魏玲、魏玲的妈妈、赖威、王存真、李晓庆、李远荣、高华、鲁晨慧、冯燕、张晓农、刘丽华、徐东、景超、程遥、李丹、陈红肖、胥国文、何蕾、滕一星、曹志娜、林琳、郑淑珍、张志敏、李晓秋、黄雅才、刑璐璐、黄艳、吴斌、张金东、周涵修、魏敏、江美心怡、李容、杨建、蒋乃慈、吴小祥、严宪、易海涛、林欲辉、李雪、沈维军、周湘峻、陈卫东、范厚英、冯维珍、陶然、孟娇、张洪方

还有许多我没来得及统计全的人名。这些人有些是我的朋友，有些是我朋友的朋友，有些人只是因为看到了我的文章而来的。来照顾、鼓励王林的人有医生，有护士，有企业老总，有报社记者，有护工，有病友……这些原本与王林素不相识的人相继来到王林的病床前，给予她亲人般的关爱、真心的鼓励和最重要的心理支持。我向你们鞠躬致敬！

亲爱的朋友，如果你去看望王林，不用说你要坚强，因为她比我们坚强！不用说你要乐观，因为她比我们乐观！我们可以从这个在病床上躺了10年的高位截瘫女孩身上，获得生活的勇气，获得创造奇迹的动力！

王林的上臂能动了

程社明

2010年12月13日晚上10点钟。我坐在林林床侧，对她说："你要相信你一定可以站起来，你的四肢一定能恢复功能。"罗彬突然大喊："王林的

手臂在动！"我们都吓了一跳，她的手臂已从肚子上移动到身体右侧。我们简直不敢相信，我又把她手放回去，她又一次移动下来，连续做了四五次，我立即给为王林做了四天按摩的张楷璐打电话，告诉她这个喜讯，张楷璐喜极而泣！

如果现在有人问王林："你会怎样出华西医院？"王林会高兴地说："我会走出去！"

14日上午，林林左臂开始可以活动，晚上，林林的右脚出现自主活动现象。

又是一个奇迹的发生。

2010年4月13、14、15日三个晚上我陪伴林林，喂水喂饭，做心理辅导。16日凌晨3点我又去看她，一进屋林林就醒了，我问："我为什么又回来了？"她说："爸爸想我！"我说："你睡吧。你睡着了我再走。"可服过安眠药的林林就是不睡，几十次睁开困倦的双眼看着我。我心疼！我说："我知道你心里有好多话，等你恢复发声说话了，我就给你做全面的心理辅导，帮你把心理的痛苦全变成快乐和力量。"她使劲点点头。我因6点要去赶飞机，凌晨4点半依依不舍地离开了病房。

让我万分惊喜的是：17日林林突然能发声说话了！这对一个带着呼吸机高位截瘫的患者来说，真是奇迹！18日，给她做按摩的陈丹打来电话，让我听林林讲话，我第一次听见林林用少女甜蜜的声音叫我爸爸！

陈丹短信：程老师好！从昨天下午开始，林林就大声说话了，今天听她清晰地叫我阿姨，当时我就想流泪。谢谢你，是你的爱让她今日笑容如花。今天我收下她给我的礼物（程社明带去的天津小宝栗子）并告诉她，这是我收到的最美的礼物，明天就把这份礼物分给我身边所有关心过她和知道她的朋友们。谢谢你，程老师，是你让我和我的朋友们一次又一次体验感动。你的学生陈丹。

俗话说：时间放在哪，心就在哪。我非常自豪，没有受不理解者的干扰，坚定地把相当多的时间放在这个从小失去母爱的孩子身上，我感谢同事们和众多爱心人士的支持，我们和林林一起创造了新的大爱奇迹！

于日本横滨

2010 年 5 月 31 日至 6 月 4 日去成都的感想

明理家和业员工　程胜华

2010 年 5 月 31 日到成都后下起了蒙蒙细雨，但我依然怀着一份激动的心情第四次来到王林的身边，记得第一次看到林林的时候真的不敢相信自己能够多次地去照顾她，我很感谢大家对我的信任。

当我到达成都后，感谢鲁晨慧老师、王爽老师、鲁津老师、姚明老师、潘群老师、李瑛娟及石春雨给予我和林林的关心！尤其是鲁晨慧老师几乎每天晚上 10 点左右的时候还特意给我和林林打电话问候我们怎么样，让我们感到特别温暖。

这次看到林林的时候感觉比以前胖了一些，中午我喂她吃程老师做的红烧肉，我问她好吃吗？她说非常好吃，而且也非常高兴。吃完饭后我让她看了潘群老师写的"爱心"红烧肉，之后她让我给程老师发短信：爸爸，我收到您做的红烧肉了，我非常高兴，谢谢您那么辛苦还要为我做红烧肉，我非常感动。我看潘群姐姐写的那篇"爱心"红烧肉的文章，我一定会乖乖地把您做的肉全部吃掉，谢谢您为我做的一切！我爱您！爸爸。

在接下来五天的时间里面，林林很听话，我们按照日程上写的做，有时林林还问我，我们下一步做什么呀？我会告诉她，看书、看光盘、练习手臂……她也很配合。

6 月 2 日下午，万总的朋友丽萍和她的对象来看林林，而且还帮助林林练习脱机呼吸 40 分钟，看到林林很努力并且坚信自己一定能够脱掉呼吸机的样子，心里感到很欣慰，因为我们大家的努力没有白费。

当我问她对自己未来的描绘是什么样子的时候？她告诉我：我 20 岁过生日的时候要把呼吸机摘掉，用接下来一年的时间进行康复锻炼，到 21 岁的时候双手要像正常人一样自由地活动，再接下来的时间进行下半身锻炼和学习，用四年时间读完大学，在这个时候我已经能像正常人一样自由地走路，然后工作，在工作的时候继续学习，我希望能够找到可以到处旅游的工作，希望做一个自由的人。听着她的描绘，我相信林林的愿望一定会实现的。

6月4日下午当我要走的时候，林林说时间还没有到呢，我没有说话，只是心里很难受。其实从她的话里我能够感受得到，她很不希望我走，当我到机场时由于飞机晚点，而且天空也下起了雨，我突然接到林林让护士给我打来的电话，问我坐上飞机了吗？我告诉她，我坐上飞机了，等我回家后再给她打电话。从这件小事上来看，她真的是一个很懂事的好孩子，而且也很细心。

我相信通过大家及所有爱心人士的努力，林林一定会走出医院的，恢复得跟原来一样好！林林，加油！

"爱心"红烧肉

明理家和业员工　潘群

亲情是什么？亲情是极其平凡却又深厚的感情，它留在我们的心里，陪伴我们走过一生，也许是世间最美好的感情之一了。每个人来到世间，最美好的事情莫过于能享受亲情般的温暖、关照、支持。程社明老师与林林没有血缘关系，但是，他们不是亲人胜似亲人。程老师像天使一样，守护着林林。林林是不幸的，但是林林又是幸运的，因为她遇到了许多好心人，程老师是其中一个，让她感受到了亲情的温暖，让她看到了人生的希望，她是幸福的。就像一首歌词中写的：我的一生最美好的场景，就是遇见你。令人喜悦与美好！

程老师是严厉的领导，是叱咤培训界的老师。这样一个充满光芒的人，我却不曾想到他也会下厨，还会做正宗的红烧肉。

5月24～27日，程老师在河南五个城市间奔波，为当地的大学生激情澎湃地演讲了五场"人生发展与职业生涯规划"讲座。过程很辛苦：有时从一个城市赶到另一个城市开车需3个多小时；有时讲课直到晚上11点多；不同城市的天气时而高温时而下雨。虽然有时程老师真的累了，但是想到能为国家的栋梁大学生们提供帮助，便觉得很有意义，也很值得。大学生们受益匪浅，课程结束了，都追着程老师咨询。28号返回天津由于未赶上飞机，程老师只好乘坐火车。折腾到天津时已晚上7点多了。程老师心急如焚地回家，心里一直惦记着一件事情：亲手为林林做红烧肉。明天要去法国巴黎出差，

今晚不管多晚，都要做红烧肉。

在河南讲课途中，程老师就未雨绸缪。预先请姚明老师帮忙买了做红烧肉所需的材料：猪肉、大枣、栗子、胡萝卜、枸杞、葱、姜、蒜，挑选的都是最好的。临下火车前，请小琴姐切好材料，万事俱备，只欠东风。程老师到家后，先与王爽老师沟通工作，接着去看程爷爷，然后收拾去法国巴黎出差的行李。将近晚上10点钟了，程老师才开始做红烧肉，香喷喷的红烧肉出锅时已将近凌晨了。

当程老师高大的身躯开始站在灶台前做红烧肉时，由于他很高，只能弯着身体。天气炎热，再加上灶台煤气的热量，程老师的衣服都湿透了。他还是一丝不苟地炒着、炖着，一会加调料、一会加水，忙前忙后。知道远在成都的林林喜欢吃红烧肉，程老师特意买了一个大锅，炒了满满一锅。肉虽切得小小的，却填满了整个大锅，发出阵阵浓香，让我在旁边馋馋的。程老师很细心，担心放的五香粉、葱、姜、蒜对林林的嗓子不好，特意让我拿着漏勺在旁边一遍一遍地筛锅里汤的渣渣，并且将葱、姜、蒜、辣椒都拣出来。我被程老师的认真劲儿所感染，完全没有了困意，认真地挑选着。看着程老师认真执着的样子，我也被深深地感动着！

这时的程老师像酒店专业的大厨，更像慈祥的爸爸。很佩服程老师的耐心和细心，同时也感受着他对林林无私、无限的爱意。当满满一锅红烧肉出锅时，程老师欣慰地笑了。一共装了满满九盒（饭盒）。等胜华周一从天津带到成都去给林林吃。我想林林远在成都，也许心里肯定感受到了温暖与爱心。

我想象着：当林林看到香喷喷的红烧肉时开心的笑！

人的一生，其实是一个寻找爱和学习爱的过程。一个拥有真爱的心灵的人，就像程老师对林林，是对爱的诠释和表现。这种爱的奇妙在于它超物质、无私、无条件付出的一种感觉，是心灵中一种美丽的牺牲，也不考虑收回。爱不是放高利贷，投了资就能收回利润。爱又是这样一张"存折"，只要你不挥霍，珍惜每一次支出，每支一分，就有十分存入，使你一天比一天富有。程老师真的很"富有"！我相信我们在程老师的带领下，经济上会越来越富有，心灵也会越来越"富有"！

七、一个团队的成长

明理家和业咨询机构成立于 2001 年，到 2018 年，经过 17 年的培训、学习与实践，已是一个近 30 人的职业生涯规划与心理辅导的专业团队。"5·12"汶川特大地震去灾区援助的经历，使这个团队接受了一次重大的洗礼和历练，每个人无论在认知、情感、意志力方面，还是在学习和工作能力上，都有了飞跃的成长。在以后 10 年中，他们情系四川地震灾区，对灾区进行持续的心理援助和职业生涯发展指导，见证了灾区人民物质家园和精神家园的重建，和灾区人民共同成长。

2017 年 9 月底，我到天津明理家和业咨询机构采访，感受到了他们团队的管理严密和员工的敬业精神；同年 10 月底，我在他们位于山东肥城举办的"第七届职业生涯发展高峰论坛"上看到了他们团队的精诚合作和优秀的个人素质。

在天津，我与明理家和业几位管理者和员工进行了访谈，了解了他们与灾难援助相关的成长故事。

鲁晨慧

鲁晨慧是我 2008 年在华西医院最早认识的程社明团队的成员之一，也是后来联系最多的。

鲁晨慧是 2008 年 6 月 21 日，第一批跟随程老师去灾区的。

"第一次到地震灾区，走进那个幼儿园，我们看到斜歪着的楼梯上，好多小孩的鞋呀、书包呀、文具盒呀、水杯呀，撒得一路都是。真惨！有个同事都走不动路了，被我们拖着走出来的。带我们进去的人指着倒塌的楼房说：这底下还埋着好多孩子，那么多鲜活的孩子，就没有了……"

晨慧回忆起第一天去灾区的情景，眼里充满了泪水。她第一次强烈地感到生命是那么脆弱，更懂得珍惜的可贵。

她对程老师说："我觉得不仅仅是来帮助他们的，更多的是来帮助自己，在这里，对自己的灵魂进行了洗涤。"

从 2008 年到 2018 年，鲁晨慧几乎每年都要去四川，有时一年还去两三

次。去灾区开始一段时间是给程老师做助手。在东汽中学时，孩子太多了，特别渴望心理辅导，程老师一个人做不过来，就试着让她独立跟孩子们交流。在跟孩子们交流沟通辅导的过程中，她觉得自己学了心理学对他们还是很有帮助。但是，涉及死亡的，比如有亲朋好友去世，有自杀倾向和行为的，程老师还是不让她单独去做，她就跟着程老师认真学习。李蕊的爸爸在大地震中去世了，她老走不出阴影，上课总是低着头；北川中学的一位老师因妻子去世了，他也不想活了，程老师去给他们做了辅导，效果也非常好。整个过程鲁晨慧感受很深，也学到很多，后来她就慢慢地试着在程老师督导下去做。

鲁晨慧辅导的第一例与死亡有关的案例是周富伟。周富伟有七个最亲密的同学和老师在大地震中离开了。那个案例挺难，当时学校没有合适的辅导场所，他们就找了一个板房的宿舍，里面有 10 多张床，大概有 20 个孩子住。他们以为里面没有人，就推开门进去做辅导。刚辅导到一半的时候，发现里面有个小孩醒了，发出声音，催眠过程就中断了，又出去另找地方重做。两个小时过后，周富伟感到轻松很多。后来，又单独做了一些案例，都很成功。鲁晨慧做心理辅导越来越成熟，又跟程老师一起开办了心理辅导课程。

从当助手到独立辅导，晨慧在四川灾区锻炼了她的心理辅导能力，也完成了作为心理辅导师最初的个人成长。

提到个人成长，鲁晨慧还特别感谢程老师给她做的心理辅导和四川灾区的经历疗愈了母亲去世给她带来的创伤。

"2008 年，我母亲去世就 20 年了。以前一直哭不出来，后来到程老师公司后，只要别人一提到母亲，我就会流眼泪。程老师说，其实这个创伤还没有得到处理，我还没有放下，没走出来。程老师教我每当母亲的祭日，就给母亲汇报一下这一年的情况。开始时写信，后来就拍视频。后来一提到这件事情带给自己的就是能量。'5·12'汶川特大地震发生，到灾区之后，我的力量就更大了，更有力量去帮助别人。"

在四川灾区的那段日子，不仅仅是心灵的洗涤，还有实际能力的增长，精神力量的传承。鲁晨慧深切地感受到灾难给人们带来的巨大的损失和痛苦，也看到了灾区人民的顽强不屈，同时体会到了在灾区工作的艰辛，见证了救援官兵和志愿者的大爱无私。从那时起，国家的众志成城，民族的精神和信念，在鲁晨慧心里深深地扎下了根。

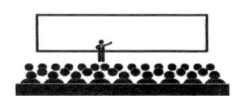

那段经历，不仅促进了鲁晨慧个人的成长，也给儿子的教育和家庭关系带来积极的影响。

当时鲁晨慧的儿子在北京上小学三年级。他听到妈妈讲述在四川的故事后，做了心连心的卡片托妈妈带到四川，给灾区的孩子们。那些小孩非常喜欢，也画了画送给他。这些年来，她的儿子一直很关注灾区的孩子。后来，鲁晨慧又给儿子讲魏玲、王林的故事，他听了以后，很受鼓舞，各方面变得更加优秀。

鲁晨慧性格很刚强，经过"5·12"后变得温柔了。她的同事、丈夫、孩子都有这样的反馈。

"因为经历了那些，觉得生命太脆弱了，如果不抓紧瞬间珍惜的话，真的稍纵即逝。开始是觉得应该这样做，要珍惜。后来慢慢就成了习惯，真的变得温柔了。"

"你是做职业生涯规划的，又一直在帮助灾区的孩子做规划。你给自己儿子是怎样做生涯规划的？"我问她。

"我儿子真的挺优秀的。"提到儿子，鲁晨慧很骄傲，有说不完的话，"孩子不到一岁的时候，我就到了北京，上了程老师的课程，开始接触职业生涯规划，也同时对孩子进行规划。儿子两三岁时就知道：出了问题怎么办？一二三，伸出三个指头。我就明白他开始知道遇到问题要找到三个解决的办法。'5·12'汶川特大地震发生后那段时间，我们给儿子看澳大利亚无腿激励大师约翰库提斯的录像，看着大屏幕上'不可能'三个字，他就会说：别对自己说不可能。他已经懂得凡事都是有办法解决的。我们对他的生涯规划就是从对注重他独立思考和解决问题的教育开始。"

儿子10岁时，鲁晨慧和儿子有一次很深入的对话，很多她想不通的问题，儿子替她分析得很透彻。2018年儿子考上大学，在学校是一名品学兼优的学生，对自己的未来有非常明确的方向和目标，懂得对自己的行为和前途负责，也知道疼爱父母，对父母的教育也很配合，从没和父母有过激烈的争吵和赌气。当别人问他为什么在这个阶段没有叛逆，他说的一句最经典的话就是：

"我的事不用叛逆的方式就能解决，我还用得着叛逆吗？"

儿子的变化使鲁晨慧感触很深，她深刻体会到程老师经常说的那句话：

职业生涯的事越早知道越好。

鲁晨慧自己在职业生涯路上也经历了许多的磨炼，犯过许多错误，挨过许多批评，交了许多罚款，如今她成长为一名成熟的职业人。从一个初中都没毕业的农村姑娘，经过 16 年的奋斗，她现在已经具备了本科学历，而且还考上了国家二级心理咨询师、国际注册管理咨询师、国家二级人力资源管理师，也是职业生涯培训师、青少年职业生涯发展心理辅导师和性格测评分析师。鲁晨慧真的做到了实现自己的梦想，完成了破茧成蝶的蜕变。在这个过程中，有他自己的努力，有老师的严格训导，更有"5·12"灾难给自己的历练。

冯 燕

"生命之美，在于守望相助，互尽责任！"

作为一名已有 15 年教育培训行业从业经验的人，冯燕对这句话的深刻体会，始于 2008 年 5 月 12 日汶川特大地震的灾后辅导活动。

"5·12"汶川特大地震发生之后，从第一批去四川重灾区现场的同事们那里得知灾区的惨状，冯燕在天津待不住了，她处理好手头的工作，迫不及待地去灾区工作。

我是 2008 年 8 月份在华西医院地震康复中心认识冯燕的。她到医院去过好几次，印象比较深的是 8 月 18 日在我们绿丝带病房学校和程博士团队组织的地震伤员及其家属"说出你的感激，说出你的决心"的医患沟通辅导，冯燕和程老师上午有事，下午"打飞的"到成都后，立即赶到华西医院作辅导。

"我第一次到华西医院的震后康复中心，还记得那个夏天第一次走进康复中心的感觉，安静的院子，病房中电风扇吱吱呀呀日夜不停转动着，大家却依然汗流浃背。住满地震伤员与家属的病房，连续工作疲惫不堪依然坚守岗位的医护人员。有生以来，第一次感受到真实的令人难以接受的灾难与伤痛就在身边。"这是冯燕第一次在医院见到地震伤员时的感慨。

"人对灾难的耐受力是超乎想象的，许多地震伤员忍受病痛勇敢地活了下来，对生活依然满怀希望。我们在面对他们的过程中尽了全力，同时也在潜移默化之中增强了自己的生命力量。"

对冯燕触动最深的是第一次和程老师一起在华西医院的重症监护室见到魏玲，她躺在病床上看《猫和老鼠》动画片。程老师给她带来了欢笑，冯燕

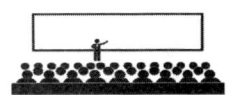

和一同去的同事曹志娜为她做些喂水、擦洗等力所能及的事。第一次面对如此重的地震伤员，她心中忐忑不安。但是魏玲自己的轻松和乐观给了她们勇气。

魏玲的故事不仅感染着冯燕和她的同事，也感染着他们培训的学员。一次，在他们寒暑假的青少年生涯规划训练营上，孩子们听了魏玲的故事，深受感动和鼓励，纷纷要求与魏玲取得联系，带几件魏玲姐姐的手工作品回家。一个可爱的 11 岁女孩拿着她买的魏玲做的代表他们全家每个人属相的生肖挂件，很自豪地告诉冯燕，这是她送给家人最好的礼物。

最让冯燕为之震撼的是，双下肢高位截肢的魏玲在之后历尽艰辛，生下了一个健康可爱的宝宝。

冯燕自己怀孕的过程经过了无数的坎坷，前后经历了七年多的时间，在这个过程中也曾心力交瘁，在彻底失望与放弃之前，魏玲创造的生命奇迹，给了她极大地鼓励，在不知未来的黑暗中始终心怀希望，相信生命的力量！终于皇天不负有心人，冯燕成功怀孕了，生下了健康的宝宝，孩子的发育和自己的身体状况都非常好。

她感谢魏玲，感谢魏玲让她的生命变得更加丰满。

"2008 年前的我，人生经历比较简单，有过伤心，有过难过，却从不知道什么是绝望。赵晓红，这个在地震中失去儿子的母亲，是我见到的第一个绝望的人。我们见到头部因为撞墙自杀而致伤的赵晓红。我作为程老师的辅导助理，配合程老师进行这次心理辅导。整个辅导过程，受导者赵晓红几乎从头哭到尾，她对于儿子的离去无法接受和面对，哭到虚脱，无法站立，全身都趴附在我身上，我用全身支撑着她的身体，不由自主地和她一起涕泪横流，由于腾不出手来，程老师一边用纸巾不断地帮我们两个擦眼泪和鼻涕，同时进行着他的辅导，一种方法不行，就悄然转换为另一种方法，持续了整个半天的辅导终于使赵晓红平静下来，虽然还无法做到完全接受，至少能够相对平静与理智地看待这次事件，并在自己的心中，永远为离开的儿子保留一个重要的位置，选择生而远离死亡漩涡。"

那一次的辅导经历，是冯燕在心理辅导中得到的最大的一次历练和成长。

后来赵晓红在程老师的鼓励下克服身体病痛，高龄产下一个可爱美丽的女儿。当冯燕看到赵晓红母女合影的照片时，她的眼睛湿润了，对比着曾经

那个因绝望而一心求死的母亲和眼前与女儿满面笑容相互依靠的母亲，此时，唯有祈祷与祝福，愿他们一家一生平安幸福！

自"5·12"汶川特大地震后的志愿活动开始，10年来，冯燕跟随程社明老师去过四川地震灾区多次，还参加了许多扶贫公益活动，去过河北易县、青海互助县、北京农家女实用技能学校等更多的地方开展有针对性的志愿活动。冯燕说参与其中，贡献力量，获益良多！

"平时参与一些公益活动，经常有人对我说'感谢你的无私奉献。'我说：'不，你理解错了，我做公益活动，其实拥有巨大的回报，尽管不是物质的。'"白岩松的这句话，也道出了冯燕和许多爱心援助者的心声。

"参与这些生命互助的过程，我也获得了很大的精神成长！"冯燕用如下的文字总结了这些年参与公益事业的心得体会：

1. 面对人的责任感与情感的投入

在与灾区辅导对象的一次次接触、一次次交谈、一次次讲课与辅导过程中，我意识到站在他们面前，不仅仅是把要传递的知识讲解清楚，更是对一个个生命抱有强烈的责任感，投入真挚的情感。魏玲的坚强乐观，从绝望中走出来的赵晓红，都让我意识到责任第一，情感领先，才更容易影响到受助人的生命状态。

2. 从追求自我价值到关注社会价值

大学毕业后，我努力工作，为的是追求自己想要的生活，为家人和自己创造相对自由与富足的生活状态。与程老师一起多次到四川，在无偿地为大家服务的过程中，我对程老师所讲的"一个人的价值"有了更深的理解。他说，一个人的价值往往由三部分组成：人格价值、自我价值、社会价值。社会价值意味着对他人、外在环境与社会的付出与有用性，生而为人，不仅仅满足自己的生理、安全与发展等需求，更要考虑对自己所处环境及周围人的有用性。

从自我价值到社会价值的观念转变，也让我从原来认真负责地做一份工作，到用心地通过职业生涯规划，帮助更多的人找到他们的路，探索最佳职业定位，用自己最适合最喜欢的存在方式去生活与工作。有需要的人很多，这条路很长，就像程老师说"四川灾区的辅导他会去一辈子，直到走不动为

止"!

在互助的过程中，彼此的生命愈发丰满美丽！在2018年"5·12"汶川特大地震10周年之际，感谢接受我们辅导的所有生命，感激相遇的那些人。在未来的人生中，愿我们一起继续走在生涯发展的道路上，成长着，探索着……

崔冬霞

"我去四川看过魏玲两次。她两次给我的感觉都不一样。第一次看见她从生命的低谷中走出来，勇于克服自己的困难。她特别爱笑，医院的走廊里充满了她的笑声，那时觉得她很坚强，但又很同情她，心疼她。第二次去看她，是在她绵竹的家里。她已经做了母亲，生命展现的东西不一样了。绽放着生命的活力，更加饱满。我没有了同情，反而自己获得了力量，正能量。我带着欣赏生命的一种心情去感受，被感动，被震撼。"

"也就是说，对魏玲，我第一次是向下看的，第二次是向上看的。"

"第一次不知道'向下看'这个词是否准确，很微妙，有敬佩也有心疼。第二次我能肯定的是仰视，就像女神一样。你在她面前，不跟她说话，就只看着她，就能给你注入能量。那一刻，我感到她的生命超越了个人，超越了肉体。"

说到这里，崔冬霞眼睛里放射出敬仰的光芒。

我第三次见到魏玲是在她参加我们第32届"职业生涯培训师训练班"六天五晚的课程。那次我作为总监，同时也是她所在小组的教练，跟魏玲有了更多的接触。每次她写完演讲稿，都会找到我，让我帮她练习，指导她演讲，我更加走进她。根据她的身体情况，坐轮椅一天不能超过6小时，而我们的课程是从早上9点开始，一直要到晚上9点才结束，课程结束后还要留在教室有时写作业到凌晨。午餐和晚餐时间每次不超过45分钟，其他的时间她都得坐在轮椅上。但六天里，她从来没有因为这个而旷课。一直认真听课，坚持下来。她和她老公一起来上课（他们两人上课的培训费，往返交通、食宿等费用都是我们公司出的），住一个房间，以便照顾。记得有一天晚上准备演讲，都12点多了，她老公叫她回去休息，她非要做完，加上后来排练，直到凌晨三四点才回房间。正因为她的努力和坚持，演讲决赛，魏玲拿了全班

第三名。

我和魏玲的第四次见面是 2016 年在北京举办的"职业生涯发展高峰论坛上",距上次的培训师班才几个月时间。她的演讲题目是《活着真好》,全场几百人被她的演讲所感动,她还获得了李燕杰教授颁发的"中国梦演讲艺术勋章。"

崔冬霞在回忆四川"5·12"汶川特大地震后援助那段时间的经历,觉得对她影响最大是那些伤残孩子的坚强乐观和自强不息的精神。"除了魏玲,另一个给我印象很深的是景超。第一次见到景超也是在职业生涯培训师训练班,他参与表演的小品拿了班上第一名。后来他又参加了复训。他从来也没觉得自己是残疾,从来不依赖别人,还多次来培训师班做助教。后来在成都因我们公司组织的爱心公益活动又见了他两次,他发展得很不错,有自己的事业。我们去茂县做爱心公益活动,他全程陪同。虽然他带着假肢,但从成都到茂县的路程中,他一直开车。我们去绵竹魏玲家时,主要是他做各种沟通联系。对于他来说,开一天车是很难受的,但他从来没有叫过苦。"

崔冬霞还提到了向孝廉,她的表达能力和表演才能给她留下了深刻的印象;唐仪君幽默,乐观,目光所及之处,都在笑。

这些孩子的状态,都使她更加深刻地理解生命的意义。

在对伤残孩子职业生涯发展指导的工作经历中,崔冬霞感到对她职业素质影响最大的是程社明老师的培训理念和方法。程社明老师认为,人生中不会因为你身体有问题就不遇到困难。不管你是谁,你都得面对问题,解决问题。

程老师经常说的一句话就是"大爱似无情,伪善积大恶。"他对所有的学员都很严格,大家觉得收获很大。培训师班的伤残学员没有一个因为身体的原因退却下来,反而比其他的身体健全的学员表现更为努力,带来的都是正能量。

"程老师的功力很强,把握得很有分寸,虽然对每个学员要求都很严格,但还是会根据不同学员的情况,处理的方式有所不同。程老师对待课程的品质要求很高,训练很严格,程老师的幽默也能够化解一些学员的紧张和疲劳,每个上过职业生涯培训师训练班的学员在课程中的收获都远远超出了他们的期待,很多学员说程社明老师的课程更是一堂每个人的人生必修课。"

崔冬霞在培训课堂上,主要的工作是做总监和教练,有时候也做主持。

"我们每个班不会超过 24 人，新学员 20 人，复训 4 人，这样才能保证每个学员能够得到全面系统的训练。每个学员都有自己的教练。他们在训练的每一个环节都需要教练把关、指导。我们的培训每一个环节都是用秒来卡的。学员学习的信息量很大，而且不仅是要听，还要重复、要记、要写等。"

崔冬霞说，这样的训练不仅是对学员的训练，也是对教练的考验，经历多次这样的课程，她无论是在培训能力上，还是在个人意志品质上，都得到很大的提升。

"你们对学员的培训，对他们适合干什么有没有具体的建议？"

"我们通过测评和学员的现状分析让学员知道自己适合做什么，但这只是参考的建议，重要的是通过帮助学员自己找到职业生涯发展目标，针对他们的目标，我们在如何达成目标的方法给予具体明确的辅导建议。关于测评，测评会对一个人发展有参考价值，职业生涯明言有这样一句：认认真真做潜能测评，别不当回事；平平常常看测评结果，别太当回事。测评只是认识自己的一个工具，影响一个人成长发展的因素有很多，需要因人而异地给予不同的建议。对于职场初期的学员来说，我们的引导在现在的岗位上做好本职工作，岗位胜任，岗位增值。如何做到岗位胜任，岗位增值，这是职场新人成长的必须课，需要有这样的积淀。"

地震灾区那些孩子，对未来形象的描述，反馈最多的是成为一个对社会有用的人。一般都是在个人成长的基础上，对外能起到什么样的作用。

看到孩子们的行动，听到他们的分享，使崔冬霞在培训的课程中特别注重爱的传递的教育。在帮助他们解决自己问题的同时，也给他们传授一些人生生涯知识、方法和技巧，这样一方面可以"授人以渔"，也让他们可以通过学到的知识和技能帮助到别人。同时，由于他们的特殊经历，他们能够接收到的东西比别人更多。

在为地震灾区工作的过程中，崔冬霞最大的感受是：在帮助别人的同时，自己也得到了提升。这是一个相互的过程。他们面对生活、工作、家庭的积极态度也影响到她自己。

"从最开始个人规划发展到把个人的能量传递出去，让更多的人受益，这才是理想的、完美的人生。你们也把后面的内容补充到你们的课程中去，是规划指导层次更高、更完善，这也是你们从他们身上受到的启发？"我跟

着她的思路询问。

"是的。能够回馈社会,才觉得自己的人生更踏实、更有力。那些孩子们像一朵朵向日葵,阳光灿烂,没有一点杂质,幸福饱满。他们的幸福是从内到外的,心向阳光,何惧风雨,又同时心有大爱。"

我想到我在《灵与肉的守护——一个心理志愿者的震后援助手记》一书中也把孩子们比喻成向日葵。爱美的人,对美好事物感受都是一样的。

程胜华

程胜华是 2008 年 12 月份到程社明公司的。当时她只有 18 岁,她参与的第一项公益活动就是和程老师到华西医院看望地震伤员王林。那时候程老师刚认了王林做干女儿。程胜华在医院待了四五天,照顾王林,陪伴她,和她聊天。开始给程胜华安排了一个酒店,但酒店到医院有一段距离,不利于照顾王林,她就去华西医院住在楼道。楼道不像北方地区有暖气,开始很不适应,患了感冒,半夜发烧,到药店买了点药吃了,第二天照常"上班"继续照顾王林。

因为王林不能说话,也不能做手势,她们交流的方式就是表情,口型。所以后来她就成了王林和别人沟通的最好的翻译。护士在为王林做护理和治疗时,她在旁边帮忙,王林有什么不舒服就告诉她,由她转告给护士。这样使护理做得更顺畅。王林身上插了很多管子,经常需要插取,护士忙不过来,王林就教会她操作。

程胜华主要的工作是为王林擦洗身子,喂饭、喂水、喂药等。虽然她年龄小,从来没有照顾过别人,但面对照顾王林这样高位截瘫的麻烦护理工作,她也没有觉得有什么特别的,就是一个工作任务,她把王林当成一位亲人。她觉得自己还是挺喜欢照顾人的。只是当初吸痰有些害怕,因为不是专业的,怕把王林的身体伤着,所以开始她不接受。但后来王林因为难受请求她帮助吸痰,还用唇语教她怎么吸,慢慢就会了。

程胜华很体谅护士的辛劳,所以很多时候能自己做的事就尽量不打扰护士。护士和王林之间有什么理解错位的,她也在当中帮着沟通调节,以免造成王林的心理压力。

程胜华陪王林"聊天"一般都到晚上 10 点多。有时候她想睡了,王林表

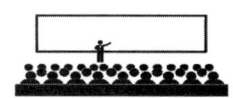

达：再陪陪我吧。程胜华很理解王林好不容易有个能交流的伙伴。所以她都要等到王林睡着了才去睡。

"王林晚上很少叫醒我，我估计她还是有不舒服的时候，但是她不会去打扰别人。有时候我发现她不开心，就鼓励她表达出来。"

那次的陪伴结束后，程胜华感触最深的就是，被王林的顽强所感动。

后来不久程胜华又去照顾了王林一周。之后她去成都有 10 来次，最多的就是去看望王林。

程胜华说，李丹特别善良，能够站在别人的角度去考虑问题。从李丹身上没看到过抱怨，特别积极阳光，特别温柔。这是她认识的地震伤员中对她影响最大的人之一。

程胜华刚到公司的时候，是一个什么都不会的农村女孩。最初程老师并不想接受她，就给她设了个门槛叫她每分钟打 80 个字，开始她没达到要求就回家了，报了个培训班学习了一个月，又来到公司，打字速度合格了，接着学会了行政办公软件的使用，在公司做宣传资料，做 PPT，给程老师做课件。

2009 年她参加了公司的职业生涯培训师班的课程，后来就当助教，当教练。现在是培训师班的课程总监。就这样慢慢成长起来。

"在这个过程中同事们给了我好多帮助。"程胜华说起自己的成长过程，充满感激之情。

程胜华的最大的进步还是在一次犯错之后。

"当时是在成都的一场六天五晚的职业生涯培训师班课程，完了我就带着学员去医院看望王林，路上产生了一些交通费，程老师就叫我整理合计一下。我当时很累，就对程老师说：你现在不要跟我谈工作的事。因为这句话，第一，被降为了试用期员工；第二，参与这个项目的收入没有了；第三，被降成试用期员工，写检查，写完检查发给每个同事，每个同事再回信给我，然后再给每位同事写信表示感谢。整个字数加起来五万多，可以出一本论文了。这个册子现在还在我这儿呐。"

开始程胜华觉得很委屈，特别难受。当时正好赶上过年，七天都没回家，在公司里写检查，闭门思过。真想不干了，但冷静下来也就想通了。

经过这件事后，她变化挺大，成熟很多，小毛病逐渐克服掉，业务能力也快速提升。

现在程胜华在公司做销售工作，课程总监，有时候会去分享一些课程。最近要去四平讲两堂课。一场关于职场，另一场关于亲子，每堂课大约两个小时，让学员们了解和知道人生是可以规划的、人生是应该规划的、人生是必须规划的。

"你18岁就参加工作，你刚刚高中毕业？"

"我来程老师公司之前就已经工作了几年了。我初二没念完就辍学了。"

"不简单。那你对你学历的发展有什么规划？"

"去年报了专接本。专科专业是工商管理，明年就可以拿到毕业证了。本科是学习人力资源管理的自考。任务很重，压力挺大。"

"我现在无论怎样，也很难把你和一个初中都没毕业的人联系起来。从昨天的接待，到今天的访谈，都觉得特别好。说明在这样一个企业环境里还是很利于人的成长的。"我由衷地赞扬着她。

程胜华计划两年之后拿到本科学历之后，再往上读。她觉得自己还蛮有潜力，所以挺有信心。

"读书并不是一个终极目的，但在这个过程中，使自己在压力下成长。"我说。

"对。压力大确实特别培养人。我深有体会。"

"恋爱婚姻也是生涯规划的内容之一，这个你怎么规划的？"

"家人和朋友也在给我介绍，我也要开始我的情感生涯。"

"把你学习的东西也用在这个规划上。学习了生涯规划，找对象也就更明白了，知道自己想要什么？什么样的人适合自己？"

"还行吧，这个还得随缘。在婚姻问题上，我觉得缘分挺重要的。"

"好的，祝你好运。我在这本书里也想要让人知道，人生是需要规划的。你看你一个初中都没毕业的孩子，因为有了规划，成长得就很好。犯了一些错误，受到了严厉的惩罚，但每一次惩罚都是一次进步的机会。而且错误会越犯越少，越犯越高级，一错不二犯。"

"错误和挫折教训了我们，使我们变得聪明起来。"

没想到，这个90后居然背起毛主席语录来。

和程胜华的谈话简单、直白，她的成长过程清澈透明地摆在眼前。

2018年，程胜华获得了三个国家中级职业技能证书"生涯规划师""生

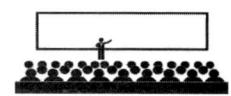

涯规划培训师""职业生涯培训师"。

姚 明

姚明一开始就给我聊起了他在四川的一个沟通的案例——

"记得罗彬给我介绍了一个孩子。这个孩子在地震中受了伤,父母兄弟姐妹都找不到,他完全不想生活下去。当时他也是采取绝食的办法。我跟他聊,用程老师的'心怀感激接受命,积极主动改变运'和他聊。开始他完全听不进去。我把这事和冯燕老师说了,然后又去给他做心理辅导,要他看到明天是什么样子。他有一点点动心了,但还是没有大的变化,有时还是想自杀。我挺困惑。罗彬给我们讲,可不可以说他爸爸妈妈已经找到了,在别的医院,让他尽快好起来。我说这也是一个办法,可以试试。但我们知道她的父母已经遇难了。

过了两天,我们又去看他。他当时身体很虚弱。我们就告诉他要往前看,自己的遭遇和不幸只是生命中的一个过程,将来还有很长的路要走。我们连续不断地去跟他聊天,说一些开心的事。当时还是有一些变化,过了一个星期,开始笑了。这对于我们几位也是一个很大的触动。我当时没学过心理学,就用生涯规划的一些方法和他交流,让他有梦想,对未来有希望,有信心。我们以前没遇到过这样的事,对我们来讲既是一个触动,也是一个考验和锻炼。"

"罗彬说骗骗他说父母找到了。你们这样做没有?"我问。

"没做。"

"为什么没做?"

"我们不想以欺骗的方式去解决问题。这样也解决不了问题,而且以后知道了还会恨我们。现在他生活得挺好,也知道父母遇难了。他已经接受这个事实。他目前的这种状况,我们还是有一点点的作用,但是主要还是他自己努力的结果。"

"听起来这个案例并不像魏玲、景超那些案例那么成功,如果要寻找原因,你觉得是什么?"

"首先是我的专业知识很欠缺,我会不断地学习相关的知识和技能。需要的时候可以用上,不至于再发生那样的事情。同时回报社会,担负起

责任。"

"在整个灾后援助的过程中你最大的感受、体会、收获是什么？"

"和程老师几十次到四川。程老师用职业生涯的理念和方法去帮助他们，让他们重新建立信心，获得知识和技能，通过他们自己的努力改变自己。从中我也学到了很多。这是我最大的收获。"

"根本的帮助，授人以渔？"

"对。"

"你明白了怎样才是最好的帮助，而且要通过学习，更好地去帮助别人。这些对你自己的人生观，对自己的生活，包括家庭关系的处理，情绪的控制，为人处世的方式，对生命的认识都有些什么影响？改变了什么？哪些方面提高了？"

"我是 2006 年进的公司，跟程博士已经干了 12 年了。职业生涯开发的这套理论，我是最大的受益者。因为职业生涯在我身上起到了最大的作用。我当时是一名司机，程老师说'你的能力不只是司机，你应该再去干点别的。'然后我就给程老师做助教、助理，然后是一些项目的负责人，到现在公司有一些大的项目我是项目负责人。"

这时候程老师插进话来："姚明是我们公司担任公益活动总监次数最多的人。绝大多数活动都是他当总监。"

程社明把职业生涯分为外职业生涯和内职业生涯。外职业生涯是指职业人的职务、收入等以外在内容；内职业生涯是指职业人自身的职业素养。姚明说，通过内职业生涯的提升，他的外职业生涯不断提升。刚来公司时他还是个普通员工、单身，后来在这个公司，从买车、买房、娶妻到生孩子，生了两个孩子，担任多个项目总监，处处体现了生涯规划给他带来的益处。他也希望把这些东西传播出去，除了是受益者，还要做一个传播者。

"我们这一套理论和方法在四川帮助到不止两三万人。最先去的时候我觉得自己的观念和能力都很不到位。然后回来继续跟程老师学习。想让这些理论知识方法在自己身上生根发芽，然后让更多的人知道职业生涯的理论方法，找到自己人生的目标和方向。"

"你现在有两个孩子？"

"是的。大的 9 岁，小的 3 岁。"

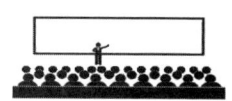

"'5·12'汶川特大地震的时候你大的孩子还在肚子里。你要出去，妻子谁照顾？有没有冲突矛盾？怎么解决？"

"我其实是挺幸福的。因为我爱人也在这个公司，也是跟程老师学习、工作。我和我爱人的父母身体都好。当时来四川的时候全家人都支持我。后方我放心，他们都安排好了。前方最需要我们，我去也没有什么顾虑。家人都很支持。我孩子一出生我是希望他以后像爸爸妈妈一样，去传递大爱。"

"你现在对自己的孩子有规划吗？"

"有。学习方面都是她妈妈去管。我就是教给她一些正确的价值观，什么该做，什么不该做。也会在她身上体现职业规划的教育。比如上什么样的学校，怎样去读到自己理想的学校等。以前我妈是这样告诉我的：你要上一个好初中，好高中，好大学，才能找一个好工作。其实现在程老师教我们也是要这么一步一步去设计，去规划，去努力。"

"精准规划。一个一个目标都可触及，可实现的小目标都实现了，大目标也就实现了。你带孩子去过四川吗？"

"前一两年我带大女儿去了唐山看地震旧址。她还是很震撼的。再过几年准备带他去四川灾区走一走。"

"有没有打算让她去认识一下魏玲、景超那些残疾的人，从他们身上汲取力量？"

"有。这个一定会。只是时间早晚的问题。我跟他们都长期保持联系。"

"你有没有给他们讲过这些故事吗？"

"还没有。"

"为什么？有顾忌吗？"

"顾忌倒没有。只是觉得她们还不完全懂。再过几年，我带她们去时再给他们讲。让她们身临其境，亲身感受会效果更好。"

"魏玲是非常成功的案例。他们的未来还需要你们吗？"

"要说真心话啊，她需不需要我们，那是她今后生活中的事。如果需要，无论什么时候，我们还是会无条件地去帮助。"

"也就是说，需不需要是她决定，而不是你觉得她需不需要。这个需要不是你们强加给他们的。"

"是。"

和姚明谈话的感觉，就像看见他工作的状态：质朴、踏实、干练。

鲁　津

明理家和业咨询公司现任董事长鲁津是姚明的妻子，这是我后来在肥城峰会他们俩上台分享时才知道的。尽管他们俩的谈话里都有明确的信息，我也没有联系到一起。

鲁津说："'5·12'汶川特大地震时，我只是公司里的一名基层工作人员。10年来，程社明博士带着我们不断进行公益事业，我也随着公司的发展不断成长。公司做这件事是承担社会责任，我们愿意去贡献我们的一分力量。我们公司的业务总体就叫职业生涯开发与管理。也就是一个人一生的规划吧。

关于公益事业，我们不是说要不要去做这件事，而是每年必须去做，所有的员工都参与其中。这已经成为我们企业文化的一部分。其实每个企业都在做企业文化和企业价值的宣导，但我们公司从程社明博士到每一个员工都是发自内心地自愿去做这件事，不是动员才去。"

鲁津简单介绍了公司的公益活动后，谈起了她自己为灾区做的工作。

2008年四川发生特大地震时，她正好怀着第一个孩子，没能直接去前线。每天收到同事们发的信息，照片视频、相关的新闻报道等文件，就对这些文件进行整理。看到同事们在前方的工作，她也深深地受到感染。同事们从四川回来了后，她又组织大家进行汇报，收集信息等工作，以便大家把公益事业做得更好，帮助更多的人。

2013年，四川芦山地震后，她跟程博士去了雅安的芦山。那一次她们组织了几十号人去。一方面去现场为救援官兵和受灾群众做心理辅导，一方面为那里的留守儿童做生涯规划培训。地震突区有许多留守儿童，他们很渴望知识，需要有人引导他们进行学习生涯的规划。于是程博士和他的团队就去学校给孩子们讲生涯规划的课程，引导他们树立一个目标并为之努力，将来才能有个好的职业选择，成为自己想要成为的优秀的人，对祖国和社会有益之人。

鲁津说，和汶川不同的就是芦山受灾范围比较小，受灾人员也少得多，他们一开始就把对留守儿童的生涯规划指导作为重点工作内容。后来，有孩子给她们一位同事发了短信说，当年的辅导对她很有帮助。

"你什么时候开始做董事长的？"

"我是2017年成为明理家和业咨询公司董事长的。"

"作为董事长，在做公益这件事上和普通员工的时候有什么不同？"

"以前是参与，现在要从管理的角度去考虑问题。比如，活动计划、财务预算、价值评估、人员组织安排等等。"

"除了继承以前的传统，继续延续以前的做法以外，你作为董事长还有没有考虑到创新和发展？"

"以前更多的是做与灾难有关的辅导，以后我们会扩展到对贫困等多方面需要人群的帮助。不仅是我们的员工，还会带着我们的学员去做这件事。因为我们的学员更有实力去帮助他们。学员中很多是企业家，他们很想奉献一分爱心，但不知道怎么去做，我们会带着他们一起去做，共同为社会尽一份力量。我们不仅是简单地去引导，还要开发和设置课程体系。这样不仅帮助了别人，对学员的心灵也是一种洗礼，对他们的企业文化也是一种提升。"

鲁津还谈到学校职业生涯规划教育的前景。她说生涯规划是青少年教育的必修课。尤其是中小学生的学习生涯这一块，需求量很大。教育部已经有这项规定，中小学都开始开设这门课程。让孩子们尽早地思考自己未来的目标是什么？自己未来的职业方向是什么？就不会到了高考完了才根据分数随意选一个志愿，或者叫别人帮助选一个，那是完全没有目标方向的。

"所以我们希望把这个事情做得更早，让孩子们受益。我们在做公益的时候就给老师们讲生涯规划，让这颗种子早早地植入孩子们的心中。"

"在做公益的过程中，特别是'5·12'汶川特大地震对你心灵的撞击是什么？你个人有些什么成长？"

"我当时在怀孕，最大的体会是对生命的珍惜和尊重。在生活中会表现出对老人更多的关爱和照顾，让他们享受到更多的人间幸福。对孩子来讲就是要给他提供更好的成长条件。我个人也更自觉地去为社会承担责任。"

作为一个团队的领导，鲁津董事长从公司层面上谈到公益活动对企业员工和企业文化的影响：

"同事们每次公益活动回来，都觉得自己心理更强大、更善良，希望多做一些善良的事，多帮助需要帮助的人。每个人的大爱也影响着公司的文化，公司的价值观。我们在和其他企业合作时，也要了解对方做这件事的社会责

任和价值，这样我们就有更多共同的出发点，并且能够促进更多的人承担社会责任。"

"你们公司在'5·12'汶川特大地震前后业务发展的方向和目标有什么不同？"

"以前公司主要做职业生涯规划，'5·12'汶川特大地震以后增加了更多的心理辅导。我们这么多年来持续去做，在心理辅导的基础上又增加了全面的生涯规划（健康生涯、性格生涯、情感生涯、学习生涯、职业生涯、兴趣爱好生涯），就是通过制订和实施生涯规划，让人生更有价值、更加精彩。程老师经常问：你知道人怎么样能够吃得更多吗？一般就回答说，使劲吃，吃喜欢吃的。可是程老师却说：活得时间长才能吃得多。其实生涯规划也就是让人在人生的道路上走得更久、更远，更有意义、收获更多。你建立了很明确的目标，又愿意为自己的目标去努力，就有发自内心的动力，从受伤的人生低谷走出来。人的转变不是光靠几次辅导能解决问题的，有的人需要很多次辅导，但最终能不能改变是由自己来决定的。所以，我们的课程就是要你明白，你的命运是要靠你自己奋斗去改变的。我们通过生涯规划去引导人，就是要从各个方面去让他体会到成功的喜悦。对于我个人来说，我现在的目标不仅仅是考虑到我自己，还要考虑到企业、员工、社会等各个层面。有了目标就有了动力。我们指导别人做生涯规划也就是引导他找到目标，并付出努力，使自己更有信心地走向未来。"

最后鲁津通过一个案例说明人生长远目标的确立的重要性和必要性。

一位博士 33 岁就走了极端。她在遗嘱中这样写道：我实验失败了，觉得对不起你们。"她就这样撂下亲人走了。她为什么会自杀？就是人生没有目标了。一个人最终愿意活下去，或思考怎么样去活，就是因为它有一个很好的价值观，有一个很清晰的目标，才能把自己的梦想放大，进而为之努力。一个人能够健康快乐地活着比什么都重要，学习再好，生命不存在了，一切都没有意义。你不负责任的离去，给亲人带来的是撕心裂肺的痛。"

牛凤艳

牛凤艳是 2010 年加入程社明团队的员工，没有参加过 2008 年"5·12"汶川特大地震的工作，她参与的是公司其他地方的公益活动。她的第一次公

益之行是 2011 年 9 月份去云南国家级贫困县寻甸县做公益活动，是昆明一位企业家、同时也是职业生涯培训班优秀学员任福清董事长引荐的。程老师了解到寻甸县的情况后，就带着他们去做公益活动及援助。

牛凤艳说："我去了触动特别大。我没想到有这么穷的家庭，几乎是家徒四壁。有劳动能力的人都到外面打工了，只有爷爷奶奶和孩子。家里几乎没有像样的家具，就连客人去时都没有坐的凳子。我当时恨不得把自己身上能给他们的钱、物都给他们。我们主张的是用正确的精神慈善引领有效的物质慈善，给他们传授生涯规划的知识和理念。因为单纯给钱有可能让他们产生依赖和惰性，而不是通过自己的努力去获得收入。"

牛凤艳的任务就是给孩子们上课，从小学一年级到五年级，给他们讲掌握命运为主题的课程，告诉他们要有梦想、有规划，带着他们做游戏、跳舞等等。

他们当时去了 12 个学校，每个学校都是从一年级到五年级，每个班大约有 20 个孩子。他们每次在那里呆九天，引导孩子们认识什么是命运，知道命和运的关系，怎样接受命和改变运。这些公益培训收到了很好的效果。

当时有一个五年级的孩子，现在已经高中毕业了，考到了云南的一个学校。那次公益培训让他体会到积极主动改变命运的成果，这是他们以前从来没想过的。他们的家长都在附近打工，大部分家长没有想到要教育孩子到外面的世界去看看，即使有这种想法，也觉得是天方夜谭，遥不可及。他们见到我们从北京去的人，也是觉得好新奇。

"去云南对我触动最大的就是改变了我的观念。他们的那种贫穷真是难以想象，我浪费的饭菜比他们吃的都多得多。以前我认为浪费一点没关系，从那以后就懂得节俭了。另一方面也让我对生活充满了希望，内心的力量更强大。"

以前，牛凤艳遇到困难时往后退，不会主动去面对，没有想办法解决。自从参与了云南的公益活动，她愿意尝试能力以外的事情，愿意去接受挑战，做成功后，就更加相信自己。

有一次，项目要选总监，她以前只做过两次助教。总监是要负责前期课程的招生、收款、课程的安排、组织策划、人员安排等。整个项目的统筹安排都是总监负责。牛凤艳主动要求试一试，要是在以前她是不敢去做的。第

一次做，挑战很大，有时候会忙到深夜一两点。但她没觉得很累，只是想努力做好。即使最后还是没达到程老师的标准，但对自己来讲是一个突破，一次成长。

后来牛凤艳连续做了五期项目总监，每一次对她的能力来讲都有很大的提升。包括后来带着全公司的人出去旅游的策划组织，都做得很好。平安地去、开心地玩、平安地回。

"通过这些活动，让我自己内心变得越来越强大，越来越有力量。"

后来牛凤艳去过四川，在四川灾区接触最多的是魏玲，了解她更多。先是去看她，后来通过微信、QQ 聊。魏玲经常聊到她身体有什么不舒服了，又怎么克服的。她给牛凤艳印象最深的一句话就是"休息一下就好了"。

"在魏玲嘴里从来不会有什么大不了的困难。她还经常劝我，鼓励我，对我影响非常大。有一次体检检查出来我的腰不太好，需要锻炼。如果是以前我会觉得很难，不愿意去锻炼。但现在我会告诉自己，比起魏玲的经历真不算什么。"

生活中遇到困难的时候，牛凤艳会去想魏玲，也就没有困难了。每次出去讲课，分享完魏玲的故事，她自己都觉得很了不起，有一种特别的成就感。

"对于魏玲的感受，我也会有同样的感受，难过呀，开心呀，好像是相通的，不知为什么。看到她儿子上幼儿园，她发过来照片，我都觉得满满的幸福感。"

去了云南和四川，参与了公益事业，接触了魏玲，牛凤艳在个人的认知、情感和意志品质上都发生了很大的变化，这不仅表现在对工作的态度和能力上，在处理家庭问题上也变得很有主见。父母明显感觉到这个过去的宝贝女儿成了家里的主心骨。家里有什么大事，他们会跟她商量，她会做出正确的判断，给出恰当的处理意见。

妈妈对她说：

"闺女，你真的长大成熟了。不再是以前那个柔弱的小女孩了。"

这几年她最大的变化就是做事知道去分析思考，权衡利弊，做出决定。

牛凤艳在工作中做事挺强势，挺严厉，但是在家里会放下这种心理状态，温柔地跟老公交流。

"我一般听老公的。但真的遇到什么大的事情，我也会拿主意，帮老公

做决定，让他感觉到有我在他身边，他很放心。"

当丈夫遇到一些扛不过去的压力的时候，她会用职业生涯这套理论去开导他，让他感觉到，遇到事情有老婆在身边说一些暖心的事情，让他有力量，觉得这件事没有什么大不了的。但平常的一些事，就尽量让他去做，让他觉得很重要。

"以前没结婚时，我什么都可以做，但一见到他就自然觉得自己是个小女人，变得很温柔。"牛凤艳在谈到自己和丈夫时，眼里盈满了幸福。

当丈夫遇到什么大的困难时，她会坚定地站在丈夫身边，给他最强有力的支持。一次丈夫负责的项目有一个工人手被砸成骨折了，作为项目总监，他感到很自责，情绪特别不好。

"我能感觉到他的压力。他在情绪中，我也不会去说得更多，就是陪伴，给他一个坚实的依靠。包括去看家属，被家属骂得狗血喷头，我也会跟他一起面对。等那个工人的情况稳定之后，我才去跟他探讨怎么处理这事。包括和家属的沟通、进行赔偿等。他们情绪好了，脸上有了笑容，事情就处理得很好。"

从牛凤艳的讲述中，我真切地感受到她的蜕变，而这些都与她学习生涯规划和做公益有很大关系。

听完大家的讲述，我看到了每个人的成长轨迹，也更理解了这个团队不断发展进步的原因。

如今，这个团队在程社明博士的带领下，已从最初的低学历者、职场新人、农村女孩，发展成职业生涯培训师、职业生涯发展辅导师、培训项目总监、咨询项目管理师、部门经理、总经理、董事长。这30位优秀员工，把职业生涯开发与管理的培训课程讲到多所大学，讲到中国的200多个城市、600多家企业，三次获得中国企业联合会咨询委员会认定颁发的全国优秀咨询案例奖。程社明博士于2014年受邀到美国哈佛大学、加州大学讲授职业生涯课程；于2015年受邀到英国牛津大学、剑桥大学讲授职业生涯开发与管理。

2017年，接受国资委专业人才储备工作委员会授权，成立"明理家和业生涯规划培训基地"，主持制定生涯规划师、生涯规划培训师、职业生涯培训师的职业技能标准，组织培训并代理申请、颁发证书。

八千里路云和月——程社明和他的团队

八、做慈善也是一种共同成长

能把公益事业坚持不懈、孜孜不倦地做 10 年，不仅仅是凭善心和热情。在天津采访的时候，程社明博士的一段话道出了他对公益慈善事业的理解和信念，也揭示了做好公益慈善的根本：

"我认为，企业或个人有两部分责任：自我责任和社会责任。自我责任是人活在世界上通过职业赚钱，养活自己，繁殖后代，让生命延续。人首先要有自我责任，在自我责任的基础上要承担社会责任。如果一个人仅仅承担自我责任，不承担任何社会责任，那这个人活着就仅有自我价值，但是没有多少社会价值。企业的自我责任是能生存、盈利、发展，能良性运营；企业的社会责任是为国家、为社会做出贡献，包括做公益活动。'明理家和业'为什么要做公益活动？就是要自觉地、主动地承担一些社会责任。企业里的人必须有能力承担社会责任，如果企业里的人是连吃饭都困难的人，那么不可能承担社会责任。做公益，要有愿望，也要有资金支持和具体的实施能力，缺一不可。我们做公益活动的资金来源于公司同事捐款、同事工作失误罚款、学员客户捐款和我本人的捐款。还有不少朋友出人、出车。不论什么方式参与，都是一份心意。对每一份心意，我们都心怀感激。"

"我们以做精神慈善为主，最终目的是培养有人格尊严的人，培养有能力的人。当看到我们用辅导、培训等方式援助过的朋友重新站起来、走出人生困境、用行动追逐梦想、在工作中实现自我价值、建立家庭享受天伦之乐、有尊严地生活，感受生命的意义，我们倍受鼓舞。他们自强不息、不向命运低头的精神也激励着我们更好地工作和生活。"

"我相信：随着企业的成长，我们的公益事业会走进更多的医院、更多的培训课堂、更多的农村中小学教室、更多的贫困家庭。在需要我们的地方，会更多活跃着我们开展公益活动的身影。我们也欢迎更多的朋友们一起走上公益之路，成己达人，让我们的世界变得更美丽。"

要做好公益慈善，不仅对受助者的帮助要有正确的原则、态度、目标和方法，施助者也必须有良好的状态。

关于做公益和慈善事业的人自身的状态，程社明从三个方面谈了自己的

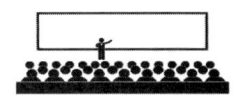
观点——

第一，做慈善公益一定要用正确的精神慈善带动有效的物质慈善。如果没有正确的精神慈善，有可能把被帮助的人带向依赖、懒惰、贪婪，结果害了他们。

第二，做公益慈善必须得有能力。如果一个人做公益做慈善做到自己欠债累累，等于树立了一个坏榜样：谁做慈善做公益谁倒霉。有人做慈善把家里的钱全捐了，还到处借钱捐，弄得家里矛盾不断。这不叫慈善，这是为了满足自己的个人心理需要的变态"慈善"。连自己家里人都照顾不好，怎么能帮助到别人呢？所以我反对赔本儿也要做慈善，这不是一件良性的事情。我们要做的事是让慈善事业良性循环。

第三，做公益做慈善活动的人必须不断提升自己。如果自己在知识上、修养上、能力上没有提升，总有一天会江郎才尽，越做越枯竭。做公益做慈善的人不断提升自己也是让慈善事业良性循环的必要保证。在做慈善的过程中不仅帮到别人，自己的心灵也得到洗涤。做慈善感动别人是可能产生的效果，首先是要感动自己。

听了这番话，我更加理解了他所说的精神慈善的含义：精神慈善不仅是对别人精神的扶持，也是对自己精神的历练。自我成长，助人自助，是精神慈善的最高体现。做慈善也是一种共同成长。

10年来，我见证了程明博士团队为四川灾区人民所做的工作，也感受到他们的无私大爱，更体会到了他们的精神慈善观。

程社明带领着他的团队，通过心理辅导和职业生涯规划发展指导，开创出了一条独特的精神慈善大道。从"5·12"汶川特大地震开始，他们已经在这条路上奔跑了10年。这10年，他们辛勤付出，无怨无悔，不忘初心，砥砺前行。

程社明博士和他的团队在给别人带去有效帮助的同时，也不断锤炼自己的队伍，提升自己的本领。抓住机遇，开拓更广阔的事业疆域，创造更多的物质财富和精神财富，为更有力地帮助别人，为公益慈善事业的可持续发展奠定了坚实的物质和精神基石。

八千里路云和月，10年奔走磨一剑。

这是程社明博士团队公益之路的真实写照。如今他们正在仗剑长路，奔

向远方。

九、生命中的一盏灯——心理辅导案例

（一）"奶奶还在里面呢，使劲推！"

兮兮，女，4岁，平时活泼开朗。"5·12"汶川特大地震发生时，她在十几层楼上的家里，奶奶拽着她往外跑，但门打不开，非常着急。看着奶奶着急的样子，加之楼又在晃动，兮兮感到十分恐惧。地震之后，她表情淡漠，不跟人说话。除了家里人，不接近任何人，只要有人接近她就会恐慌、惊叫。晚上睡觉必须有两个亲人陪在旁边，不敢一人上厕所，稍微有点动静，就会惊叫着往外跑。

家长带着兮兮找到程博士，她坐在一张凳子上，面无表情，身体紧靠着奶奶。奶奶一个劲儿地对孙女说：

"别害怕了，别害怕了。地震已经过去了。地震来了也不怕，不怕不怕。"兮兮没有任何反应。

"怎么能不怕呢？地震就是太可怕了。我这个大人都会怕，她才四岁，她肯定也害怕呀。"程博士对奶奶说。

奶奶急忙阻止：

"别说。你这样一说，她不更害怕了？"

"怕也没关系呀。你看，胖哥哥这么大的个儿都害怕。地震就是可怕呀。"程博士对着兮兮说，"孩子，你说是不是？"

兮兮抬起头来，睁大眼睛看着程博士，使劲点头，嘴里还"嗯、嗯"承认。觉得第一次有人理解她、认同她。

程博士蹲在孩子跟前，笑眯眯地问她：

"我可以抱抱你吗？"

兮兮点点头，走向程博士，程博士轻轻一揽，她就坐在他的腿上。兮兮静静地坐在程博士的腿上，但表情还是淡漠。程博士用快速催眠的方法让她进入催眠状态，他找了一块木板，然后给她下指令，叫她推那个木板。程博士让兮兮爸爸在另一边顶住，叫兮兮尽全力推。

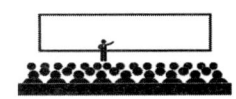

一边推,程博士一边说:

"地震了。你推开那扇门才能逃出去,跑不出去就危险了。奶奶还在里面呢。使劲推!"兮兮弓着身子拼命推。兮兮正拼尽全力推时,程博士给他爸爸做了个手势,爸爸往后一仰,"门"被推开了。

"你真棒!你把门推开了。"

程博士竖起大拇指表扬她。然后,又叫她推餐馆的大门,让她爸爸仍在后面顶着,然后松手。兮兮再用力一推就推开了。叫她又推,她觉得很好玩,推了七八次,每次都推开了。

最后,程博士说:

"咱们不用费劲都能推开,不信你再推。"

爸爸不在后面顶了,兮兮可以轻易地推开门,她高兴得跳了起来。接着跟程博士聊天,还唱歌、跳舞,开心极了。

兮兮的家长万分高兴,妈妈写了个纸条,感谢程博士和他的团队。程博士的助手鲁晨慧对兮兮说:

"你也给胖哥哥写一个吧。"

小兮兮画了一个小鬼脸,挺难看。

"这是谁呀?"鲁晨慧问.

"胖哥哥。"兮兮指着程博士说。

"胖哥哥有这么难看吗?"

"嗯,胖哥哥好难看。"

那时候他们在灾区蓬头垢面,衣服很脏,确实很难看。真是童言无忌。

接着兮兮又在纸上画了一朵花,她说这是胖哥哥的心。程博士非常感动,小孩表达感情就是这么质朴、真实。

鲁晨慧说:你签个字吧。

兮兮还不会写字,只会写数字,便写了"123"代表她的签字。

作者点评:

在心理辅导中,对于来访者,首先要与他建立良好的关系,使其具有安全感并信任咨询师。本案例中程博士共情(表达对地震同样害怕的感觉)、尊重(征求孩子意见是否可以和她接近)等方法,都是建立信任和安全感的

措施，也取得了很好的效果。

这个案例中，兮兮属于创伤后应激障碍（PTSD），以情感淡漠为主要特征，同时伴有惊恐、语言交流障碍等。对于这样的患者，语言交流比较困难，程博士使用自己擅长的催眠疗法能够快速地和她达成互动。

这个阶段，儿童的思维特点是直觉行为性强，逻辑性差，通过游戏的形式，用身体直接体验，更能使孩子从中获得力量，体验到活动的意义。程博士充分利用儿童的这一特点，因人施治，达到心理治疗的目的。

PTSD治疗很重要的一个环节是让受助者获得自我控制感。有了自我控制感，无助感减轻，自我效能感提高，这样恐惧感会减弱，甚至消失。本案中的推门、画画、签字都是让受助者获得自我控制感的措施。

通过推门、画画让孩子关注外部世界，将自己的注意力从不良体验中转移出来。绘画、签字丰富了内部情感，感受到关爱、感谢、喜悦等正性情感情绪，从中获得重新面对创伤，战胜恐惧的力量。

另外，程博士体察入微，发现兮兮和奶奶的关系密切，在游戏时，特别用了"奶奶还在里面呢，使劲推！"的指令，利用对奶奶的情感，唤醒孩子在危难时刻为他人考虑的意识，这也为以后的情感支持打下伏笔。

（二）生命中的一盏灯

赵晓红，女，38岁，读小学的儿子在"5·12"汶川特大地震中遇难，她悲痛欲绝，多次企图和丈夫一同自杀，被村干部阻止。

赵晓红的儿子品学兼优，在学校担任班长。地震时同班同学只有很少几位遇难，他便是其中一位。

赵晓红目光呆呆地看着前面，程博士坐在她对面，同事冯燕靠着她坐着。

"我知道你很想念你的儿子。"程博士低声地对赵晓红说。

这一说，如打开堤坝的闸门，眼泪和悲痛的情绪喷涌而出，她抱着冯燕号啕大哭，冯燕紧紧抱住她，和她一起痛哭。

"我理解你失去儿子的悲痛心情，这几天都不知道痛苦向谁去诉，想哭就大声哭吧。"程博士自己也跟着她哭。

良久，赵晓红的哭声缓和下来，大口地喘着气，冯燕轻轻地拍着她的背，抹着她的胸口，她的气息逐渐平缓。

这时候，程博士引导她放松，进入浅催眠状态。

"描述一下你对儿子的思念和你的悲痛，像大山压着？洪水冲着？还是像火烧着？"

"像一团火在那里烧。"

"你想象一下能用什么办法把这团火扑灭？"

赵晓红努力了一会儿，说：

"不行，熄不了。"

程博士马上意识到，这个引导方式肯定不符合她的潜意识。因为那火是她和儿子在天之灵的一种联结，怎么能熄灭呢？他换了一种方式，让她想象火继续燃烧。她又觉得火越烧越大，都快把自己吞噬了。他让赵晓红站起来，冯燕扶着她，他继续引导：

"你想象自己往后退，离火远一点，我们一起数着步子，看退多少步你觉得舒服了，就停下。"

赵晓红点点头。

"一、二、三、四、五、六……"

退到第六步时，赵晓红停下了。

"现在是什么感觉？"

"火还是有点大，有点热。"

"为什么不退了？"

"我怕离得太远，我管不到它了，火会熄灭。"程博士知道这是希望一直能够照顾孩子的母亲的愿望表达。

"试一试，用个玻璃灯罩把它罩住，可以吗？"

"嗯，好多了，一点都不烤人了，像一盏灯，很舒服。"

"太好了。"程博士很兴奋。

"可是……"

"怎么？"

"我还是怕它会熄。"

"你知道太阳能吗？"

"知道。"

"太阳会熄灭吗？"

"不会。"

"那好，把它交给太阳，和太阳的能量连接，你接受吗？"

"接受。让太阳给它充电，永远不熄灭。"

"能把它推远一点吗？"

"能。"

"推多远？"

"推到天上，让它变成天上的一颗星星，我每天都能看见他。"

"那也是你生命中的一盏灯，永远照耀着你。"

赵晓红的眼泪涌了出来。程博士眼睛也潮湿了，他深知，这一次的眼泪不是伤心的泪，而是感动的泪，是送儿子远行时，母亲依依惜别的泪。

"想对儿子说什么？"

"儿子，你在天上放心吧，妈妈会好好活着。"说完，赵晓红向天上挥了挥手，毅然调转身体，长长地舒了口气，和程博士、冯燕抱在一起，对他们说：

"你们也放心吧！谢谢你们！"

之后程博士又给赵晓红的丈夫做了辅导，当夫妻俩完全平静之后，程博士和他们聊了一些轻松的话题。

半年以后，程博士再回去看望他们时，见他们夫妻俩精神状况很好，就鼓励他们再生一个孩子。夫妻俩开始有些犹豫，程博士告诉他们生孩子的意义：一是儿子转世，二是新的孩子可以帮助她提高免疫力。

又过了半年，程博士接到她的电话，她怀孕了，后来生了一个女儿。2015年程博士带领同事、学员去德阳看他们时，赵晓红的女儿聪明漂亮、活泼可爱，她也显得比以前年轻漂亮，整个生命状态被唤醒的感觉，特别丰满。

作者点评：

这个案例实际上是一个和逝去亲人的告别仪式。

在整个辅导的过程中，大致分为这样几个阶段：宣泄、和潜意识对话、告别。

这类案例的宣泄一般都是以痛哭的形式进行。程博士自始至终秉承着接纳、共情、关怀的人本主义态度，使受助者在宣泄的过程中自由、顺畅，充

分释放压抑的情绪。

在宣泄过程中最重要的是要保证受助者的心理安全，必须有助手或受助者信赖的人在场作支持。冯燕就是这样一个支持者。

人在激情（比如悲痛）中最真实的愿望和追求往往被掩盖，被冲刷，很难在意识层面进行理性沟通。通过和潜意识对话，能够了解生命中最真实的愿望，找到解决问题的途径。催眠是引导受助者进入潜意识的常用方法。程博士通过催眠的方法找到了赵晓红和儿子联络的方式，也是母亲思念儿子和处理悲痛的积极方式：让灯亮着。灯亮着，希望就亮着。这样让母亲找到活下去的意义和力量。

告别的形式很多，用什么形式，要根据事件的性质、受助者的自身情况、文化习俗等因素而定。在引导过程中还要随机应变，顺应受助者的愿望和不断变化的情况，智慧地处理。在该案例中，程博士捕捉到"火"的这个意向，并且利用火在人类文化中"光明""温暖""希望"的象征意义，因势利导，引导受助者和儿子成功告别。

半年以后，程博士鼓励他们生孩子实际上是前次心理辅导的继续。最能够使失去孩子的父母从痛苦中彻底解脱出来的方法，便是有一个新生命代替他们失去的孩子。程博士用了"儿子转世"这个有着浓厚中国文化含义的说法，使他们更加期盼新生命的到来。

（三）合理情绪疗法案例

小筠，女，14 岁，"5·12"汶川特大地震发生时上中学二年级。父亲在地震中遇难。父亲遇难的头一天晚上，她跟父亲拌过嘴。她特别内疚自责，认为父亲的去世是自己造成的。

程博士第一次见到她时，她一人在教室里看书。程博士发现她只是盯着书出神，并没有看进去。他用手在她眼前晃，她眼神不动。

"你在干吗？"程博士问。

"我想我妈。"她说。

"想你妈怎样？"程博士小心翼翼问。

"我想我妈离开这个世界，天天都在想。"孩子说这话时，并没有愤怒，而是一种低沉黯淡的语气。

程博士感到有些奇怪，他觉得这不是一般女孩子跟母亲斗气的样子。

他静静地坐在她旁边，轻声而温和地问道：

"能给我讲讲，为什么这么想吗？"

"我爸爸离开了。是我害的。"孩子的语气还是暗淡如初，没表现出特别的情绪波动。

"哦？怎么回事？能说说吗？"

"地震前一天晚上，我和爸爸吵了架，第二天地震了，我爸爸没跑出来。他肯定是没劲跑，因为我气得他一夜没睡好。所以，我爸的离开是我造成的。"

"为什么想妈妈离开？"

"妈妈离开了，我们全家人就可以团聚了。"

"全家人？"程博士立即警觉起来，他读出了孩子的潜台词，也从她的语气和表情中感受到了"哀莫大于心死"。

这是一个危险信号，孩子是想走极端！

他立即在学校老师那里了解了她的情况：孩子的爸爸是学校的老师，父亲遇难后，她多次想走极端。程博士进一步了解情况，对小筠做了自杀风险评估，告诉老师和孩子的妈妈，要及时做心理干预。

就在当天，程博士为小筠做了心理辅导。

"你很爱爸爸？"

"嗯。"小筠点点头。

"你觉得是因为你跟爸爸吵架，爸爸才离开的？"

"嗯"

"地震那么多人遇难，他们都跟家里人吵过架吗？"

"不是。"小筠摇摇头。

"那你觉得你爸爸的遇难，跟吵架有必然联系吗？"

"没有吧。"

"还觉得是你害了爸爸？"

"……"

"你也很爱妈妈，并不想妈妈离开，而是希望你一直在她身边照顾她？"

"嗯。"小筠眼圈红了。

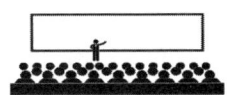

"真是个孝顺的孩子。"

　　小筠一下哭出声来。

"妈妈的想法呢？"

"她不想走，外公外婆需要照顾，她也要照顾我。"

"妈妈希望你走吗？"

"怎么会呢？我妈妈很爱我。"小筠使劲摇着头，眼睛看着程博士。

"你爱妈妈吗？"

"爱呀。"

"爱，为什么还想妈妈走？"

"……"小筠一时语塞。

"你觉得爸爸希望你和妈妈去找他吗？"

"应该不想吧？他希望我们好好活着。"

"你不是说这样全家可以团聚了吗？那不很好吗？"

"……"小筠再次语塞。但她的眼神越来越明亮，似乎在思考。

"你们全家只有你自己那样想？"

"好像是这样的，以前没想过。"小筠低下头，脸上闪过一丝惭愧的表情。

"我没感觉出来你很爱爸爸妈妈。"程博士突然很严肃地说。

"为什么？"小筠语气中有些愤怒。

"因为你在违背他们的意愿。"

"……"小筠语塞，但若有所思。

"仔细想想，你到底是为什么想离开？为了别人？还是为了自己？"

"我想，是逃避吧。不愿意承受自责的痛苦。"

"你真聪明，领悟力很强。"

　　然后，程博士引导她说了几句话：

　　"正是因为我爸爸突然去世，才使我深切地感受到血浓于水的感情；正是因为爸爸不在了，我才更要好好地照顾妈妈；正是因为爸爸英年早逝，我更应该好好学习，将来继承爸爸的事业；因为爸爸去了天堂，我才更应该活出我人生的精彩，让爸爸在天堂里对周围的人说：我的女儿是好样的！"

　　引导完后，小筠决定不再有走极端的想法。后来程博士每次给她打电话，

她精神面貌都是充满阳光的。

作者点评：

合理情绪疗法是美国心理学家艾利斯创立的一种治疗方法，这种疗法主要针对认知偏差的受助者。艾利斯认为，受助者的情绪困扰不是源于事件本身，而是源于对事件不合理的认知。通过会谈或游戏等方法，让受助者认识到不合理的认知，从而解决情绪困扰。

本案例中小筠不合理的情绪有两处：一是认为父亲的遇难是因为自己和父亲吵了架；二是认为一家人都去世就可以团圆了。这两个不合理的认知造成了小筠的抑郁性情绪障碍。

程博士通过和小筠对话，采用质辩（质疑辩论，明确）的技术，层层剥离，步步逼近。在看似犀利的方法中，程博士仍然坚持人本主义尊重、理解、接纳的原则，让小筠在温暖的质疑中认识到自己思维的逻辑矛盾和认知的不合理。

在这个案例中有两点需要注意：

当孩子说"我妈离开了，我们全家人就可以团圆了。"小筠的潜台词是她要走极端。这是一个容易被忽略的危险信号。程博士敏感地抓住了这一点，对小筠及时进行辅导，避免了严重后果的发生。

由于小筠走极端的意向和行为，需要和抑郁症进行鉴别。但小筠的抑郁情绪是存在的，所以也需要引起注意，对走极端的风险进行评估，并对走极端的意向和行为进行干预。

2. 不灭的太阳灯

——百年农工子弟职业学校

有一盏灯，一直为你亮着，无论你走近它，还是离开它，它在你心中永远不灭。

八年前，因为和张婷旺老师的偶遇，我也偶遇了百年农工子弟职业学校（以下简称"百年职校"或"百年"）。张老师讲起这所学校时，眼里放出的光芒和噙着的泪花使我好奇和向往。不久，我便成了百年职校的志愿者。后来，有多次机会接触到百年职校的创始人姚莉理事长及整个百年团队和百年的教育，我才明白在百年发生的各种温暖故事和学生神奇蝶变的原因所在。不过在这里我没有篇幅讲更多的百年故事。为了轻重缓急的要求，这里只说"百年"和"5·12"。

一、援助"5·12"，第一批捐助送到了甘肃

地震了！特大地震！四川！汶川！10多万平方公里，数千万人受灾！
姚莉心急如焚。
赶紧捐钱捐物！这是她在一个短暂的紧急会议后做出的第一项决定。
可是，怎么捐？捐到哪里？怎样能使捐赠尽快送到灾区并发挥作用？
正在这时，北京出版社的隋丽君，姚莉著《用梦想填平沟壑》的责任编辑给她打来电话，说作家邓一光在西安告诉她，和四川仅一山之隔的甘肃文

县受灾和四川同样严重，可是救援物资大都流向四川，而那里成了社会援助的盲区。邓一光在那里也心急如焚。

两个心急如焚的人，经隋大姐的引线一连，立即行动引爆。邓一光说那边急需彩条布，给受灾村民搭建临时遮蔽风雨的棚子。他一说完，这边的第一批捐款马上打了过去。

材料买到了，运输又成了问题。当时西安的援助力量也都涌向了四川，找车是一件十分困难的事，姚莉在北京经过多方联络和帮助，终于找到了车。邓一光亲自运送，经过艰难行程，将救援物资送到甘肃灾区并在那里帮助搭建临时避难所。

以后，当邓一光和姚莉终于见面的时候，回想当年几分钟内建立起的信任，不由得都感叹公益的力量如此神奇，能让未曾谋面的人们瞬间有如此默契的合作。

二、六万多元，孩子们捐给了希望工程

当时百年职校的学生大部分是来京务工人员的子女，他们中有一部分人的老家在四川地震灾区。

"我们学生的家庭受灾情况如何？"

这是当时姚莉的第一反应，也是很多志愿者关心的问题。学校第一时间组织在校川籍学生开会了解情况。有些学生家中的房子垮塌了，所幸的是，百年职校学生的家庭都没有人员伤亡，大家稍微松了口气。但毕竟面对家乡如此巨大的灾难，孩子们还是非常紧张和担忧。学校一边安排老师和志愿者安抚学生，一边组织大家为灾区学生的家庭捐款。很快，捐款达到6.8万多元，大家希望这些钱能够直接帮助这些学生的家庭。

孩子们郑重地收下了这笔捐款。但很快，以叶发斌为代表的川籍同学做出了一个决定：将这笔钱捐给希望工程紧急救灾行动，给那些此刻更需要帮助的家庭！

三、到四川，接孩子！

（一）奔向绵竹

一边继续对灾区进行人力物力上的援助，一边关注着灾区的情况。随着时间的推移，对"5·12"汶川特大地震的报道越来越多，越来越深入。校舍垮塌，家园丧失，当时灾区还处在生命救援和交通修复的阶段，受伤的孩子进了医院，没有受伤的学生一部分转移到了别的学校，一部分暂时集中在临时的帐篷学校，还有一部分闲散在外。

事实上，当时在四川，就算没有垮塌的学校大部分也因为避免余震的灾害放假而没有复课。即使复课了，孩子们也没有办法静下心来学习。

姚莉更没法静下心来。想到那些失去校园和家园的学生，作为百年职校的创建者，她首先想到的是到灾区招生，把那些适合百年职校招生条件的、愿意到百年职校学习的孩子接到北京，一方面让孩子们能够读书，另一方面也让他们有一个稳定的生活环境，安心安身。

作为一所以解决贫困农民工子弟受教育问题，为他们提供学习技能和就业机会为目的的全免费公益学校，百年职校在灾难中行动。

行动第一步：立即通过民政部、教育部和当地民政、教育部门联系。

行动第二步：和灾区民政局和教育局沟通，请他们做前期调查和筛选工作。

行动第三步：与北京市东城区教委取得联系，由他们对当地教育局发出公函，同意接收川籍灾区学生入京学习。

行动第四步：联系成都当地志愿者，做后勤保障和外联工作。当时成都已经一车难求。

行动第五步：组织捐助物资和志愿者赶往重灾区。

若是在平日，这些工作没有几个月是完不成的，但是那几天，好像一切都开了绿灯。

2008年6月3日，由百年职校理事会成员、百年职校的员工、百年职校的志愿者组成的一支队伍从北京首都机场出发，飞往成都。他们是姚莉、封

如怡、文博、黄海龙、回春雨、贾光辉、朱迅、邢云、张洋。

成都的钟锦和张国斌在成都双流机场接机，并联系去灾区的车辆。

6月4日，大家乘坐一辆拉着"教育重燃希望，'百年'传递爱心"横幅的大巴车赶往绵竹。新加入这个团队的还有张国斌正在上高中的女儿张怀文。

（二）灾区感受

"一切都凝固了，只有水在流动"

"仿佛一切都凝固了，只有水在流动。山坡滑下，那下面埋的是什么？不敢想象。"

向我说这句话的时候，文博的胸部在剧烈起伏着，喘着粗气，脸涨得有点红。仿佛被人扼住了喉咙。

"10年了，那种感觉没法抹去。"缓过气来，他幽幽地讲着。

是啊，凝固，是一种震惊而痛苦的感觉，好在"水还在流动"，那是潘多拉盒子里随祸害同时飞出的希望。

"永远忘不了那消毒水的气味"

说起"5·12"汶川特大地震的印象，朱迅多次百感交集地说：

"我一辈子都忘不了那片土地，那些身影，那阵哭声，那在废墟上行走的受伤的脚。我永远忘不了那消毒水的气味。那是一种标志性的气味。"

她告诉我，10年了，一想到汶川特大地震，那股气味就从肺底窜了出来，眼泪也奔了出来。她说那不是一种令人讨厌的气味，而是勾起辛酸和温暖回忆的引子。

"你这些花儿，我全买"

封如怡，是百年职校赴绵竹队伍里年龄最大的老师。她给我的印象总是柔情似水，泪点超低。每次一提到汶川特大地震，都是未讲先哭。一阵稀里哗啦，带出一串故事。

在汉旺东方汽轮机厂外面那座永远定格在"2点28分"的大钟下面，一些人在献花，一些人在卖花。封老师知道，下面埋葬的是卖花人的乡亲和家人。

泪奔，无言。最后哽咽了一句：

"你这些花儿，我全买了。"

突然间体会到成长

10年前，黄海龙虽然还很年轻，但也不算职场新人了。不过到了灾区，突然觉得自己才体会到真正的成长。他很感谢姚理事长把他带到了那里。

17岁的张怀文，在家里还是父母的宝贝，那一次的灾区之旅，感受到了被需要的幸福和责任，从此，她学会了独立和担当。

"以冲刺的速度"

"眼前一片废墟，房子大都塌了。少数没有塌的房子也有无数裂缝，在那里摇摇欲坠。不敢在房子里停留，连上厕所都是以冲刺的速度。"

姚莉描述着当时的情景。其实，不仅是为了避免伤害在冲刺，在整个灾区几天的工作，他们也保持着冲刺的状态。

（三）招生现场

在校园楼宇之间的开阔地上，绵竹县教委临时搭建了一个棚子。拉一条横幅，摆几张凳子，就是招生现场。

面对大量家长和孩子的疑问和咨询，大家把嗓子都说哑了。

那两天，有许多暖心的故事，情到深处时，又是一阵泪奔、拥抱、四手紧握。

一个孩子默默地跟着文博，好不容易憋出一句话：

"我给你们干活，你们管饭。"

他知道百年职校是免费的，渴望去那里读书，可又怕交不起饭钱，所以来了个"讨价还价"。一听说去百年职校读书连吃饭穿衣都不要钱，他简直不敢相信自己的耳朵。

张磊的父亲握着姚理事长的手说：

"张磊的母亲已经病危，本来这个时候不该让孩子出远门，但是，家里的情况本来不好，又遇到天灾，百年职校是孩子最好的出路了，拜托了！"。

那年春节，张磊的母亲病逝。

袁佳踏着一路碎石瓦砾，冒着被滚石砸伤的危险，几十里艰辛，从大山里走出来。奶奶受伤送进医院，当时爷爷去向不知（后来才知道爷爷因伤转到长沙的一家医院去治疗）。父亲把女儿交到姚莉理事长手里，脸上密布着急切和不舍：

"孩子就交给您了！"

女孩的脚上还缠着浸血的纱布。

……

那两天，在招生现场，以姚莉理事长为首的这群亡命工作的刚强铁汉一直被眼泪和柔情浸泡着。

（四）大眼睛姐姐朱迅

她是中央电视台的当家花旦之一，她是著名的中央电视台名嘴，她是大家喜爱的节目主持人。但此时此刻，她只有一个身份：百年职校的志愿者。

"感谢这张大家熟悉的脸"

"5·12"汶川特大地震发生以后，朱迅被火速从国外召回，主持5月16日的大型赈灾晚会"爱的奉献"。紧接着，是一系列的有关抗震救灾的工作，没日没夜，马不停蹄，连感觉累的功夫都没有。

自从2005年百年职校在北京成立，朱迅就在这里做义工。她的丈夫、中央电视台著名主持人王志是百年职校理事会的理事，她的儿子王法从在她肚子里起，就参加百年职校的公益活动。她十分了解和认可这所学校的教育理念和办学水平，用她非正式的习惯表达就是"这是一所非常靠谱的学校"。

百年职校要去灾区招生，她硬挤出时间，义不容辞地担任了宣传员。有她这张大家熟悉的脸作名片，有她及其家庭良好的公众形象作证明，百年职校在灾区的招生工作顺利了许多。

"朱迅！"

"朱迅姐姐！"

"就是她，朱迅，好大的眼睛！"

孩子和家长见着了电视里的明星，更像是见了久别重逢的亲人，激动、兴奋。在那个痛苦暗淡的夏天，这种兴奋犹如死水里溅起的浪花，灵动而明媚。

其实，这也是一种心理抚慰：在悲伤无助之中，突然有了一种值得信任的温暖。

那两天，朱迅说得最多的一句话就是：

"相信我，我是这所学校的志愿者，我以我的人格担保，这所学校非常靠谱。"

不用多说，大家相信这张脸，熟悉那双明澈真诚的大眼睛。

接下来的事情就是看学校的宣传片，听姚理事长他们介绍学校的性质、理念、专业、课程等。

家长们（有些是亲戚）毫不犹豫地填了表，放心地把孩子交给了百年职校。

朱迅不是个喜欢利用自己的明星脸说事行事的人，但这一次，这张脸帮了她，帮了"百年"，更帮了灾区的孩子。

"我很感谢这张大家熟悉的脸。"她动情地说。

一双红鞋子

2018年1月29日晚上，北京保利剧场，一年一度的"百年爱心慈善晚会"在这里举行。这是朱迅第十三次站在"百年爱心"的舞台上。

这一次，有些特别，因为"5·12"汶川特大地震过去已经10年。在成都百年职校代表队表演前，朱迅深情地说：

"对这所学校，我有很深的感情，因为10年前，汶川特大地震发生后，姚莉老师带领我们去了四川地震灾区。我一辈子都不会忘记，在那里感受到的一切，永远忘不了从废墟里拔出来的，伤痕累累的脚……"

2008年6月6日下午，和绵竹灾区前往北京百年职校的20个孩子临登机前，朱迅注意到一个始终低着头、少言寡语的女孩一只脚上缠着纱布，纱布上浸染着血渍，一双沾满土灰的旧鞋懒懒的趿拉在她的脚上，走起路来还

踮着脚，一瘸一拐。

女孩的名字叫袁佳。

朱迅立即走到她跟前，温和地问她：

"孩子，你的脚怎么了？"

佳佳把头埋得更低了，声音小得只有她们俩能听见：

"玻璃划了的。"停顿了一下，她抬起头来，"在废墟里整理时踩到玻璃被划了。"说完，又低下了头。

"宝贝儿，疼吗？"朱迅蹲下去心疼地摸着她受伤的那只脚。

佳佳猛地将脚抽回，使劲摇着头，声音仍然很小：

"不疼。"

朱迅立即翻出随身带的碘伏、棉签、纱布，为她清理伤口。在清理过程中，孩子一直下意识地往回抽着脚，不是因为害怕，只是因为淳朴。

清理完伤口，朱迅带她来到机场里的鞋店，为她选了一双漂亮的红凉鞋。她看了鞋子上的标价，连连摆手说：

"我不要！我不要！"

朱迅知道佳佳是觉得那鞋子太贵，但机场里没有别的选择，朱迅坚持为佳佳穿上了那双崭新舒适的红凉鞋，陪她一同进了北京。

以后，朱迅时常有温暖的话语流进佳佳的 QQ，佳佳一直珍藏着那双红鞋子。

我听了这个故事，眼前经常会浮现这样的画面：

一双鲜亮的红鞋子，在灰暗的废墟上跳跃。

"废墟里长出的希望"

从四川回到北京不久，朱迅又去了贵州山区采风，拍民俗古镇方面的纪录片。那时候，汶川特大地震的余震还时常波及那里，一路飞沙走石，随时都有被砸中的危险。为了避免集体遇险，摄制组的人只有一个一个地跑过险段。常常惊魂未定，又是一身冷汗。

朱迅把四岁多的儿子也带在身边，她坚持要自己背着儿子跑，组里的兄弟一把抢过儿子，护在怀里飞奔过去。

那一次，她才真切地体会到在自然灾害面前，个人力量的弱小和无助；

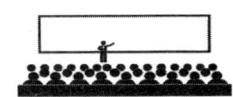
她也亲身感受到在灾难面前大家相互支撑的强大和温暖。

自 2009 年至 2011 年，她每年都要去灾区主持中央电视台举办的"心连心"晚会。

绵竹汉旺镇东方汽轮机厂旧址门口那座大钟的指针永远停留在"2 点 28 分"。但是，灾区的变化却是日新月异，突飞猛进。自然环境、居住条件、公共设施、精神面貌，这一切修复和发展的速度令全世界瞠目结舌，也一次一次地震撼着朱迅的心灵。

在这期间，朱迅也参加过百年职校"川籍希望工程班"的开班典礼，继续主持着"百年爱心慈善晚会"，见证着来自灾区的孩子们的成长和变化，经历过送别他们时的愁肠百结和他们离开后的魂牵梦绕。儿子王法 10 年跟随，如今也成了"百年爱心慈善晚会"太阳灯义卖场上的销售冠军。

回顾 10 年，朱迅随时感到一种力量，一种来自生命个体和这个民族的力量。

她说，那是废墟里长出的希望。

"10 年前，我们有个约定。"

朱迅百忙之中接受我的采访，实在不忍心太多耽误她的时间。我在说了感谢、再见之类的话，有些意犹未尽地准备结束访谈时，她也意犹未尽地冒出一句：

"10 年是个节点。10 年前，我们有个约定。"

于是，我们又聊了一阵。

10 年前的那个约定没有具体的言语，它是一个内心的期待；没有固定的对象，它是灾区和全国人民的一种默契；没有明确的形式，是世界你我他一种心与心的呼应——

灾区，10 年以后你必须美丽！

10 年后，这个约定兑现了。灾区没有失约，全国人民没有失约，世界你我他都没有失约。

如今，所有关心灾区的人，既可以走进去亲近她的美丽，也可以远远地瞩望她的成长。

（五）离家，回家

在绵竹的教育部门和民政部门的帮助下，通过大家高强度和高速度的工作，短短两天，百年团队最后录取了 20 个孩子，将他们带回北京。

问题来了，一些孩子或因走得太急，或因房屋垮塌，没有身份证，怎么上飞机？

一方面通过绵竹教育局、公安局出具证明，另一方成都的志愿者张国斌和钟锦负责与双流国际机场有关部门的联系沟通，很快，孩子们乘机问题得以解决。

2008 年 6 月 6 日下午，百年团队带着 20 名地震灾区的孩子，在成都双流国际机场登上飞机，飞往祖国的首都北京。

在飞机上，孩子们在短暂的兴奋之后，便显现出游移不定的神色，有的甚至在发呆。文博回忆着当时的情形说：

"此时此刻，孩子们一定是在想远方那个满目疮痍的家，家里遍体鳞伤的亲人。"

是啊，亲人可安好？爸爸妈妈在哪里？爷爷奶奶伤情怎样？因为灾情复杂，时间紧迫，一些孩子是带着这样的疑问和牵挂离开家乡的。

"还有一些孩子的眼神迷茫得让人心痛。也许，在他们的心里和眼前是一片空白或是漆黑的夜。他们不知道未来将是什么。"

文博的这种深刻共情，领着他走进了孩子们的心灵深处。他担任百年合唱团副团长，组织学生演话剧，后来出任北京百年职校的校长，最大的收获就是陪伴着孩子们一起成长。

两个半小时后，飞机降落在首都机场。

一下飞机，一条大幅欢迎标语霸气地拉开，几十个穿着橙色校服的百年职校的学姐学长手捧鲜花热情地涌向他们，一群"长枪短炮""咔嚓咔嚓"地对着他们。从没见过这样的阵势，孩子们为之惊愕。

学长们热情地接过他们手中的行李，荣培云校长和刘方成老师张开双臂，揽过孩子们，眼泪纵横。

"回家了，回家了。"他们拍着孩子们的肩膀，哽咽着。

回家了？！

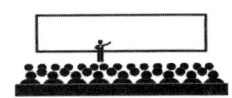

从绵竹到成都，从成都到北京，只有短短的一天时间，孩子们觉得恍若隔世。那个远方的家有些模糊，甚至随着 20 多天前那一声巨响已经烟消云散了。

那些亲人，或走在路上，或躺在医院，或睡在地下，或守望着断壁残垣，或奋力在抗震的阵地……

20 多天的惊恐万状，20 多天的焦急悲伤，20 多天的不知所措……

一些孩子回忆说：当时仿佛这一切都变得十分遥远，家和亲人，只是苦苦冥想中若隐若现的背影。

我知道，那些痛苦都被屏蔽在潜意识里，这是应激状态下的一种自我保护。

突然有人说"回家了！"，而且眼前的情景那么清晰而绚烂。孩子们凝固的眼泪解冻了，紧缩的心情松解了，迷茫的神色清朗了。

北京是新家，这里有亲人。

四、川籍希望工程班

百年职校是希望工程办学点，这 20 个孩子都来自四川，就命名为"川籍希望工程班"。

（一）大方家胡同里的家

"地震灾区来的孩子，家园毁了，有的亲人也没了，又突然离乡背井，一定要让他们充分感受到家的温暖！他们太不容易了。"

这是姚莉理事长反复在会上会下强调的。

大方家胡同芳嘉园 8 号，这是百年职校最早的校址。在居民区，地方很小。那时候的百年职校还不是寄宿学校，学校为四川来的 20 个孩子专门在学校附近租了居民宿舍，这也是百年职校办学以来破天荒第一次在外面租居民楼。

荣培云校长说："那个居民楼虽然不是高大上的住宅，但至少是干净的、舒适的、温馨的。"

除了管理宿舍的张阿姨细心照顾着 20 个孩子，荣培云校长、封如怡老

师、贾芳娣老师都经常去陪伴他们，跟他们聊天，陪他们一起吃饭。姚妈妈（孩子们对姚莉理事长的爱称）也会在百忙中抽出时间去看望他们，了解他们的困难和需求，帮他们解决心理的困惑。

刚来北京时，孩子们还没摆脱地震给他们带来的恐惧，晚上听到有人上楼的声音，就有学生惊恐地往外跑。学校就派专职老师和他们共同居住，并且安排参与了各类文化活动。不久，他们就平静了。

有了安定舒适的居住环境，有了可口的饭菜，有了亲人的陪伴，这里就是一个家，一个温暖的家。

（二）As long as I have music！（只要我有音乐）

> 从小爷爷对我说，
> 吃水不忘挖井人。
> ……
> 曾经苦难才明白，
> 没有共产党
> 哪有新中国。

明亮纯净的歌声如山顶上泻下的清泉，流进在场所有观众、评委的心田。精确的音准节奏，和谐的声部配合，饱满的情绪情感，赢得了全场雷鸣般的掌声。

这是文化部举办的"第九届中国国际合唱节"现场，一群来自全国各地贫困家庭，来自"5·12"特大地震灾区的孩子们，在这里向全世界展现了他们天赐的音乐才能和丰富的精神世界。

这时候，离四川汶川特大地震发生才两个月。

演唱完毕，"百年爱心合唱团"团长刘方成老师走到台前，向大家郑重地介绍了队伍中的一个孩子：

"他叫王志龙，来自四川绵竹，弟弟在地震中受重伤，昨天刚刚去世。"

全场观众肃然起立，向这位坚强的少年致敬，向所有勇敢的灾区孩子致敬，也向这位把孩子们领进爱心合唱团的老师致敬。

刘方成老师参与北京百年职校的初创工作。2005年"北京百年职校"成

立时，年过六旬的他担任副校长兼教学督导、国学教师和合唱团团长。刘老师研究了一辈子的中国文化，教了一辈子中文，热爱舞蹈音乐艺术，他深知文化艺术修养在人的成长中的重要性。在"没有音乐的学校不是学校"理念的指导下，学校创立了"百年爱心合唱团"，邀请了著名指挥家郭志强担纲合唱团指挥，钢琴家严琪担任钢琴伴奏，还有一批音乐专家做顾问，使这个团一开始就有了很高的起点，那些贫困的孩子们享受到了比许多城市孩子都更好的音乐教育。音乐让他们安静，音乐让他们热情，音乐让他们知道什么是善良与光明，音乐让他们心灵变得更加美好。

40多天前，20位从四川地震灾区来的孩子睁着好奇而又迷茫的眼睛，顾盼着这个陌生的世界。为了保护孩子的音乐天赋，促使他们融入新的集体，帮助他们建立自信，待孩子们刚安顿下来，刘方成老师就从中挑选了7名音乐领悟能力比较强的进了合唱团。

离"第九届中国国际合唱节"比赛不到40天了，"老团员"们已经排练了一段时间，可新来的几个孩子对参赛的三首歌曲完全不会唱，更不要说乐理知识和表演技巧了。而且，这三首曲目里还有一首是英文歌曲。

经过高密度的强化训练，自身的努力，7个孩子终于赶上了学长们。

7月2日，他们应邀参加了北京电视台举办的赈灾晚会"托起明天的太阳"。孩子们的精彩表现感动了演职人员和爱心人士，他们更理解了歌唱的意义。

受到了激励，孩子们练习更加刻苦，合唱团的整体水平也不断提高，组委会和评委在看了他们的排练后，给予了高度的评价，他们顺利获得了参赛的机会。

孩子们说，短短的一个多月，他们不仅懂得了合唱艺术，更重要的是锻炼了意志品质，提高了审美品位，丰富了心灵世界。

> 总想去抚摸蓝天的太阳，
> 让高原的热情温暖胸膛。
> 总想去畅饮圣洁的湖水，
> 让雪域的明净洗去忧伤。

他们爱上了音乐，音乐让他们胸怀宽广，音乐使他们勇敢坚强。

临比赛前，王志龙家里传来噩耗，老师叫他回去送送弟弟，志龙却说，我就在这里唱歌为弟弟送行，他在天堂里能听见：

I'll go on despite my fears.

For as long as I have music.

（尽管害怕，我会继续，只要我有音乐）

（三）"这里有一百个学生！"

"5·12"汶川特大地震发生后，我就一直负责儿童心理辅导。5月份由教育部派往前线的帐篷学校，6月份由卫生部"震后心理危机干预治疗队"派往华西医院负责儿童组心理辅导直到年底。那时候我体会特别深的是整个社会对孩子的援助热情非常高，力度非常大。只要有孩子的地方，各种援助热情涌来。捐钱捐物的，陪孩子们玩的，教孩子们学习的，为孩子提供医疗保障的，帮助孩子联系学校读书的，为孩子解决住房的，认干儿干女的，待他们成人后帮助就业的，等等，无所不有。孩子们被强大的温暖包裹着。尤其是在四川以外，只要一说是四川大地震受灾的孩子，人们给予的热情非常高，关注度非常大。

对孩子这样大力度大面积的关怀，的确反映了社会的文明程度提高，也解决了许多实际的问题，许多孩子也在这个过程中懂得了坚强、乐观、奋进和感恩。这是孩子们的福气，也是社会的进步体现。

当时百年职校的100名学生中，除了四川地震灾区来的20个孩子外，其余的学生们也都是来自全国各地的贫困家庭子女。以职业教育帮助贫困年轻人成长，这是百年职校的公益使命，也是与其他学校的不同所在。有些资助者不了解百年职校，只给四川来的20个孩子送东西，时间长了也对其他孩子造成了不公平的感觉，一段时间内成了一个棘手的问题。一开始，老师们动员川籍孩子和大家一起分享，后来姚理事长干脆告诉捐助的人：

"你们要捐就给每个学生都捐，这里有一百个学生。"

值得欣慰的是，在大地震10年后的回访中发现，能够把公益慈善长期坚

持下来的人和机构都具有和百年职校同样的理念，孩子们在这样的理念下，也一直在健康地发展着。

人们把 2008 年叫作中国"公益元年"，不是说那一年中国才开始有了公益，而是说从那一年起，中国公益开始走向科学与完善。

（四）受灾与贫穷是有区别的

在成都双流国际机场登机前，有个学生问文博：

"老师，我们的飞机降落在 T3 还是 T2 ？"

文博感到十分诧异，自从百年职校建校以来，他还不曾知道哪个新生坐过飞机，更不要说了解首都机场的航站楼了。

那孩子告诉他，他去过几次北京，而且每次都是坐飞机。

另一名学生父母都遇难了，但家庭经济条件挺好，几个亲戚为了争养她，还发生了矛盾。

还有一个孩子爸爸是警察，被评为"抗震救灾英雄"，政府给他家的待遇很好，并为他提供了很好的读书条件。

有一些孩子在初中时成绩很好，理想是考上一所重点高中，将来上大学。可是大地震发生了。

还有一些孩子已经上了高中，而且成绩不错，心中已经有了理想的大学。

四川来的 20 个孩子就是这样，各自的情况都不同。他们不是因为贫穷来到百年职校，而是因为灾难。当然，这当中也有一些以前家庭就比较贫困，大地震使他们的家庭雪上加霜。

不同的家庭情况，使他们有不同的习惯，不同的生活目标和理想。这给学校的管理带来了困难和挑战，也引起了大家的深思。最后，大家达成如下共识：

1. 如果实在不愿意留在百年职校的，理解和尊重他们的意愿和选择。

2. 根据学生不同的能力特点和兴趣，指导他们选择适合自己的专业。

3. 加强对学生进行百年教育理念的教育，使他们能够尽快地理解和认同"百年"。

结果，除了两名学生离开"百年"去读大学或大专，其他都留了下来接受职业教育，并且愉快地度过了在"百年"的学习时光。

（五）"认同了，剃头也不难"

百年职校的人生技能课从礼仪礼貌和清洁卫生开始。学生在礼仪礼貌中学会谦恭和尊重，在清洁卫生中学会劳动和自我管理。

首先要求学生衣着干净得体。要求男生留学生头，女生把长发挽起。

有几个男生头发留得很长，不愿意去理。他们认为这是他们个人的事情，学校不应该干涉。老师多次劝说都不理睬，这也成了当时学生管理的一个问题。

荣培云校长知道来硬的会激起逆反，就跟他们语重心长地交流。告诉他们将来做一个优秀的职业人，首先要取得客人的信任。

"你们首先靠什么获得别人的信任？那就是一个人的职业形象，职业形象有一个社会化的标准，你得尊重和接受它。"

苦口婆心之后，荣培云又带学生去酒店和物业公司参观，让他们了解什么是良好的职业形象，同时叫他们对比自己的形象和标准的形象。

"如果你是一名客人，你们信任谁？愿意接受谁的服务？"

那几名学生最后从心里认同了学校的管理要求，也对荣培云校长所讲的道理心悦诚服，去理了发。

"看起来是一件小事，要让他们接受，真得费劲。"荣培云校长感慨地说。

"关键是让他们认同。认同了，剃头也不难。"

（六）"火锅叔叔"简直惊呆了！

2008年7月初的一天，成都的张国斌到北京大方家胡同看望川籍班的孩子。这是他第一次到百年职校。刚走进那片居民区，他有些疑惑：这群老旧杂乱的居民楼里会有学校？学校会是什么样？

当他走进胡同里的百年职校，十分惊讶：这所深藏在北京普通居民区的小楼，仅仅不到1 000平方米的学校干净、整齐、明亮，布置科学规范，显得高端大气。仿佛走进了另一个世界。

学生十分礼貌地鞠躬行礼，一阵清脆的"老师好！"，一路热情的指路引领，一脸愉快自信的微笑。

"火锅叔叔！"

突然一声欢叫，一群穿戴整齐、笑逐颜开的橘黄色学生一下子涌了过来，把他团团围住。

张国斌还没反应过来发生了什么事情，只听孩子们说：

"叔叔，您忘了？您在成都请我们吃火锅。"

张国斌一拍脑门，反应过来了：绵竹的孩子！

一个月前，他请孩子们吃了一顿火锅，便送他们上了飞机。

他永远忘不了那样的画面：一群穿着各色沾满尘土的衣服的孩子，蓬头垢面，两眼无神，表情不知是悲伤还是呆滞。

把孩子们送进安检口，转身的一瞬间，他的眼泪涌了出来，接下来，是一个月的担忧和牵挂。

仅仅一个月，似乎一眨眼的工夫，孩子们如经过一场雨水沐浴的荷花，突然干干净净、清清爽爽地挺立在你的面前，从内到外绽放着。

接着，孩子们拉着张国斌讲述着他们这一个月的故事，一个月所受的教育。

这一回，"火锅叔叔"简直惊呆了！

他惊诧于孩子们神奇的变化，他感叹百年教育的妙手回春。这一刻，他的一切担忧都烟消云散。

孩子们在这里，他放心，家长们放心，绵竹放心，四川放心。

五、走出京城第一家——成都百年

（一）因"5·12"汶川特大地震而诞生

如果没有"5·12"汶川特大地震，百年职校就不会走出京城。姚莉理事长最初的想法是把北京百年职校办好。从未想到过复制。

因为"5·12"汶川特大地震，20个灾区的孩子到了北京百年职校，也因为大地震，四川有更多因灾难致穷、致困，甚至成为孤儿的孩子，他们迫切需要百年这样的公益职业教育。

当时的中国青少年发展基金会的负责人、百年职校理事涂猛找到姚莉，建议希望工程能否直接在成都办一所公益职业学校解决地震灾区、贫困地区和少数民族地区学生入学、就业问题。

考虑到孩子们就近读书的便利，也考虑到职业教育的本土化，同时考虑到办学成本，还有本地社会资源的充分利用，姚莉接受了涂猛的建议。

2008 年底，成都百年职校开始筹建。申请报批、联络接洽、选址装修、购置设备、安装布置、组建专职队伍、招募志愿者，太多太多的工作，太多太多的困难……

陈燕琳当时是四川省青少年发展基金会的理事长，从筹建成都百年职校，她与百年职校结缘。

张国斌、钟锦继续延续志愿者的工作，负责联络和后勤支持。

校址落实后，北京王作垣、封如怡、贾芳娣到成都担当筹建工作。

第一批招募的员工有谢晓丽、黄元刚、韩春艳、黄天、赵竟好等。

9 月 10 日，成都百年职校开学了。来自四川各地，包括地震灾区的 90 名贫困家庭的孩子在这里开始接受百年职校的职业教育。

这是百年职校复制的第一所京外学校，它因"5·12"汶川特大地震而诞生。

从此以后，百年职校走向了全国，走进了非洲。把百年"教育照亮人生，技能立足社会""培养高素质的蓝领""造就幸福的普通人""承担社会责任"等办学理念和目标传遍四面八方，解决了数千名贫困农民工子弟受教育问题，为企业输送了大量优秀员工。

（二）送弟弟上学，姐姐不走了

成都百年职校新生入学那天，王显菊送弟弟王显涛上学。他们来自广元市青川县，父亲残疾，母亲常年多病。汶川特大地震中家里房屋毁损，生活更加困难。王显涛被成都百年职校录取的消息，让家里人看到了新的希望。

王显菊陪着弟弟办完了入学手续，准备返回青川。可是，临离开时，她在校门口伤心地哭了。一方面，她舍不得弟弟，另一方面，她好喜欢这所学校，她想留下来和弟弟一起读书。

王显菊初中毕业后由于家庭困难，没有继续上高中，一直在家照顾父母，找些零活供养弟弟读书。但是由于没有学历，没有知识和技术，她没法找到一份正式的工作，尝尽了在外打临工的艰辛。如今看到弟弟有了好的读书机

会，将来有了好的前途，虽然心里高兴，但也不免为自己黯然神伤。

正在王显菊哭泣的时候，前来成都参加新校区开学典礼的北京百年职校理事长姚莉在门口看见了她，了解到她的情况，当即答应破例录取她。

王显菊初中毕业已经七年，又重新获得了读书的机会。这也是百年职校第一次在同一期学生中招收了同一个家庭的两个孩子。

（三）她和学生一起哭、一起笑

赵竟好是成都百年职校三期幼教班的班主任。从北川来的 7 个孤儿中，有 5 个在她的班上。作为一名刚毕业的大学生，一开始接触这些学生时，她不知道怎么办。最初是小心翼翼，生怕触碰他们的伤痛。但发现这样很难，这些孩子毕竟和别的孩子不一样，他们经历了太大的创伤和失落。一不小心就碰着他们的伤口了。伤口疼了，孩子们哭了，小赵也跟着他们一起哭。哭是情到深处时的不自禁，也是她对孩子们最好的陪伴。这时候，任何语言似乎都很无力。事实上，她也不知道说什么。

但就是这无言的哭，学生们把她当成了知心姐姐，当成了亲密的朋友，最后跟她无话不谈。

小赵说，直到现在，她对学生也没有多少"套路"和"招数"，唯一有的就是认真和真诚。

和四川许多女孩一样，小赵喜欢时尚，喜欢玩耍，习惯悠闲舒适的生活，但只要是学生的事情，她雷厉风行，从不懈怠。

最重要的是，无论那些孩子的内心有多么复杂，行为有多么叛逆，她从来都没有"棘手"感。用她的话说就是"一开始就接受"。她始终觉得孩子们是善良的，她坚信他们积极向上，求善求美。

这就是一个教育工作者最重要的学生观。虽然不是学教育和心理学的，但她有教育工作者对学生的理解和包容，有着心理咨询师对来访者的感同身受。后来就有了她和学生一起笑。

赵竟好进入成都百年职校时虽然还不到 25 岁，但学生有时候会在她面前撒娇，她也偶尔享受一下这种母亲的感觉。也因为这些学生，她从一个孩子成长为一名成熟的教育工作者。

那批学生已经毕业好几年了，赵竟好还和他们保持着密切的联系。虽然

直接和孩子们交流的时间不多，但彼此的朋友圈却是他们相互观望、密切注视的窗口。

特别让赵竟好感到欣慰的是，在"5·12"汶川特大地震10周年之际，孩子们向逝去的父母表达的心声都是：

时间在流逝，生活在继续。我们现在都很好，将来会更好。爸爸妈妈请放心。

赵竟好知道，那些言语中透露出的平静和轻松是真实的，照片和视频中表现的幸福和愉悦也是真实的。

她了解他们，是他们永远的姐姐。

前不久，赵竟好过生日，收到了孩子们集体送给她的蛋糕和鲜花。

这一次，她是在视频里和学生们一起哭，一起笑。

（四）黄叔的空间

"黄叔"是成都百年职校学生对宿管老师黄天的昵称。如果不说话，黄叔看起来很严肃，但一开口，学生们就憋不住要笑。黄叔幽默，但笑点高。他说话的时候，经常是别人捧腹他绷脸。黄叔和学生交流的方式很独特：骂人、唱歌、写诗，似乎很不搭调，但确实效果很好。

"第三期有几个孤儿，他们心理的创伤很明显，有各种表现。我印象比较深的是有个学生不是很调皮，但经常晚上头痛，要吃止痛药才能入睡。我刚开始以为是生病，后来通过一段时间接触，发现是心理问题。我就悄悄用维生素代替了止痛药，晚上能入睡了。他经常来找我聊天，一聊聊很久，不愿意离开，我知道这是心理依赖。有一天我跟他开诚布公地谈了一次话，他就再也没来找我，头也不痛了。"

黄叔以前学过心理辅导，很久没用。在这几个孩子身上派上了用场。

"他们几个孩子给我的印象特别深。有一天不请假私自跑出去，我在电话里给他们讲道理，最后他们回来了。我就当什么事没发生一样，还是给他们开玩笑。我不想他们难堪。"

黄叔说，孩子们虽然在大地震中的境遇都一样，但还是有不同的成长环境，有不同的个性，所以和他们相处的方式也很不一样。有个学生叫丹丹，平时表现和学习成绩都不错，家里还有个弟弟，她一边读书，

一边还要关照弟弟，很有责任感。但有一次丹丹违反了宿管制度，还和同学闹矛盾。黄叔发现这个孩子有些"嘚瑟"，但性格比较外向直爽，就狠狠地骂了她。她开始真没想到黄叔会这样骂她，一下子愣住了。当天晚上就来找黄叔认错。以后，她一有困惑就来找黄叔，他们成了好朋友。

"对学生爱的表达有很多方式，不仅仅是柔声细语，有时候也需要高声棒喝。"

"这几个孩子跟你关系一直很好吗？"

"大部分都喜欢跟我闲谈。他们觉得跟我在一起很轻松快乐。这几个孩子离开成都百年职校时变得很阳光。临走时，他们说舍不得黄叔，我回避了。我没去送他们，不喜欢送别。"黄叔神情有些凝重。

"王培雪在龙泉的幼儿园工作，现在已经结婚生子。她结婚时给我打电话，我说我要去，我代表娘家人把她送给男方。结果不巧我父亲刚好去世，我没去成，我就给她道歉，她说没事。其实这是一个遗憾。"

"丹丹结婚我一定要去，她虽然没有父母但是我们都是她的亲人。我会当他父亲，挽着手把他送给女婿。"

"有一年春节我专门去看了已结婚生子的瑶瑶，跟她们一起过的春节，给他们买了点东西。从那之后也就没见过面了。"

黄叔说着那些孩子们，就像一位慈父在谈自己的儿女。

黄叔有一个QQ空间专门跟学生交流，聊得很开心。他自己有什么烦恼，也向孩子们倾诉。孩子们会给黄叔做心理辅导。

他们的QQ空间里有一些偏激的内容，我找点光明去启迪他们。"黄叔说。

经过黄叔的准许，我进了他的QQ空间，看到了他和学生五彩缤纷的世界。有他说的笑话、发的牢骚，也有他唱歌的录音和视频，写的诗歌，拍的照片。这都是他和学生交流的方式。他们在QQ空间里自由自在，畅快惬意。

QQ空间里有许多或温暖、或俏皮、或奔放、或内敛的声音和画面，从这里，我看到一位普通的成都百年职校的员工为孩子们成长注入的心血。

六、10 年后，那些孩子们

（一）他们的现状

成都百年职校招收的汶川特大地震的学生情况比较特殊的有两批。一批是北京百年职校 2008 年从绵竹接到北京的 20 名学生，一批是成都百年职校招收的 7 名北川的地震孤儿。10 年后他们的情况大致如下：

2008 年，北京百年职校第四期招收的"川籍希望工程班"的 20 名学生：2 名应当地政府特殊安排去了别的学校，18 名从北京百年职校毕业后，全部在企业从事相应专业的工作。大都成为深受企业欢迎的优秀员工、企业骨干，还有一些成为部门负责人。其中 1 名在北京金隅喜来登酒店做销售经理，1 名是深圳市瑞迪兴智能科技有限公司项目总监，1 名是北京畅聊天下科技有限责任公司程序开发工程师。

2011 年，成都百年职校第三期招收的北川的 7 名地震孤儿：5 名从事幼教工作，1 名在五星级酒店做财务工作，1 名自由职业。这些学生大部分被最初的实习单位留下来后，一直坚持在那里踏踏实实地工作，现在都是单位的骨干。有一部分学生继续学习自己喜爱的专业，提高了学历，选择了自己喜爱的工作。

百年职校的教育目标首先是做普通的人——身体健康、明辨是非、经济独立；

百年职校教育的核心价值——坚守诚信、承担责任、遵纪守法、勤奋努力、爱心宽容；

百年职校教育以能力为本，培养学生适应社会的能力，自主学习的能力和未来持续成长的能力。

百年职校的这些教育思想和理念，在这些孩子们身上得到了充分体现。

（二）"老师们，辛苦了！"

10 年前，从绵竹接到北京百年职校的"川籍希望工程班"和成都百年职校第三期，因为多种原因，导致在管理和教学上的特殊性和复杂性。为了这

个班，老师们辛苦了。

"老师们，辛苦了！"

这句话不是我在这里发表的赞叹，而是最近在访问那些孩子时，他们共同的感慨。10 年过后，他们齐刷刷地认为当年他们让老师操心了。

一句"老师们，辛苦了"不仅仅是感恩和反思的表达，也代表着孩子们的成长和成熟。回顾 10 年的历程，他们说：

"感谢当年百年职校的接纳和关爱，感谢百年职校的教育和 10 年的持续牵挂与关注。"

"好想百年职校的老师。"

"百年职校是我人生中一盏明灯，照亮了我前进的路。"

"百年职校是我人生中重要的里程碑。"

"没有百年职校，就没有我的今天。"

"真心地说一声，老师们，谢谢！"

……

（三）"我和我的母校"

10 年的历程，10 年的成长，走进百年职校，又走出百年职校的汶川地震灾区的孩子们向我讲述着他们和百年职校之间的故事。

在自信中脱颖而出——杨君

杨君，女，四川绵竹县人，2008 年进入北京百年职校，现任北京某五星级酒店销售经理。

"'5·12'汶川特大地震以后，我家的房屋倒塌，住在临时帐篷里。记得最清楚的是每天在烈日下做饭。家乡灾情很重，学校的教学楼都垮塌了，人员伤亡惨重。不知道什么时候能够恢复上学。在家待了几天，很想回到学校读书。"杨君讲起了她和百年职校相遇的故事。

"一天，我们学校的老师突然打电话通知我说，北京有个学校可以接我们去读书。第二天我就去了百年职校招生的地方。那个地方很简陋，就是一张桌子几把椅子，姚莉理事长给我们介绍百年职校的情况，我觉得挺好的。

再加上看见老师们都很亲切，还有中央电视台的朱迅姐姐也在那里给我们做宣传。于是，我就到了北京百年职校。"

"在北京百年职校你最大的感受是什么？"我问。

"我能学到很多知识，提高自己的综合素质。学习过程也特别有趣。印象最深的还是那时候学习英语，老师们给我们看很多英文电影，做游戏，轻松愉快的氛围下就能学好英语。"

"在北京百年职校你最大的收获是什么？"

"最大的收获就是我能在社会立足，能找到一份自己喜欢的工作。"

"听说你学的是智能楼宇专业，后来又怎么做了酒店销售？"

"北京百年职校就是这样一个给我们许多发展空间和选择的学校。除了学习专业课，还学习了人生技能课和服务选修课。无论我们最初学的什么专业，只要自己有明确的意愿，就可以选择另外的发展方向。后来我发现自己喜欢酒店服务专业，就在西餐厅实习。"

实习期间，细心、体贴、乐于助人的杨君锁定酒店服务行业为自身发展的领域，通过在创意西餐厅积累的服务、行政、公关、财务等方面的工作经验，得到五星级酒店的正式岗位，并从基层预订员一路进入到酒店核心的销售部门。

实习结束后，杨君应聘到天伦王朝酒店工作，做了酒店宴会销售经理。后来又到了东方君悦酒店，现在是北京金隅喜来登酒店的销售经理。她对自己的工作状态很满意。她深深地感到在工作中学习不只是知识，更重要的是如何做人。

"毕业以后你一直在五星级酒店工作，而且很早就做了销售经理。你是怎样在众多的同事中脱颖而出的？"我问。

"首先是自信，有了自信，就能够勇敢地展示自己，让领导了解，获得更多的锻炼和成长机会。"杨君自信地说。

接着，她又对我说起了她的工作经：

努力学习：把学校学到的知识与实际工作相结合，同时努力学习新的知识尽快进入工作状态，胜任工作。

保持良好的心态，让自己脚踏实地地学习，才能有更大的进步，切勿好高骛远，才能让自己不忘初心，方得始终。

打牢基础：刚开始工作的时候我们都是从一名基层员工做起，珍惜这段经历，扎实的基础，今后的路才能走得更稳。

抓住机遇：一路上，我都会遇到赏识自己的贵人，他们会给我机会改变现状，我们要抓住机遇，通过努力从而做出改变。

迎接挑战：只有不断学习，不断挑战自己，才能发掘出自己的潜能，我们才能走得更远。

我问杨君未来有什么规划，她说最向往的就是回到自己的家乡，在成都工作。至于具体规划，还是努力工作，等待水到渠成吧。

做一个对社会有贡献的人，回馈社会对他们的帮助，这是她非常明确的目标。他们经常抽出时间去看望孤残儿童，为他们带去温暖，回学校捐出自己的一点心意，帮助更多的学弟学妹。

从顽皮学生到项目总监——陈洋

陈洋，男，四川绵竹县人，2008 年进入北京百年职校，学习智能楼宇管理专业，现任深圳市某智能科技有限公司项目总监。

"陈洋？哪个陈洋？男的还是女的？"

"男的。"我说。

"就是最顽劣的那个男孩。印象太深了！很聪明，但是不服管束，在校期间各种违纪，受到批评处分。"

我有些疑惑了：我在封老师和荣培云校长那里了解优秀毕业生时，她们都提到了陈洋，而且还特别向我说明，"川籍希望工程班"里有两个陈洋，一个是男生，一个是女生。那个男陈洋干得很不错。

见我狐疑，文博向我讲起了陈洋的两件小事：

"尽管陈洋很调皮，但他认可学校对他的教育指引。毕业后在瑞拓电子做弱电施工，干得很不错。他工作很忙，需要天南海北地跑。有一年他专门回百年职校看望姚莉理事长和各位老师，表达他对学校的感谢。

2011 年 12 月 29 日，刚毕业不久的陈洋为百年职校捐款 600 元。"

我做了几十年教师，深知调皮学生一旦醒悟后的力量和作为。所以，我特别访问了这个老师口中的"最顽劣的学生"。

拨通陈洋的电话，他正在印度尼西亚做一项工程。我只有通过微信语音和他交流。

2008 年 5 月 12 日 14 时 28 分，陈洋如往常一样在教室里认真地听着老师讲课，为即将到来的中考做好充分的准备。霎时，一阵剧烈的震动随之而来。他根本不知道一场自然灾害已经来临，以为是后排的同学开玩笑，回头看了看后面的同学，让他不要再踢凳子，那同学很懵圈。

紧接着，一声"地震了"震耳欲聋。也许是反应比较快，他居然成了第一个跑到门口的人。他声嘶力竭地吼叫，告知同学们"地震了"这个事实。顿时，大家惊慌失措地大喊大叫，有的吓得不能走路，还有些人痛哭晕厥，更多的人起身就跑……

楼房不停地摇动，大家不停地奔跑。有的摔倒，有的划伤，有的沉默……

"那一刻，我看到周围的墙面全部倒塌，人群在瞬间变得软弱无能，除了一味地惊呼并无其他的作为……短短几分钟，我们经历了一场惨烈的劫难。"

说到这里，陈洋似乎还心有余悸。但很快，他话锋一转：

"对于在劫难中顽强生存下来的人，我也许真的是大难不死必有后福。要不然，我也不会在灾后等待中盼来我的一束阳光——百年职校。"

接着他讲述了在绵竹和北京百年职校姚莉理事长带领的百年团队的相遇。

"'5·12'汶川特大地震发生不久，姚莉理事长就发起献爱心活动，为地震灾区的人们雪中送炭，带领百年职校的员工和志愿者组成的团队来到重灾区四川绵竹招生。

我家住在四川绵竹的一个小镇上，是家里的独子。2008 年正即将告别初中，全力以赴备考心中最理想的高中时，大地震发生了。家园被毁，学校垮塌，正当我们不知何往的时候，北京百年职校来到了我的家乡。非常幸运的是，我成了北京百年职校在灾区招收的 20 名学生中的一员。6 月 6 日，我们灾区学生 20 人随着北京百年职校老师和志愿者来到了北京。刚下飞机，就被百年职校的老师和同学们热情迎接，让我们受伤的心灵得到了慰藉。"

作为一名灾区人，陈洋亲身经历了"5·12"汶川特大地震，深知人在大自然的面前是多么的脆弱，多么的不堪一击。看到一幢幢大楼在面前倒塌，看到周围哀声遍野，看到家乡满目疮痍，他的心情无比沉重，同时他也发现，

好的建筑结构能抵御强烈的地震。因此决心献身建筑事业，为家乡建设奉献出绵薄之力。他在百年职校报了智能楼宇专业。

到了北京百年职校不久，由于种种不适应，加之家乡传来同学们升入高中的信息，他曾一度感到迷茫和困惑，也一度纠结和叛逆。但无论自己怎样调皮，老师们始终是耐心教导和热情帮助。后来他终于认可了百年职校的教育理念，也被百年职校丰富多彩、实际有效的教学所吸引。实习时，他已经成为百年职校的一名优秀学生。

2009年6月，陈洋迎来了人生中的第一次实习。他被分配在湖北武汉的一家物业公司。实习时，他感受到智能楼宇管理的广阔前景，认识到这门专业涉及知识和技能的广泛，他对此产生了浓厚的兴趣。很庆幸自己选择了这个专业。他发现这个专业是非常庞大的学科体系，它的核心是5A系统（指智能化5A，包括OA：办公自动化系统；CA：通讯自动化系统；FA：消防自动化系统；SA：安保自动化系统；BA：楼宇自动控制系统）。智能楼宇就是通过通信网络系统将这五个系统进行有机的综合，集结构、系统、服务、管理及它们之间的优化组合，使建筑物具有安全、便利、高效、节能的特点。智能楼宇是一个边沿性交叉性的学科，涉及计算机技术、自动控制、通信技术、建筑技术等，并且有越来越多的新技术在智能楼宇中应用。

在实习单位，陈洋不断地摸索和学习，很快地从单位中脱颖而出，毕业后分配到了理想的单位工作。

谈到在百年职校受的教育，在企业工作成长的经历，陈洋感慨万千：

"八年多的工作历程，我从北京到武汉，从武汉到南京，从南京到安徽，从安徽到贵州，甚至到印尼负责项目。我从受到别人资助的灾区孩子，成为一名自食其力的职业人，从一名幼稚的职校学生，成为现在可以带领一群人的项目总监。这一路经历了许多艰辛，流了许多汗水。我觉得这一切都是值得的。因为，我坚持下来了，并且实现了我人生第一个阶段的目标：自食其力，改善家庭，帮助别人。而所有的信念和结果都源于百年职校的办学理念——教育照亮人生，技能立足社会。"

陈洋这样评价着百年职校，也表达百年职校在他人生道路上的意义：

"她不张扬不华丽，但她不平凡。她能有今天这样的社会认可度，靠的不是精明，而是一颗帮助他人的真心。百年职校是我遇到的最好的学校。在

学校虽然很严格，但时时感受到的是温暖与感动，它增长了我的智慧，给了我爱的力量，使我有勇气做我自己。百年职校教会了我感恩，感激曾经给予过我帮助的人，因为他们让我感到温暖；感激曾经放弃过我的人，因为他们使我独立；感激曾经鞭策过我的人，因为他们增长了我的见识；感激曾经欺骗过我的人，因为他们使我明辨是非。"

陈洋说，无论在过去，现在，或是将来，灾难都是他值得珍视的宝贵经历，百年职校永远都是他人生旅途中的加油站。

因为百年职校，他牢记奋斗目标：为家乡，为祖国更好的发展建设添砖加瓦。

"每当我学习没有动力的时候，想到'5·12'的那个瞬间，想到当时百年职校对我的帮助，我便充满了斗志，不断努力奋斗，时刻牢记我的今天是百年职校造就的，我也一直捧着一颗感恩的心，回报社会，帮助需要帮助的人。我的家乡是全国人民一砖一瓦重建的，现在我有帮助别人的能力了，我将尽力回报社会，感恩大众，把中华传统的善行薪火相传下去。"

在他给我提供的文字的最后，他写道：

"天上不会掉馅饼，努力奋斗才能梦想成真，我们大家一起撸起袖子加油干，一步一个脚印踏实干好本职工作。幸福都是奋斗出来的，在新的一年里，不忘初心，努力奋斗。"

"井底之蛙"去了加拿大——陈生龙

陈生龙，男，四川绵竹县人，2008 年进入北京百年职校，学习智能楼宇管理专业，现任北京某科技有限责任公司软件工程师。

"井底之蛙"是陈生龙对自己的调侃。他说自己在进入北京百年职校之前，对外面的世界一无所知。后来，不仅去北京读了几年书，还去了加拿大培训学习，毕业后一直在北京工作。

2018 年 2 月 13 日，坐在北京到成都 G89 高铁上，陈生龙已经记不清这是第几次的回家旅程。闭眼一想，离 2008 年汶川特大地震已经 10 年了。这 10 年对他来说发生了太多的变化。

此次回家，是他人生中重要的一次旅行：回家和女朋友登记结婚。女朋

友也是北京百年职校四期的学生。因为百年职校，他们相识相知到相爱，最后决定相守一生。

2018年2月14日情人节这一天，他们在成都锦江区办理了结婚手续。

"此时此刻，我坐着回北京的高铁，再一次踏上了北上的旅程。和10年前不同的是现在少了些新奇，多了些家的感觉。"

他携手新娘，在高铁上给我发短信说。

10年的变化真的很神奇。他从遍体鳞伤的家乡小镇走向祖国首都北京；从一名稚气未脱的职高生变成一名成熟的软件开发师。如今，他从一个男孩走向男人。他成为丈夫，或许不久，将成为父亲。他的肩上多了一副担子，一份责任。

10年里，每次回家都看到家乡日新月异的变化。人与环境，内心和外表，都如窗外的景色，一框一框地变换着，像视频里的镜头，一帧一帧地切换着。但无论眼前的景色跑得有多快，色彩有多丰富，都无法冲淡10年前的记忆——

"那时我正好上初中，并且马上要中考了。那天下午班主任正在给我们上数学课，空气异常闷热。地震在毫无预兆的情况下发生了。最开始以为是同桌在抖腿，后来看见班主任大喊了一声"地震！"后冲出教室时，我才条件反射地跟着冲了出去。好在上天眷顾，我们学校的建筑质量不错，全校师生没有一个伤亡。

地震之后，大家都在想我们还能上学吗？是不是会像在电视里看到的那些难民一样出去逃荒？那时我连成都都没有去过。

大约过了20天，班主任韩老师给我打电话说，北京一所职业学校到我们这里招生，读书不用花钱，问我愿不愿意去。那时候我也不确定到底还能不能恢复中考，还有没有学可以上，也不知道地震之后我们这里到底会怎么样，于是我就报了名。

北京百年职校在绵竹中学办了一个简易的招生会，听姚莉理事长讲述了百年职校的性质、办学理念、所设专业，看了百年职校感人而又高大上的宣传片。可是我们还是像井底之蛙，对外面的世界一无所知，也想象不到学校到底是怎样。只是怀着一种好奇的心想出去看看。

2008年6月6日，我们坐上了成都飞往北京的飞机。这是我第一次坐

飞机，一路上都不知道该想什么，也没法兴奋。离家的惆怅留在心里，写在脸上。

一下飞机我们就被惊呆了：学校安排了很多师哥师姐来迎接我们，还有全程摄像，还有各家电视台的记者。往后不知道多少天，仿佛我们就像电视里的明星，各种机构前来看望，各种媒体机构报道。我们既喜欢这种被人关注的感觉，但是又担心别人拿我们的伤疤来做文章，我们不想再提及地震的话题。但很快，我的这些担忧被打消了。北京百年职校的老师和外面的志愿者、记者都很尊重和体谅我们，没有谁拿地震说事。我们自始至终都感到很安心、自在和温暖。

在百年职校校内学习时间过得很快，只有一年的时间。在一年的时间里我们学习了大量的课程，丰富了我们眼界。'授人以鱼不如授人以渔'，百年职校就是这样。虽然学习的技术并不能完全应付后来的工作，但是她给我们打了不错的基础。她可能并不能教会你以后所有的工作方法，但是会告诉你要抱着什么样的心态去学习新的东西。"

正式踏上工作岗位时，陈生龙还不到 17 周岁，对任何东西都充满好奇。他喜欢自己的工作，并为帮助客户解决问题感到幸福和自豪。但是他也知道自己应该学习更多的东西，掌握更多的知识和技能，才能适应更复杂的工作，做一名优秀的技术工作者。于是，他报读了成人高考。经过五年的学习，通过了所有的考试，并且考过了学位英语，最后成功地拿到本科文凭和学士学位。

在银达物业公司工作的六年中，陈生龙不仅爱岗敬业，踏实肯干，还开动脑筋，勇于创新，2015 年初获得了单位颁发的技术革新奖。这对于陈生龙来说，是个很大的鼓励，同时也激励他在学习软件开发的道路上走得更远。

为了更加系统牢固地掌握软件开发技术，2015 年，他辞去了银达物业公司的工作，报了培训班专心学习软件开发。通过近五个月的学习，他更深入地掌握了软件开发的知识和技能，结业后成功找到了工作，职位是 IOS 软件开发。虽然工作很累，每天加班到很晚，而且还经常通宵达旦，但是收获却很多。不仅专业水平有了长足的进步，也有了较高的收入，仅仅两年多一点，他已经凭借自己的能力，在成都按揭买了房。

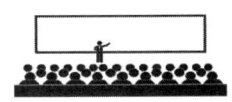

　　陈生龙在北京百年职校读书时，是一名勤奋努力、品学兼优的好学生。他学习的是智能楼宇管理专业，曾代表学校参加北京市的技能大赛，取得了很好的成绩。由于他的学习成绩和综合素质都很优秀，在校期间，学校送他到加拿大去学习交流。

　　加拿大学习之旅，他收获了很多，不仅学习了专业技术，开阔了眼界，还训练了英语，结交了朋友。他真实体会到了"读万卷书，行万里路，阅人无数，名师指路"给自己带来的益处。下面是他写的在加拿大学习的收获和体会。

我在加拿大学电工

陈生龙

　　当飞机降落在蒙特利尔机场时，忽然觉得时间过得很快，回想起在多伦多的两天时间，固然短暂，但真的让我大开眼界。

　　雄伟壮观的尼亚加拉大瀑布、直插云霄的多伦多电视塔，还有安大略湖畔安静祥和的古镇，无一不让我印象深刻、流连忘返。

　　这一切对我来说都宛若梦境，一年多前，地震后面临失学的我，又何曾想过自己能来到加拿大学习。而在那时，我同样也没有想到自己能到北京，在百年职校重返课堂，学习电工技术。这么多的幸运逐一降临在我身上，我一定会珍惜这次机会，好好学习国外的最新技术。

学在 PEC

　　蒙特利尔同样美丽，能在这里学习真是一件美好的事。我将在皮尔逊教育委员会的电工教育中心 PEC（Pearson Electrotechnology Centre）学习三周，想到这里既兴奋但更多的是紧张。

　　今天当我第一次走进培训中心，看到宽敞的教室、完善的学习器材和老师亲切和蔼的笑容，不禁暗自感叹：我真的太幸运了，不过我也相信过不了多久，国内的同学们也能在这样优越的环境里学习。

　　对于新加入的我，电工班的老师和同学们都十分热情，纷纷与我打招呼，让我觉得放松了很多。课下休息时我还与大家聊起天来，虽然我的英语口语能力有限让交流还不那么顺畅，但是我有信心在未来的日子里与他们很好地相处，从他们身上学到更多东西。

我的第一位加拿大朋友

吃过早饭便乘坐公交车早早来到了学校，电工班有一门课程今天考试。老师给了我一份试卷，第一次需要用英语做电工考题，我不知道该怎么办了，老师见我犯难，就过来给我讲解，凭借着手机上的词典，通过中英文对照，终于把每道题的意思给弄清楚了，我和老师都长出了一口气。

还有一件值得庆祝的事，我认识了一位叫 Mark 的同学，他总是十分友好，即使和我交谈有很大困难，也一直很耐心。他热心地为我讲解一些中间继电器的知识，我听不懂的单词，他都会写在纸上，这样我通过查字典就能明白是什么意思。我告诉他，真的十分感激他的帮助，他却说，别在意，我们是朋友，就这样我找到了在加拿大的第一个朋友。

老师说："It's good！"

这两天来我很高兴，因为我又掌握到了很多的新知识，我在不断地充实着。就像春天的小树，正在茁壮成长。

昨天同学们在考实操，我也跟着一起考试。当我完成时是那样的激动而又高兴，然后迫不及待地让老师用专业的仪器查看是否还存在问题。在测试之前我用'错误越多经验就越多'这类话来勉励自己。没有想到的是我居然完全正确，这大大出乎我的意料。老师也很高兴，他激动地说："it's good！"然后还和我握手。

今天，我站在演讲台前

今天我站在了皮尔逊教育委员会理事会会议的讲台前，第一次面对这么多人完成了英语演讲。十分激动，还有一些紧张，好在老师们的微笑和肯定的眼神给了我信心！我代表所有百年职校的学生向皮尔逊教育委员会对百年职校的支持和帮助表示感谢，我说，我今后会更加努力地学习！

我和我的母校——袁佳

袁佳，女，四川绵竹县人，2008 年进入北京百年职校，学习智能楼宇管理专业，现为德阳某保险公司职员。

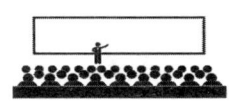

袁佳是从废墟的瓦砾中和亲人们艰难地走出来，带着脚伤来到北京百年职校的临时招生点的。也是穿着朱迅姐姐给她买的红鞋走进北京的。据北京百年职校的老师说，这个女孩性格比较倔强，有时候像个男孩。自己选择了智能楼宇专业，学习弱电。她学习基础不错，后来还去了清华大学进修学习。回到四川后没有从事她的专业，而是成了一名保险公司的职员。现在她已经成家，并且做了妈妈。她结婚的时候，还给王作垣校长打了电话报喜。

袁佳对我说，几年了，她特别想念和牵挂北京百年职校的王校长、学校的老师和朱迅姐姐，希望他们身体都棒棒哒！

特别是当袁佳做了妈妈后，她更能够体会到当年老师们的那一腔柔情和细致，那一份耐心和辛苦。她清楚地记得，他们那批从绵竹灾区去北京百年职校的学生当时心理状况是很复杂的：灾难带来的痛苦，中考中断的困惑，新环境的不适应，未来前途的迷茫，青春期的叛逆，等等，很多情绪交织在一起，纠缠不清。小小的年级又无法理清这些头绪。是"百年"的老师，百年的教育，让大家从困惑中走了出来。

她说："虽然回到家乡以后我还没能回北京的学校看望老师们，但那份深深的感谢一直放在心上。"

虽然和袁佳聊得不多，但从"百年"老师、朱迅、和她自己跟我聊天的情况，她给我的印象还是分明地呈现出几个阶段的不同：

在灾区遇见"百年"时的羞涩紧张，在北京百年职校的轻松乐观，如今的成熟和淡定。虽然她离开学校较早，也没有干所学的专业，但她的成长历程处处有"百年"的力量在鼓舞。

北京百年职校理事长姚莉深知掌握好外语对于工作、文化交流带来的便利，在拓宽思想和眼界、提高综合素质等诸多方面的益处。所以她特别强调学生外语的学习。袁佳在学校学习成绩好，英语是她的强项。

2018年7月，袁佳给我发了一篇《我和我的母校百年职校》的文章，字里行间表达了她对百年职校的深切怀念和深厚谢意。

我和我的母校

袁　佳

机缘巧合，大地震让我有机会能走出四川去到北京读书，这是在以前没

有想过的事情。遇到百年职校，是一种缘分！

地震发生几天后，我跟弟弟回原来的初中询问什么时候能恢复上学的问题。因为那一年我们正好中考。在中学碰到了学校的教导主任，他对我说让我直接去县教育局问问，现在有很多外地的学校都在招生，我们可以出去读书，家乡这边的教学不知道什么时候才能恢复。

当时去到县教育局就碰到了北京百年职校在那里招生，也遇到了很多我的初中同学。我拿到了北京百年职校的通知书，我叫弟弟跟我一起去，我弟弟因内向不愿意去。那时我16岁，尽管是个女生，但很有主见。我当时的想法就是，我不管，我就要去！

于是第二天，我就跟着大队伍踏上了前往北京的征程。

还记得当时爸爸、姑姑、姑父、弟弟一起送的我。我的脚受了伤，在废墟整理的时候踩到玻璃扎到了脚心。朱迅姐姐看我穿了一双运动鞋，觉得会捂到伤口，就在机场给我买了双凉鞋。那是一双红色的凉鞋，很漂亮。到现在还记忆犹新，第一当时觉得那个鞋子很贵；第二朱迅姐姐让我觉得很温暖，那么一个有知名度的人，仍然会牵挂我的伤痛，给我买鞋，还蹲下帮我穿上。

去北京读书之前，我没有坐过飞机，没有出过远门。记得那天是晚上的飞机，在到达北京上空的时候，大家从飞机窗看下去，被大城市美丽的夜景吸引，为之惊叹！

第一次到达北京百年职校，当时学校还在大方家胡同，因为到时已经很晚了，张阿姨和学校的老师们接到我们以后安排了住宿。那时候住在离学校不远的一个小区。

刚去的时候大家都不敢脱衣服睡觉，一有动静，就很惊慌，后来老师们陪伴我们慢慢走出这段阴影。

去北京的时候是6月，北京很热，不久就放假了。在漫长的两个月暑假里，学校安排我们在银达物业公司实习，虽然只是做做卫生和跟工程部的师傅们做些简单的工作，但也算是让那时候的我们学会了很多东西，我们感受到了工作的不易，挣钱的不易。

我记得当时王校长特别爱说我又黑又瘦。他真的就像我的爷爷。我在北京那些年，很感谢这位老校长对我的指导和帮助，他就像爷爷一样爱着我，怕我吃不饱，怕我在社会上吃亏。我也很爱他，现在虽然一年到头的联系不

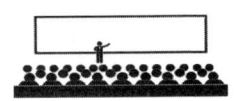

多，但依然牵挂他的身体。

在北京百年职校里学习的那一年，正是我们最叛逆的时候。以我现在的回忆，我觉得那时候学校的老师们对我们的教育都感到很头疼。

但是，还真的很感谢那年自己能走出绵竹，也感谢那两年"百年"对我的教育和影响。虽然后来回到了四川，但是那两年的经历在我后来的生活和工作中，真的改变了我很多！而我在最叛逆、最不懂事的年纪，遇到了一群有爱，并且耐心教育、引导我的恩师们。

以前很喜欢听姚莉妈妈和资深的老师们给我们做讲座分享，那时候听得是云里雾里，待到我们真的进入社会，面对现实的很多问题，才明白，他们都是用自己的亲身经历、宝贵经验，告诉我们踏入社会的路要怎么走，人要怎么做！

我回四川以后，在成都工作的那几年，有机会还会去成都百年职校看看，看着分校越来越多，学弟学妹们也越来越好，真心地为大家感到高兴，也真心地为"百年"感到自豪。

我现在已经是一个两岁孩子的妈妈了，从北京百年职校毕业也有八年时间了，时间过得很快。人说养儿方知父母恩。其实，我是在毕业好多年之后才幡然醒悟到，以前老师们对我们的教导，以前"百年"对我们的庇护。这个社会真的再没有那么多为你遮风挡雨的地方和人了。

人都要学会珍惜和感恩。

我也不会忘记百年的校训：教育照亮人生，技能立足社会！

这是一个有爱的集体，衷心祝福我的母校越来越好！

给妈妈的一封信——任乔

任乔，男，四川绵竹县人，2008 年进入北京百年职校，学习智能楼宇管理专业，毕业后从事物业管理工作。

"5·12"汶川特大地震时，任乔在绵竹中学念高二。理科成绩很好，本来计划参加高考，但地震打乱了他的人生规划。在百年职校去绵竹招生时，他成了北京百年职校"川籍希望工程班"的一名学生。

作为一名有梦想、爱思考的年轻人，他经常在想，为什么在自己的家乡

还有那么多贫困的农民家庭？是大家不勤劳吗？不是。他从小到大见证着父老乡亲们起早贪黑；是自然环境恶劣吗？不是，自己的家乡可是美丽富饶的天府之国呀！

他从小就知道"知识改变命运"的道理。可是，到底父母们缺乏哪些知识？他们需要什么样的学习和指导？自己能够用所学的知识改变家庭的命运，改善家乡的面貌吗？这是长期以来一直困扰他的问题。

如今，家乡遭了重创，他渴望自己的家乡从灾难中崛起，变得更加美丽。于是，他在"百年"丰富多彩的课堂中尽量去寻找答案。

一次，他听了学校邀请的金融专家朱玉辰博士的讲座，突然领悟了许多。他迫不及待地给妈妈写了一封信，谈了他的感受和想法，也表达了他改变家庭状况的急切。

亲爱的妈妈：

近来可好？

今天学校组织我们听了朱玉辰博士关于金融知识的讲座。朱玉辰博士曾给国家农业部门提过一个建议，使得东北地区的农民增收了好几十亿元。朱玉辰博士的情况就不做过多的介绍，反正他是国际金融界的资深专家，有渊博的理论知识，更有许多成功的实战经验。

我们家乡前几年不是在政府的引领下种过蘑菇吗？那时听人说，某个地儿种蘑菇都赚钱了，所以我们也种。结果种蘑菇盛行，谁也没赚到，没赔就算好的了。我现在想起来，觉得当时我们大家真可笑——盲目追风。

我想我们家里之所以穷，不是因为没有钱，而是缺少知识。今天我听了朱博士的一番话，恍然大悟。您听过"期货"吗？那它又是怎么一回事呢？

其实期货就是通过各种渠道（如去供销社或更上级的地儿）去了解未来农作物在全国各地的价格（哪个价格高就哪个），这样我们就有和商贩讨价还价的依据了。接下来就可以签订单，提前把作物以比较好的价格卖出去，这样一来就锁定了价格。只要到期时，我们如数把农产品拿出来，不管当时市场价如何，对方也要按照订单上的价格收购。不收购不行，价格低一分钱也不行。因为之前签的订单具有法律效益，到期了双方无任何条件必须履行订单上的约定。简单地讲，就是先卖后种，保证农产品总能卖出好的价格。

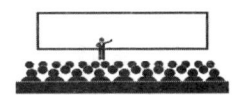

现在您应该知道别轻信某些媒体、报纸还有不懂却直呼"今年价格好，明年这个时候就种它"的人的话了吧。用切实可靠的知识和现实来种自己的田，请不要再盲从了，那样只能是不长头脑、没主见的表现。导致陷入再辛苦，流再多的汗，也赚不到钱的窘境。

妈妈，只要您能将这个知识理解透了，并用到生活当中去，一般来讲，就能增收。对了，签订单时一定要小心，看清楚，理解好，别上当受骗。

愿我回家前，家里的经济情况能有所改善。

我在北京祝愿您和父亲身体健康！

您的儿子 任乔

2009 年 4 月 8 日

从前台服务到财务人员——杨玉瑶

杨玉瑶，女，四川北川县人，2011 年进入成都百年职校，学习酒店服务专业，现在成都某五星级酒店做财务管理工作。

杨玉瑶是成都百年职校第三期学生，来自北川。父母亲在"5·12"汶川特大地震中遇难。是"乐爱基金"帮扶的七个孤儿之一。

杨玉瑶是一名品学兼优的学生，在学校的时候担任学生会副主席，工作能力很强，在这一批孩子当中是比较有影响力号召力的。她在学校学的是酒店服务专业，一年后分配到成都洲际酒店实习。由于她的沉稳干练，实习结束后留在了成都洲际酒店工作。开始在餐厅做前台服务。她特别遵守企业的规章制度，工作认真负责，能力强，受到企业的好评。

在前台工作期间，她除了搞好自己的本职工作外，还注意了解各部门的工作性质和情况，主动向同事们交流和学习。经过一段时间的了解，她发现自己对财务方面的工作感兴趣并且领悟能力强。于是，她决定重新规划自己的职业生涯。

早在成都百年职校学习期间，学校就开设了多门人生技能课。其中 PTS 课（Passport to success 成功通行证）实际上也是一门职业生涯规划课。它教会学生自信自主选择和把握自己的人生道路，在职业生涯中爱岗敬业，勇于挑

战，不断进取。这门课程对杨玉瑶的影响很大。

成都百年职校也鼓励学生一专多能，学习多门选修课，充分发现和发挥自己的潜能。在选择和改变自己专业方向上，给了学生很大的空间和自由度。这些学习经历，给了杨玉瑶很多启发和精神上的支持。同时，她也继续求得学校的张婷旺老师、黄天老师、田春丽老师等的鼓励和指导。最后她开始在洲际酒店一边工作，一边学习财会大专课程。

由于勤奋努力，领悟力强，她顺利地完成了学业，拿到财会大专文凭。之后，她向酒店提出申请，调到了财务部。现在她已经成为洲际酒店一名成熟的财务人员，成功地完成了跨界转型。

成都百年职校的校刊记者对杨玉瑶进行过采访报道，她无论在外形气质，还是言谈举止，内在修养上，都显示出一种职业人的良好素质。成都洲际酒店对她的印象也非常好，她不仅代表了成都洲际酒店的标准形象，也成了成都百年职校的形象代言人。一说到成都百年职校学生，一提到杨玉瑶，酒店的领导和员工都赞不绝口。

六、不灭的太阳灯

2017 年，成都百年职校有一项仪式性的活动送灯。

那是由成都百年职校的志愿者曹启泰先生发起的。成都百年职校的在校学生在寒假将爱心人士捐赠的太阳能发电灯带回家乡，送到那些需要光亮的人手中。

这不仅是一项具有实际意义的爱心活动，更是一种传递大爱，播撒光明的象征。

就是这一盏盏代表一颗颗爱心的灯，给那些处于困境的家庭带去了光明和希望。

百年职校建校已有 14 个年头。从北京大方家胡同里的一所不起眼的学校，到现在在全世界已拥有 11 所分校，解决了近 6 000 名贫困的民工子弟受教育问题，为企业输送了一批又一批坚守诚信、承担责任、遵纪守法、勤奋努力、爱心宽容的优秀员工。如今他们都成为身心健康、明辨是非、经济独立的职业人。

百年职校是数千名学子心中的一块圣地，是他们"梦开始的地方"。

十几年来，"百年"就是一盏不灭的太阳灯，所有的老师和志愿者就是掌灯的人。

这盏灯，也照耀着他们成为大爱路上的回馈者和传播者。百年职校有一个回馈制度：毕业离校的学生，每年要给学校捐款，资助在校的学生受教育。虽然捐款的数目并不论多少，但这已经成为一种力量，鼓舞着学弟学妹们努力奋进；这也是一种信号，不断提醒自己肩上担负的社会责任；它更是一抔雨露，滋润着心田里爱的生长。

"教育照亮人生，技能立足社会"

——百年职校校训，就是灯里发出的光芒，召唤着寻求光明的孩子走来，又照耀着他们带着温暖离去，一年又一年，一批又一批。

3. 江上之舟

——都江堰市友爱学校

昨夜扁舟雨一蓑，满江风浪夜如何？
今朝试卷孤篷看，依旧青山绿水多。

（宋）朱熹

谨以此诗献给经历灾难，走出困苦的"5·12"汶川特大地震的灾区人民，献给已故的都江堰市友爱学校创始人江上舟先生。

2017 年 12 月 22 日，在写作《爬出废墟的孩子们——20 位汶川特大地震小伤员的 10 年成长》时，为了寻找和重访 2008 年在四川大学华西医院"绿丝带病房学校"的几个孩子，我和四川电视台纪录片中心的《10 年》栏目组去了都江堰市友爱学校。

都江堰市友爱学校是一所残健融合的九年制义务教育学校。我们去时正是上课时间，没有见到更多的学生。只是在课间的短暂时间里，学生愉快而有礼貌地跟我们打着招呼，我看到了学生良好的精神面貌。无论有残疾的孩子还是健全的孩子，都一样朝气蓬勃。

学校副校长焦颖和办公室主任皮德强热情地接待了我们。在做了短暂介绍之后，他们为我们找出了学校残疾学生的档案。我发现那些档案整理得非常规范，保管得非常完好。我很容易就找到了几个熟悉的孩子的联系方式和

其他的一些信息。和皮主任交谈了一阵，便是中午了。

在学校的食堂吃了午饭后，焦颖副校长带我们参观了学校。我被学校完善的无障碍设施、图文并茂的陈列室、五彩缤纷的校本课程展示区深深吸引。在那里，我感受到了这所因"5·12"汶川特大地震而诞生的学校在"残健融合"教育上的探索、成长和发展，也听焦颖副校长和皮主任讲述了都江堰市友爱学校的创办过程、办学理念、教育模式、教学方法，以及学校师生们的感人故事。

我去都江堰市友爱学校的初衷只是为了了解 2010 年我出版的汶川大地震震后心理援助手记《灵与肉的守护——一个心理志愿者的震后援助手记》中写过的那些地震小地震伤员，把他们 10 年成长的故事写在《爬出废墟的孩子们——20 位汶川特大地震小伤员的 10 年成长》这部报告文学里。但在听了焦颖校长和皮德强主任的讲述，参观了他们的校园和陈列室以后，我决定要在这本《大道之爱——汶川地震后公益人的十年行走》中介绍"都江堰市友爱学校"。

"残健融合""全纳式教育"就是大道之爱。

一、造船的人

江上舟，中国改革开放后的第一批海归学者，曾担任海南省三亚市副市长、"特区中的特区"洋浦管理局首任局长。1997 年调往上海工作，先后担任上海市经济委员会副主任、市工业党委副书记等职。2001 年，任上海市人民政府副秘书长兼上海化学工业区领导小组办公室主任。他也是上海芯片产业的奠基人、国家大飞机项目的启动者之一。2006 年 3 月，担任中国残疾人福利基金会理事长。同年，他被委任为中芯国际的独立非执行董事。2009 年 6 月，出任中芯国际董事长。

江上舟胸怀博大，高瞻远瞩，为国家战略产业做出重大贡献，被誉为"战略型科学家和领导"。

江上舟热爱公益事业，关心残疾人的生存状态和教育。2008 年，他吸引一批杰出企业家，共同创办了残健融合九年制义务教育学校都江堰市友爱学校。2009 年，成立"都江堰友爱教育基金会"，和一批仁人志士继续为都江

103

堰市友爱学校的发展助力。

2011年6月27日，江上舟因病医治无效，在上海逝世，享年64岁。

弥留之际，他还牵挂着数千里之外的都江堰市友爱学校的孩子们：

"不知道孩子们最近好不好？希望他们好好学习、奋发有为，拿出战胜大灾难的勇气来面对今后的人生！"

江上舟把最后一丝温暖和牵挂寄给了灾区的孩子。

2018年9月17日，都江堰市友爱学校举行"上海市政协港澳委员向友爱学校教育基金会捐资助学仪式暨第九届奖学奖教金颁奖典礼"，我在会后访问了都江堰友爱教育基金会理事长王荣峰和秘书长季军，听他们讲述了都江堰市友爱学校的创建故事。

（一）一个电话催生一所学校

2008年5月12日汶川特大地震发生后，时任中国残疾人福利基金会理事长的江上舟密切关注灾情发展，急切地了解和策划对灾区的救援工作。通过媒体，他了解到灾区学校垮塌严重，许多孩子受伤致残。作为残疾人福利基金会的理事长，江上舟首先想到的是，这些孩子以后到哪里去上学？回原来的学校学习方便吗？连日来，他的脑子里一直在萦绕着一个问题：

如何援助那些因灾致残的学生，帮助他们更好地完成学业？

灾后的一个周末，江上舟在北京给远在上海的朋友季军（现任友爱教育基金会秘书长、中国残疾人福利基金会特邀理事）打电话，谈到怎样援助地震灾区的一些想法。

在聊天过程中，两人不约而同地想到，在地震灾区办一所学校，让残疾的孩子能够享受到和健全孩子一样的受教育权利，帮助他们走出灾难阴影，顺利完成学业，有一个美好的人生未来。

可是，要建立一所学校，而且适合残疾孩子的学校，不是一件简单的事。首先，需要大量的资金。资金从哪里来？

季军立即承诺为建学校出力牵头，承担社会责任，发动企业界的朋友捐资助学，出谋划策。

江上舟和季军把这个想法告诉了自己的同仁和朋友。一群仁人志士不谋而合，积极响应。

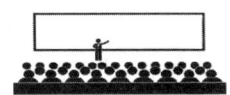

于是，化缘融资，招兵买马，紧锣密鼓。

北京，江上舟通过残疾人福利基金会和他的社会资源进行筹资。

上海，季军动员他在企业界的朋友积极捐款。

季军的第一个求助电话打给了上海证大集团的总裁戴志康。戴志康在电话那头说：

"对不起，我现在在四川什邡县，准备在这里捐一所学校。刚刚签了协议，预付款也给了，定金付了 100 万元。除了我们自己的钱以外，我们还要到社会上去募捐。"

季军又打电话给上海市政府台湾事务办公室的领导，希望得到他们的支持。在他们的支持下，台湾震旦集团和永大电梯集团积极响应。

震旦集团立即召开董事会研究。没几天，季军得到了震旦集团的回复：

"董事会研究决定，学校的课桌椅我们全包了，无论需要多少。"

"他们只做高档办公家具的。"季军说"那一次，他们答应专门为学校制作价值 250 万元人民币的课桌椅。"

接着，台湾永大电梯集团承诺，学校的所有电梯由他们提供，设计多少台装多少台。

真的是得道多助。加拿大的 CPC 设计公司得知建学校的事，提出所有的设计方案全部由他们免费提供。

在此过程中，江上舟的夫人、时任教育部副部长的吴启迪女士建议，学校引进联合国教科文组织推广的残健融合全纳式教育模式，让残疾学生和健全学生一同学习生活。目前，残健融合教学在西方国家做得很多，但是中国还没有一所完整的残健融合学校，更没有一个规范的体系。汶川特大地震造成了那么多残疾孩子，这也是一个残健融合、全纳教育的践行机会。

蓝图在大家头脑中描绘，资金在紧锣密鼓地筹集。可是，建造一所高水准的残健融合学校，设施、设备要求比普通学校高得多，投入资金量也多出许多。虽然得到那么多的支持，但是，资金缺口还很大，短时间内不能筹齐。这可急坏了江上舟、季军等筹建者。

正值山重水复时，却遇见了柳暗花明。一个星期以后，戴志康打电话来说，上海刚刚定下来，对口援建都江堰。

戴志康说："上海市政府秘书长找我谈话，看样子，我那边的援助要转

到你这边了。"戴志康显得有些无奈，也有些高兴，"我派一个执行总监到你们那里，你们沟通一下。"

与此同时，上海市政府将残健融合学校列为上海市对口援建都江堰的23所学校之一。证大集团的1 000万元人民币作为建设都江堰残健融合学校的专项资金转到了上海市对口援建指挥部。

很快，台湾威盛集团捐赠了学校教育用的所有电脑；美国思科公司承担了学校的视音频远程教育设备。

万事俱备，只欠东风。江上舟和季军与成都市政府接洽，争取地方政府的支持。当时的成都市市长葛红林一听他们的这个想法，觉得是一件非常好的灾后重建项目。当即表态，一定要给予全力支持。

不久，江上舟代表中国残疾人福利基金会到灾区捐了100万人民币和10辆救护车。同去的有季军、中国残疾人福利基金会副秘书长沈伟骏、证大集团总裁戴志康的助理隋鹏。捐赠仪式在成都军区的新华饭店举行。在那里，他们看到军队的高级指挥官云集，运筹帷幄，调兵遣将，气氛紧张而又隆重，心中受到很大的震撼，亲身感受到抗震救灾形式的严峻和援助需要的迫切。捐赠仪式一结束，他们就立即奔赴离成都最近的重灾区都江堰进行实地考察。

经过深入调查和研究，他们决定把学校的地址选在都江堰。一方面，都江堰是上海对口援建的重灾区，学校毁损严重，伤残孩子集中；另一方面都江堰是离成都最近的灾区，交通便利，经济较为发达，文化相对先进，办学条件优越。也利于来往的爱心人士进行援助，同时便于残疾孩子出行。

于是，在都江堰建立一所残健融合的全纳式教育学校，达成了共识。

随即，成都市市长葛红林安排部署成都市政府和都江堰市政府协助学校的建设。他还多次出面沟通协调各方关系，亲临建设现场查看，和江上舟、季军等一同商讨和解决建校中的问题和困难。

就这样，在江上舟和中国残疾人福利基金会的指导关怀下，在成都市政府的支持下，通过季军等爱心人士的奔走，联合社会各界共同出资捐物，加拿大CPC设计公司设计，由上海援建都江堰指挥部划拨缺口资金并主持建设，2008年8月11日，学校建设项目正式立项，12月17日破土动工。经过上海援建者和施工者的紧张建设，不到七个月，学校就修建完成并通过竣工验收。

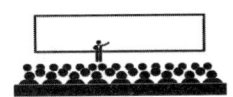

"我以前一直从事技术和贸易工作，从来不懂办学的事。但是那个周末的电话让我和学校结下了不解之缘，也了解了许多学校里的事。我非常感谢江上舟先生。"季军无限感慨地说。"关键是，那个电话不仅决定了后来重要的建校资金汇入，同时也吸引了众多企业家参与到学校的建设和发展中。直到现在，他们许多人和企业还在陆续为学校捐款，持续进行无偿的设备检修和补充，关心和支持学生的教育和成长。"

"一个电话，催生一所学校。"

季军十分赞同我的这个概括。

（二）"5·12"→我要爱→友爱

都江堰市友爱学校是我国第一所设施无障碍、残健融合并实施联合国倡导的全纳式教育理念的九年义务制教育学校，于 2009 年 8 月建成并启用，2009 年 9 月 1 日正式开学。

学校占地 80 亩，总建筑面积 20 376.46 平方米，整体呈北京"四合院"布局，由综合楼、宿舍、操场和 300 米环行跑道组成，均按抗震烈度 8 度设计建造。宿舍和教学楼由连廊连接，有专用残疾学生电梯和扶梯以及高矮不同的扶手、水池；每张课桌的边角、每个扶手的转角等，全部设计成圆角，以防止出现伤害事故。学校建成当年，共招收来自地震灾区的残疾学生 121 名，和全校约 1 700 名健全孩子一起生活、学习。

原太平街小学的校长邱宏福担任了都江堰市友爱学校的首任校长。也是"江上之舟"的第一任船长。

"'友爱学校'这个名字就是因为残健之间的友爱气氛而取的吗？"我问季军秘书长。

"说起友爱学校名字的来源，还有一个故事。"

季军愉快地告诉我，为了纪念"5·12"汶川特大地震，最初江上舟提议取名为"'5·12'学校"。但大家觉得直接用"5·12"容易使人联想到灾难，引起痛苦的回忆。于是，大家又反复斟酌讨论。

因为参加讨论的许多都是上海人，有人突然说了句：

"'5·12'，我要爱。"

上海方言，"5·12"和"我要爱"谐音。于是，校名的大方向决定

了——"我要爱"。

"我要爱学校"意思虽然很好，既有"5·12"的纪念意义，又有爱的内容，可是听起来很别扭，看起来也有些滑稽。

又经过一番思考和讨论，最后大家一直觉得"要爱"和"友爱"很接近，同时"友爱"也符合办学的理念。

"'5·12'→我要爱→友爱"

于是，学校正式命名为"都江堰市友爱学校"。中国残疾人联合会主席张海迪亲笔为学校题字"都江堰市友爱学校"。

季军给我讲这个故事时，还将三个词连着念了好几遍。虽然他的上海口音把"5·12"和"我要爱"念得很像，但是，"我要爱"和"友爱"还是差了好远。不过，听了几遍，念了几遍，就觉得越来越像了。

这不是耳朵的错觉，而是心的和谐："5·12"—我要爱—友爱

（三）都江堰友爱教育基金会为"行船"助力

都江堰市友爱学校成立不久，一个新的公益组织——都江堰友爱教育基金会应运而生。

"你们当初是怎样想到要建立这样一个基金会的？"

"这个还是跟江上舟有关。"季军说，"因为他当时是中国残疾人福利基金会的理事长，他对残疾人福利是非常关注的。当时上海市政府就把这个学校纳入了都江堰对口援建的 23 所学校之一。我们原来是想做一个私立学校，所以 23 所学校只有我们这一所是社会募捐，其他都是政府统筹的。后来上海市政府提出为我们托底，我们募集的钱交给上海市援建指挥部，在他们的监督和指导下，建起了这所学校。"

"学校立项后，经过都江堰市教育局的研究，决定在原都江堰太平街小学的基础上，异地重建，并增加了初中部。性质仍然是公办学校。"

"既然是公立学校，办学的经费完全由政府拨款，还需要募捐做什么呢？"我问。

"学校是面向四川所有地震灾区的残疾孩子。残疾孩子收拢以后，江上舟又有新的想法：

这些孩子大都来自贫困家庭，他们的生活费用由我们来承担。最初就是

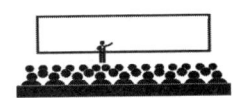

因为要解决他们的生活费用，才成立了基金会。后来，基金会募集的资金还有一部分用于奖励优秀学生（包括残疾学生和健全学生）和优秀教师。我们建立了奖学奖教金制度，每年的9月份为他们颁奖，还经常组织孩子们出去参观学习，都用到基金会的善款。"

"这个基金会对学校的发展和学生的成长起了什么样的作用？"我问。

"有了基金会的支持，孩子们能够生活得更加安心，学习更加励志，眼界更加宽阔。"

"如果把学校比作一艘船，那基金会就是为行船助力的一股东风，让孩子们能够更加顺利地到达彼岸？"

"是的。有了'都江堰友爱教育基金会'，就有了更多的人力物力加入到关爱都江堰市友爱学校残健融合的教育事业中，孩子们的教育和生活有了更多的保障。"

季军秘书长告诉我，目前基金会的奖励制度只是奖励在都江堰市友爱学校的优秀学生和教职员工。他们还打算建立一个奖励基金，奖励从都江堰市友爱学校出去，考上大学的残疾学生。

"只要考上大学都奖励，还是考上好的大学才奖励？"

"我们最初是想考上重点大学才奖励。后来考虑到这些残疾学生在学习中比健全的孩子要付出更多的努力，克服更大的困难。无论什么大学，只要考上了，就足以说明他们的勤奋努力。所以，我们决定，只要考上大学就奖励。"

"都江堰市友爱学校是一个九年制义务教育学校，从学校毕业后的孩子就到别的学校上高中。按理说，已经不在你们资助的范围内了，出于什么样的考虑要设立这样一个奖励基金？"

"虽然都江堰市友爱学校的学生初中毕业就离开了，但是我们对他们的关心和关注是长久的。我们瞩望他们未来的发展，也在关键时候助一臂之力。我们希望他们从'友爱'出去以后，仍然不要丢失了目标和动力。"

（四）募捐路上

季军说，"都江堰友爱教育基金会"是一个很小的非公募基金组织，募集资金的渠道比较狭窄，每次募集的资金量也不大。仅支付学生生活费和奖

学奖教金就是一笔不小的开支，因此他们常常捉襟见肘。

季军道出他们在募捐道路上的艰辛，但也讲述了许多感人的故事。

都江堰市爱教育基金会成立初期，在江上舟的感召下，许多企业界朋友纷纷慷慨解囊，很快筹集到原始资金 245 万元人民币。这应该算是一笔不小的进账。

"但是 245 万元不耐用啊！"

说着，季军给我算起账来：

"你看，单单是每年近 121 名残疾学生每人 5 000 元的生活补贴就是 60 万元，奖学奖教金 20 万元，加上其他的一些开支，就接近 100 万元了。245 万元很快就用完了。万一再筹不到款怎么办啊？"

"是啊，怎么办啊？"我也不由得着急起来。

"2011 年春天，医生说江上舟的生命已经倒计时了，最多三个月。

"我们的基金会还是要做下去呀。没钱怎么办？我就给江上舟理事长讲，口袋里没钱了。能不能在'5·12'纪念日做一个特别募捐大会？江上舟立即应允并开展筹备工作。以他的名义，一个一个电话打出去。他在生命的最后时刻，还在为基金会募捐。上海证大集团的总裁戴志康也再一次给予了我们大力的支持，无锡灵山集团董事长吴国平来了，台湾震旦集团来了，台湾永大电梯集团来了，江苏南通慈善总会、中煤集团也参加了募捐。"

季军回忆着江上舟筹划的最后一次募捐大会的情况：

"2011 年 5 月 12 号，都江堰友爱教育基金会在上海喜马拉雅大酒店开了一个特别募捐大会。那时候江上舟已经病危，不能出席大会。那次募捐大会一共募集了 545 万元人民币。是我们基金会成立以来募集的最高峰，也是江上舟先生亲自关心着手的最后一次募捐。"

"募捐的未来还是任重而道远。"我说。

"是啊，从 2011 年一直维持到现在。我也跟各位理事会成员汇报，我们基金会目前账上还有 500 万元，包括今天（2018 年 9 月 17 日）上海市政协港澳委全体委员为我们捐赠的 80 万元。"

"真是很艰难。"我深深地感到他们的艰辛。我知道，离灾难发生的时间越久远，募捐越困难。

"欧阳老师都这么大的年纪了，还跟我们一起受苦。"

季军指着旁边的欧阳鹤教授（上海市人民政府办公厅高级摄影师、上海摄影家协会理事），感慨地说。

"本来我们可以昨天到成都的。但是为了省下一晚上的住宿费，我们乘今天早上五点的飞机到的成都，而且早班飞机也便宜。今天会场的音响设备也是上海金桥信息股份有限公司成都分公司赞助的。成都公司的总经理吴湘莹一直守在现场监管着设备的工作情况。"

这时候，吴湘莹女士向我介绍了他们公司的概况，并且表达对都江堰友爱教育基金会的深深敬意。

"真是辛苦你们了。"我由衷地说。

"不过，我们现在也有了一些经验。"季军说，"以前我们是这样做的，募集来的钱就放到那里，很快就用完了。目前我们做得还是很保守。我们募集到钱后，就找个理财项目，用每年理财赚的钱给老师和学生发奖励。其余的支付学生的生活补助和其他开支。这个做不大，但能做长久。我们一做就是 10 年。"

我作为亲历过那场大灾难的四川人，内心深处由衷地感谢全国，乃至全世界支援四川灾区建设，帮助灾区人民，尤其是帮助孩子们接受教育的所有大爱之士。也深深感谢那些身残志坚、自强不息的残疾孩子和一直陪伴他们成长的学校的老师。

王荣峰，都江堰友爱教育基金会第三任理事长，他给我介绍了基金会的现状和未来的发展设想。他一方面沿袭和继承江上舟、徐凤建（第一、二任理事长）的做法，同时，还要想办法拓宽募集的渠道，吸引更多的人来关心都江堰市友爱学校，关心中国残健融合全纳教育事业的探索和发展。

听了大家的讲述，我深深感觉到，这是一艘船，它载着全社会的厚爱，载着孩子们的梦想，载着教育者的期望，驶过灾难，驶向远方。

江上舟以及所有关心灾区孩子的领导和民众，为灾区重建奉献大爱的社会仁人志士，就是造船的人。

（五）"5·12"来自市长的信

都江堰市友爱学校建成以后，一直受到成都市政府的关心。葛红林市长和市委班子成员曾多次来到学校，了解学校的发展。2014 年，葛红林市长离

开了成都，担任中国铝业公司董事长、党组书记，但是他并没有停止过对都江堰市友爱学校的关心。在学校师生的心目中，他还是那个笑容满面、和蔼可亲的葛市长。

2018年5月12日，是汶川特大地震10周年纪念日。远在北京的葛红林给孩子们发来了一封信。信中对都江堰市友爱学校建校过程的回顾，也表达了对江上舟先生的深切怀念和对所有关心和支持友爱学校建设、发展的爱心人士的谢意。字里行间更是包含着对友爱学校的孩子们的殷切希望。

亲爱的同学们：

大家好！

今天你们在友爱学校里读书学习，这里有宽敞明亮的教室、设施齐全的操场和认真负责的老师队伍，你们可曾知道，这所学校是多么来之不易。

我记得2008年大地震后6月12日晚上，江上舟爷爷特地赶到成都找我。他当时是中国残疾人福利基金会的理事长，而我当时是成都市市长。他提出想出资在都江堰市为地震受伤的少年儿童建设一所国际先进的残疾儿童学校，体现社会对灾区残疾儿童的友情和关爱。友爱学校的名字也是由此而来的。

我听了后十分感动，在万分感谢的同时，当即取出都江堰市的地图，和江上舟爷爷一起，从学校选址到"残健融合"的建校理念，讨论了好几个小时。我们商定一年后把学校建成，让灾区少年儿童能早日享受到社会的友情和关爱。

包括都江堰市友爱学校在内的都江堰市灾后重建都是由上海市负责对口帮助建设的。在上海援建指挥部的日夜奋战下，2009年9月1日学校准时开学，迎来了四川各地震灾区的受伤致残学生。学校的建设倾注了江上舟爷爷的心血，也得到了当时任上海市委书记的俞正声爷爷和任上海市市长的韩正爷爷的关心和支持。在开学典礼上，虽然江上舟爷爷已身患重病，但我看到了他疲惫的脸上充满了欣慰的笑容。

10年过去了，当时在场的学生都已经毕业了，很多同学现在已上大学或读研究生了，特别是121名因灾致残学生学业顺利，身体康复，我真是由衷地为他们感到高兴。我想，都江堰市友爱学校今天取得的成绩正是江上舟爷爷所期待的残健融合基础教育模式的结果。这是他的心愿，也是我们很多人

的心愿。

2016 年我出差到成都，专门到都江堰市友爱学校，看到校园更美了。去年 3 月，我在北京又见到都江堰市友爱学校的周丽校长，她告诉我，虽然学校的学生毕业了一届又一届，老师也换了一批又一批，但学校是办的越来越好了。

在这里，我想通过同学们，向都江堰市友爱学校的老师们表示感谢，感谢他们的辛勤付出！同时也要感谢江上舟爷爷的夫人吴启迪女士和友爱教育基金会的全体理事，还要感谢关心支持这项事业的所有人。

我和同学们讲这些，无非是希望你们珍惜现在，好好学习，天天向上，感恩社会，贡献国家！

最后，祝同学们学习进步，茁壮成长！

第十三届全国政协委员

中铝集团党组书记、董事长：葛红林

2018 年 5 月 12 日

（都江堰市友爱学校 2018 年 9 月提供。）

四、行船的人

这艘船，经风雨而建，沐阳光而行。但行进中少不了困难，因为它要探索的是一条崭新的残健融合的道路。

在首任校长邱宏福和继任校长周丽、刘晓春的带领下，在全体师生的共同努力下，这艘爱之舟从起航到远行，一直稳健地驶向前方。

（一）残健融合，风雨同舟

在都江堰市友爱学校的陈列室里，我看到江上舟先生于 2008 年 10 月 9 日代表中国残疾人福利基金会为都江堰市友爱学校的题词：

希望都江堰市友爱学校为地震灾区的残疾学生减轻痛苦，也为我国探索残健融合的全纳式教育新方式做出应有的贡献。

这是一位领导的希望，也是一个人的情怀。残健融合的全纳式教育新方式，是一份事业，也是一种挑战。

在与焦颖校长和皮德强主任的交谈中，我了解到他们的困难，更感受到一分力量。

"什么样的残疾学生能到这里读书？"我问。

"肢体残疾，但智力可以和健全孩子一同学习，这是首要条件。其次是家长和孩子自愿。他们可以到当地残联申请，也可以直接来我们学校报名。只要条件合适，我们都招收。一些外地学生的家长知道了这所学校，自己就来都江堰打工，把孩子送到这里，可以陪伴孩子。"

"健全的孩子怎样到这个学校读书？"

"就按一般的学校招生，划片区。"

"学校的规模多大？残疾学生占多大比例？"

"我们学校容纳学生量是 1 700 人左右。'5·12'特大地震刚过的那几年残疾学生比较多。最多的时候有 140 多个。"

"这些学生是单独分班，还是和健全学生在一起？"

"全部和健全学生在一起。"

接着，焦颖校长向我讲起了残健融合的概念、方法和目的。听完后，我梳理了一下对残健融合的理解。残健融合大致包括以下几个层次。

1. 形式的融合：残健融合首先是残疾学生和健全学生共同学习和生活。这是最基本的要求；

2. 心灵的融合：这是最重要的内容，也是残健融合最根本的目的。健全学生能够发自内心地接纳和关怀残疾学生，残疾学生能够在健全学生中自信轻松地生活。以利将来能够更好地融入社会。

3. 能力的融合：残疾人在和谐友好的环境中，通过自己的努力，在学习能力和效果上跟健全人没有显著的差别，包括升学和就业。学生有了自食其力的本领，才能立足于社会。

"焦颖副校长，我这样理解对吗？"

"你理解得很准确。"焦颖校长肯定地说。

"在这三个层次的融合中，你们感到哪个层次做起来最困难？"

"还是心灵的融合。"焦颖校长说。

"你们怎么解决这个困难的呢？"

"学生进校以后，我们首先就要对学生进行这方面的教育。包括讲座、各种关爱和竞赛活动。让学生们在一起既体会到彼此的平等，又学会相互关爱。除了学校内部的活动，基金会每年都要组织学生大型的外出活动共同学习。比如，参观上海世博会，到香港、台湾参观学习交流。基金会很关心学生心灵的健康。我们不仅要帮助学生的学习、生活，更重要的是要让他们精神向上，乐观、坚强。这方面我们还是花了很多工夫和心思的。"

"2010 年，学校向成都市申请课题《构建校本课程　促进残健融合》，旨在将残健共融的教育方式与课程有效结合。"

"残健融合的全纳式教育，对于老师们来讲，是一个崭新的课题。大家还没有经验，对老师有专门的培训吗？"

"有的。2013 年，在都江堰市友爱教育基金会第三任理事长王荣峰的支持和帮助下，学校与华东师范大学全纳教育管理中心主任黄志成教授建立了联系，邀请黄教授给学校的老师做培训，让老师们全面了解全纳式教育的教育理念和教学方法。2013 年到 2014 年，黄教授带领他的团队前后两次来到都江堰市友爱学校，对学校的残健融合相关工作进行了现场评估，我们的工作得到了肯定与进一步指导。"

"据我所知，做这样的培训和评估，费用是很大的。这笔费用从哪里来？"我问都江堰市友爱学校第二任校长（现都江堰市北街小学校长）周丽。

"按照要求，资金需求量很大，但华东师范大学倾力相助，尽量减免费用。都江堰市教育局也非常支持我们的探索和实践，为我们拨了 10 万元全纳教育培训的专项资金。"周丽告诉我，"学校还成立了残疾学生办公室，专门负责残疾学生的管理和教育。在这个探讨的过程中，我们逐步形成了残健融合的教育理念即'倡导生命的平等、尊重与共享'，同时形成三级管理模式和立体化服务体系。"

"学生们在这个大融合的集体中受到什么影响？"我问校办公室皮德强主任。他当时也担任残健班的班主任。

"影响还是挺多的。举个例子，一开始上体育课时，一些健全学生见残疾学生跑步时很慢，甚至只是走，他们也就不愿意跑。后来通过老师们的引

导，他们认识到自己的身体和残疾学生不同，要达到的目标也是不同的。尽管残疾同学跑得比他们慢，但他们付出的努力确是很大的。"

"健全学生和残疾学生不是比成绩，而是比付出和意志力？"我问。

"是的。无论达到终点的时间怎样，但大家必须尽全力。"

"如果健全学生因此成绩不好，大家会不会觉得是残疾同学拖累了他们？"

"残疾学生并没有拖累他们，是他们为自己的懒惰找了个理由，被理由所拖累。"

"后来呢？有改变吗？"

"有。有很大的改变。经过老师们的教育，健全学生反而从残疾学生那里学到了坚韧和勇敢。残疾学生也在健全学生的激励下，尽自己最大的努力，克服自身困难，发挥出自己的潜能。这不仅表现在身体技能上，学习方面也是如此。"皮德强主任说。

"现在有很多人到我们学校就问：怎么看不到你们的残疾学生？其实，看不到就是最好的状态。他们已经融入了正常人的环境和集体中了。"焦颖校长补充道。

"在这个过程中，老师们也一定付出不少吧？"

"是的。刚建校那几年，残疾学生比较多，他们放学、周末、节日都是不回家的。老师们就轮流留在学校陪伴孩子。有的还把残疾学生带回家，和自己家的孩子一起度过假日，让他们感受到家的温暖。其实，这些老师自己的工作任务重，也有许多家务事，但他们没有一点怨言。大家都在为把残健融合教育办好付出自己的力量和心血。尽管许多时候很劳累，也没在学生面前流露出丝毫的倦怠，始终是把最好的精神面貌呈现给学生，让学生感受到一种力量。"

"为了更好地实现这些教育理想，学校对做得好的学生和教师有些什么鼓励？"我问。

"都江堰友爱教育基金会每年提供 15 万元奖学金，奖励优秀学生，这笔奖励是针对所有学生的。为了鼓励教师为残健融合教育所做的工作，基金会另拿出 5 万元作为残健奖教金，奖励优秀教师。每年 9 月份进行评选和颁奖。这对学生尤其是残疾学生是一个很大的鼓励和帮助。"

"大家的关怀是一股东风，船还得靠自己行？"我问。

"是的。"

焦颖副校长说，九年来，学校的老师、同学，校外的家长、志愿者借这股东风，共同拉起锚、扬起帆，风雨同舟往前行。

（二）让每个孩子都拥有五彩的世界

走进都江堰市友爱学校，在醒目之处，都能见到校园文化的关键词及其内容：

办学理念——友善关爱，自强不息，不断超越。

校　训——传递友爱，快乐生活。

育人目标——爱心浓、礼仪美、学力强、特长明。

教育追求——让每个孩子都拥有五彩的世界。

每一条附近还有相应的图片和实物说明。充分显示了学校以学生为主体，以幸福为中心，以能力为目标的教育思想。

焦颖校长说，"友爱"意为"友善关爱"这是学校办学理念中的首要内容。她解释说，"友善关爱"不是仅对残疾学生的态度，而是师生之间，每个孩子之间的关系都必须是友善的、相互关心的，包括老师对学生的友爱，健康者对残疾者的友爱，大同学对小同学的友爱，本校学生对外校学生的友爱。

"你们经常有和外接学生的交往吗？"我问焦颖校长。

"在我们旁边有一所运动学校，叫'奥林匹克学校'。他们的学生也在我们学校上文化课。我们也强调对他们的友善关爱。"

"哦。友爱实际上是强调人与人之间一种普遍的美好关系，是一种常规的美德和情怀的教育？"

"对。我们强调每个孩子都有五彩的世界，整个学校在一种浓浓的爱的氛围之中。无论你是什么样的学生，你在这个校园里都能感受到你所有的快乐和成长。"

"其实，这个'关爱'也包括社会对学生的关爱？"

"是的。让孩子们感受到爱是非常重要的。感受爱，同时也给予爱。"

"既然是一所残健融合的学校，也有那么多残疾学生，对他们的关爱具体体现在什么地方？"

"首先是学校的无障碍设施非常完善。除了宿舍的无障碍设施外，公共区域的无障碍通道也很便利。我们的楼房虽然只有二层楼，但每个区域都有电梯；同时，学校配备了几十位生活护理老师，帮助肢残学生完成'不可能任务'；另外，在学校建成不久，江上舟考虑到，残疾学生大都家庭困难。于是，他们又发起成立了'都江堰友爱教育基金会'，更好地帮助残疾学生。基金会为学校每位残疾学生每年提供 5 000 元生活费。"

"这些学生家庭完全不需要额外的经济支出了？"

"完全不需要。他们本来享受义务教育，又有生活补贴，就完全不需要家庭负担了，相当于全免费。除了以上物质条件的保障，最重要的就是关心他们的健康成长了。"

"自强不息，也是你们办学理念的重要内容之一。学校在教育上怎样体现自强不息的呢？"我问。

"首先，对于残疾学生来讲，我们教育的最终目的是要他们能够自立于社会。他们身体有许多不便，学习生活上就需要克服比健全孩子更多的困难。教育和帮助他们从'精神上自强，生活上自理，社会上自立'是我们的重要教育任务和目标。另一方面，鼓励和教育健全的学生向残疾学生学习，在残疾学生的影响下，更加努力，更加完善。同时，因为都江堰是重灾区，外来学生的家乡也都是地震灾区。他们都经历了大地震的苦难，也见证了家乡人民抗震救灾和重建家园的过程。我们也用顽强的抗震精神去鼓舞和教育他们不断进取，珍视灾难的价值。"

"珍视灾难的价值。太好了！怎样理解不断超越？"

"今天比昨天做得更好，明天比今天做得更好。充分利用优越的教育资源，发挥自己最大的潜能。每天都在成长。"

"怎样实现'爱心浓、礼仪美、学力强、特长明'的目标？"

"'爱心浓、礼仪美'就是在平常的养成教育中实现。除了按照教育部门统一的教学要求进行教育，我们还开发了许多自己的校本课程，保证学生的学习能力的提高和特长突出。实现'学力强、特长明'的目标。"

听了焦颖校长的介绍，我更加理解了在一个残健融合学校"友爱、自强、超越"的丰富含义，也真切地感受到了一个五彩缤纷的世界，也相信孩子们在这个世界里生活得十分快乐。

这是一艘船，也是孩子们的精神乐园。

（三）规划人生，面向未来

都江堰友爱学校在成立的时候，是全国唯一的一所"残健融合九年制义务教育学校"。学校的使命是使所有学生都能够有一个美好的未来。无论是残疾学生，还是健全学生，从这里出去，都必须是心理健康的、有能力的、适应社会的。为了这个目标，学校做了许多尝试，也经历了一些困难。

"对于残疾学生的教育，当时面临的最大困惑是什么？"

"恰当教育是当时面临的最大的困惑。什么是恰当的？一天到晚只关注他们，太过，让他们感到特殊，这是不行的。就放在各班，不去指导，也不行。班主任老师怎么带？科任老师怎么教？都会觉得为难。毕竟一个班就那么几个残疾学生，大部分都是健全的。他们之间如何去相处？这是我们的困惑，也是我们的困难。"焦颖校长说。

"这么多年，就你们的经验，怎么去理解和做好这个恰当教育？"

"我们认为重点还是对于残疾学生的自信自立教育，让他们看到自身的价值，看到未来的希望。"

焦颖校长向我介绍了他们对残疾学生教育确定的三个步骤：

1.找回自信：首先让他们笑起来，跟别人交流，可以听到他的声音。无论你伤心难过，胆怯害怕，都表达出来。最后不再害怕。

2.回归常态：我们对别的孩子的要求，你也要做到。大家一样，你不特殊，你不能特殊，你可以做到。这对于残疾学生应该是最好的一种要求。我们感到，最恰当的就是回归常态。永远不要把自己当作特殊的人，我也不会把你一直当作特殊的人对待。这样就可以消除他们的许多障碍。

3.寻找目标：未来想做什么？最近的目标就是，我在读完小学后，初中怎么读？读完初中，高中去哪里读？一定要让学生先确立一个读书的目标。虽然我们身体残疾了，但我们可以读书。

"我们给所有孩子传达的一个思想就是'我们可以读书'。有了自信，回归了常态，明确了目标，基本能力具备了，到其他学校一样可以面对的。"

"在寻找目标的过程中有没有专门给他们讲未来的生涯规划？"

"有。我们不仅是对学生规划，还要对家长进行指导规划。对残疾学生，

我们有专门的家长沟通会。当时100多个残疾学生除了20多个是都江堰市的，其他大部分都是外地的。最远的，比如青川县山里面的，回家需要三天时间。当时我们面临的一个困难就是与家长沟通。家长的情绪如果没有得到安抚和鼓励，或者说，他们对未来没有比较清醒的认识的话，那对他孩子来说，未来也是模糊的。"

"大多数家长都在农村或外地务工，对家长们采取什么样的形式进行规划指导？"

"我们就利用家长开学的时候送孩子和放假时接孩子的时间开家长会。就这一头一尾，给家长讲孩子在学校的情况，孩子成长教育和未来的希望，求得家长对学校想法的理解。尤其是要告诉家长，家长也要做一个自立自强的人。我们告诉他们，如果家长只知道等待国家的扶持，他的孩子永远不可能站起来。我们一直坚持对家长的教育，教育家长对学生的未来规划是很重要的，我们花了很大工夫。"

"家长们配合吗？"我问。

"家长们都很配合。首先家长认为我们是真心诚意的，而且我们是把学生的各方面的情况给家长也说得很清楚，所以家长也是很认可的。如果他们有什么问题的话，会跟我们单独联系。除了班主任，我们的残疾学生管理办公室，都要负责解决这样的问题。"

"后来对这些孩子有没有跟踪？"

"对他们上哪所高中，高中毕业的去向，都有跟踪。但后来有些学生有转学，改变专业，辍学等情况，我们就跟踪不了了。我们这里学生的基本情况都是保留了的，我们给每个孩子都建有档案。我们也想了解更多孩子未来的情况，但作为一所学校和学校的老师，没有那么大的能力去帮助和跟踪他们一辈子。"

是啊，学校对学生来说，永远都只是他们人生中的一段航程，一个港湾。无论陪伴他们多久，最终还是"孤帆远影碧空尽，唯见长江天际流"。

目送他们驾着人生的航船，驶向远方，就是老师们的幸福。

（四）站起来！无国界！

都江堰市友爱学校建校以来，为了残疾学生的身体和心理康复，两个公

益组织驻扎在学校，长期为学生提供义务服务。

香港的"站起来"公益组织是专门为肢体残疾的人提供安装假肢和康复训练服务的公益组织。他们最初是在四川省人民医院进行援助，都江堰市友爱学校建成之后便进驻学校，进行无偿服务。学校的残疾学生中，大部分都是肢体残疾，他们都需要安装假肢。而且因为都处在生长发育过程中，假肢需要多次更换。这些都是由"站起来"公益组织提供资助和医疗康复服务。许多学生都是他们帮助在香港做的手术。安装假肢后需要持续的功能训练，他们在学校建立了康复室，每周到学校对需要的学生进行康复训练和治疗，使学生的身体得到迅速康复。

"无国界社工"是由香港中联办和中国残疾人福利基金会推荐到都江堰市友爱学校的。这是一个为处于灾难或困境的家庭及个人提供专业的情绪、精神健康支援及心灵重建服务的慈善机构。为了解决残疾学生身心的需要，中国残疾人福利基金会及校方邀请了"无国界社工"在校内设立"友爱集善之家"，为这些学生提供服务，帮助他们解决生活和学习上的适应问题，与校内其他学生融合共处。"友爱集善之家"是一个由香港跟内地社工组成的一个团队，服务人员会以个案辅导、小组及大型活动等不同手法，为校内的残疾学生提供心理辅导服务，并联合相关的志愿团体，提供康复跟进服务，务求让残疾学生克服因残疾而引起的各种问题，并帮助他们发掘各种潜能，应付将来生活所需，继而贡献社会。

这两个公益组织在学校的工作，帮助学生在身体和心灵上迅速站起来，也促进了学校的残健融合全纳式教育的发展。

"这两个组织现在还在学校吗？"

"已经撤走了。"焦颖校长说，"现在学校的残疾学生少了。他们也没有必要专门在这里长住。如果我们的孩子有安装假肢和康复的需要，'站起来'还是要来帮助的。身体的康复不需要常规进行了。但是作为一个学校，心理辅导还是需要，这个是国家有要求的。我们自己现在也有心理咨询室。"

"他们当初的工作对你们现在的心理辅导有影响吗？"

"有。'无国界'当时来的时候就建立了心理咨询室，他们对学生做心理辅导时也是带着我们老师一起做的。他们为我们培训了心理辅导老师，帮助老师了解伤残孩子的心理辅导。还指导班主任老师和其他老师怎样和伤残

学生交流。所以他们撤走之后，我们的老师就自己承担了这个工作。原来的心理咨询室也一直保留着。"

"站起来""无国界"不仅是两个公益组织的名称，也是对公益事业的一种倡导，一种主张，一种口号。他鼓励遭受灾难、经历困难的人们要勇敢地面对人生中的一切不幸，坚定地站起来。也告诉大家，公益无国界，爱的行动无国界。哪里需要，哪里就有他们。

（五）地震来了也淡定

经过大的灾难，我们特别关注学校的灾难教育。和在其他学校采访一样，在和办公室皮德强主任交流时，我们谈到了这个问题。

皮德强主任说，学校在灾难教育中做得最多、最好的就是消防演练。这个已经成了学校的常规教育，在每一学期都有。

"残疾学生的消防训练怎么进行训练？是可以受到特别的关照吗？"

皮德强主任笑了笑，讲起刚来都江堰市友爱学校时的一件事：

那时候，皮德强当一个班的班主任，这个班有十多位残疾学生。第一次消防演练时，警报刚刚拉响，同学们都迅速地往外跑。有一名手脚都不方便的同学却坐在那里问：

"皮老师，我咋办？"那个孩子丝毫没有要跑的意思。

"你说咋办？现在需要立即撤离！"

那个孩子才醒悟过来，立即和大家一起跑。

"一开始，那些孩子并没有明白演练的意义，认为只是个游戏，可做可不做。后来经过教育，同学们都认识到了消防演练的重要性。我们对残疾同学要求和大家一样，必须尽力逃离危险处。因为意外情况是不认人的。"皮德强主任说。

"可是那些残疾孩子的确行动不方便呀，他们有可能影响到别人的撤离。你们在逃生演练设计的时候有什么特殊的方案？是让健康孩子先走还是残疾孩子先走？或者怎样去帮扶？"我问。

"这确实是一个特殊情况。我们在逃生演练之前就对健全同学们讲，我们要尽量帮助不方便的同学。但也告诉残疾学生，不能认为你有残疾就可以不演练，必须坚持和其他同学一样。"

"设想，健康的孩子本来是可以逃出去的，但由于他们去关照了残疾孩子，有可能都救不了。对这个有什么思考？"

"这个我们有预案，残疾学生和健全学生走的通道不同。因为学校是无障碍的，每个地方残疾学生都可以到达。我们尽量会安排残疾学生走最近的通道。"

"走不同的通道，一方面是为了不拥挤，另一方面也是为了使用轮椅、拐杖的残障学生更方便？"

"是。尽管如此，开始出教室时大家还是很紧张，健全孩子会有意地让残疾孩子先跑。"

"这个'让'，也必须有秩序，如果因为'让'对逃生造成障碍，也不是我们想看到的。"我有些担心地问。

"地震以后，学校在重建的时候就考虑到安全撤离的需要。消防设施布局很科学，我们学校的楼房一共只有两层，每层楼的逃生通道有多个，一个教室就有 2 ~ 3 个通道。而且在保证绝对安全的前提下，避难地都设置在安全而离教室尽可能近的地方。每层楼都有两位老师指挥组织撤离。所以，撤离还是很迅速。"

"是不是孩子们在逃生的时候比平时爆发出的潜能也要强得多？"

"是的。当然，我们的老师还是会帮助他们。都是孩子嘛，消防警报一拉响，孩子们就紧张了。"

"从拉警报到安全撤离大概需要多少时间？"

"一般二三十秒就全部到达安全地点。"

"二三十秒？那么快？残疾同学也只要那么短的时间？"我几乎有些不相信。

"残疾同学稍微慢一点，但还是在规定的安全时间范围内就能全部撤离。最多不到一分钟。"

"也就是说，如果真的地震来了，他们完全是没有问题的？"

"没有问题。"

"现在他们还紧张吗？"

"经过一两次演练，他们就有经验了。"

"其实地震以后，也经常发生余震或一些小震级地震，有没有后来真的

遇到时，大家很紧张？"

"没有。真正遇到地震，大家会等一下，分析看跑不跑。"

"地震来了也很淡定？"

"都很淡定。即使要撤离也是有序的，不慌。"

"孩子们在逃生演练中，不仅增加了逃生的能力，也训练了他们的心态？"

"是的，他们的心态都特别好。大家都知道我们学校的教学楼是抗八级地震的。"

"可是逃生演练也并不只是为了地震，还有其他的意外情况。"

"他们都会分析，根据不同的情况做出不同的反应。"

"除了消防逃生演练，在急救这方面有没有训练？"我继续问道。

"有。我们和周边的医院合作，经常请他们给我们进行急救知识和技能的培训。前不久我们就和都江堰人民医院一起搞了一场训练活动：出现了晕倒怎么办？怎样抢救？医生先示范，我们老师和同学再练习。"

"急救中还包括骨折固定、止血包扎、地震伤员运送、溺水处理、心肺复苏，这些都做了没？"

"都做了，但不是很深入。可能大家还不一定真正掌握这些技术。"

"灾难来了，迅速逃离灾难是很重要的。正确急救，减轻灾难的进一步伤害，尽可能挽救生命，也是我们在灾难教育中的重要课题。"我说。

"所以呀，我们还需要加强这方面的教育和训练。"

在这次 10 年回访中，了解了许多学校灾难教育的情况后，发现大部分学校在灾难教育中基本上只做了逃生演练，甚至把逃生演练和灾难教育当成一回事。像都江堰市友爱学校这样做得比较全面，思考得比较深入的还很少。

其实，灾难教育是一门科学，一个体系，它包括防灾、减灾、逃生、急救、心理危机干预、公益援助等等。目前，我国在这方面的教育还需要进一步完善，要做到在灾难面前的真正淡定，还任重而道远。

（六）丰富多彩的校本课程

焦颖校长一边带领我参观，一边向我介绍他们的校本课程。

都江堰市友爱学校的前身是都江堰市太平街小学，这是一所具有 80 多年办学历史的老牌学校，学校有着厚重的文化底蕴，除了教学质量在都江堰市

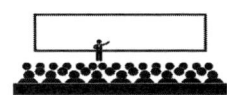

有口皆碑外，在学生的素质教育上也有突出的特点。

"都江堰市友爱学校在老校的基础上，刻意求新，继续创造自己的特色，让孩子们在九年中能很好地发展自己。"

学校目前有十多门自主研发、已经成型的校本课程，包括文学的、艺术的、体育的等等。学生们可以选择适合自己和自己喜爱的课程。

"学校每周星期五的下午两节课校本课程时间。即使没选到课的同学，可以学习国际跳棋。我们的国际跳棋是全校、全班、全体老师全部会，100%参与。现在我们的主要精力就是做好自己的校本课程。"

"学校的校本课程主要是考虑到残疾学生的本领发展而开设的？"

"校本课程是针对全校所有的孩子。我们要考虑的是每个学生的发展，不只是残疾人。让每个孩子都能找到自己的喜爱。所以我们要全力以赴地做好，包括我们的阳光课程。"

焦颖校长还向我介绍，在都江堰市友爱学校，还设有全校阳光课堂，也就是户外运动。保证每个孩子每天上午半小时、下午一节课的运动时间。不仅是要保证全校学生参加锻炼，还须对各种体育运动进行合理分配。

"阳光课程是学校的一大特色。我们的校本课程还有文学类的，包括国学课程。"

焦颖校长介绍，国学课程现在做的是三个层次：小学低段，小学高段，初中段。

"你们的校本课程有自己的教材和教学大纲吗？"我问。

"都有教材教学和大纲，是自编的。最重要的是校本课程的实施做得很好。"

"那么多门类的课程，教师够吗？"

"我们的校本课程老师一方面是专业老师，另一方面，有特长的老师都可以申请课程。这样既解决了师资问题，又给老师展示和成长的空间。目前我们觉得效果还不错。"

在学校的教学创新成果展示区，一个琳琅满目的世界映入我的眼帘。一件件美术作品，一篇篇散文诗歌，一张张教学、表演、比赛的图片，呈现出一段段五彩缤纷的校园生活，一场场生动有趣的教学情境。

印象特别深的是在美术老师的指导下，孩子们创作的"熊猫可乐"。

这是一个熊猫家园，憨态可掬的熊猫们或几个依偎在一起，或独自享受着美食，幸福而平安，自在而快乐。

熊猫家园里的竹子有的是种植的天然植物，有的是用绿色可乐瓶子拼接的；熊猫形象有的是平面绘画，有的是剪纸，有的是用废纸片做的立体模型。在熊猫依偎的一根根柱子上，还写着"我们的悄悄话""它是否在偷听""一只熊猫支起耳朵""我们读懂了色彩""当我们读懂黑与白"等话语。

这个熊猫家园虽然不大，但它的内涵十分丰富，既充满了童趣，又饱含了教育真谛；既显示了友爱和平，又倡导了节俭环保；既突出了本土特点，又融进了地球意识。从创作手法上，虚与实的结合，动与静的结合，立体与平面的结合，充分显示了孩子们丰富的表现力和强大的创造力。

整个展示区的布置也十分巧妙，既合理利用了空间，也显得十分漂亮整洁。

我在这个区域停留了很久，拍了很多照片，流连忘返。不是因为它的完善，而是因为它的丰富；不是因为它的高度，而是因为它的深意；不是因为它的美丽，而是因为它的温暖。

（七）"我们并不落后！"

"我们并不落后！"

焦颖校长很自信地说着这句话。通过一天的访谈和参观，我从几个方面了解和感受到他们的"不落后"。

1. 精神面貌不落后

皮德强主任说，刚到都江堰市友爱学校时，他看见几个学生做课间操时没有和其他同学一样跳起来。他便问那几位同学：

"你们为什么不跳？你看别的同学都跳了。"

只见那几位同学笑眯眯地说："好吧，我们尽力。"后来，皮老师知道那几位同学是下肢截肢，穿的假肢，心里感到很内疚。

"其实，他们当时也并没有表现出难堪或不满意。说明他们很理解我是不了解情况，我很感谢他们的理解。"

"这也说明孩子们呈现出来的精神面貌是健康的、阳光的。"我说。

"的确如此，那些残疾学生的精神力量非常强大。特别是他们那种不服

输的精神很令人感动。"

他列举了残疾学生黄思雨、夏凤婷等乐观、坚强、阳光、开朗的例子，讲述了黄志强、张诗悦等几位同学在各方面不服输，努力学习的故事。

"在后来几年和残疾学生的接触中，发现这些孩子越来越阳光，根本就不觉得自己和别的同学有什么不一样。"

"因为他们的精神面貌没有给你们呈现出残疾人的感觉。"

"对。特别是和他们一起的时候，我特别开心。"皮德强主任说起那些孩子，脸上也布满阳光。

"孩子们能够呈现出这么好的精神面貌，你们在教育方面做了哪些工作？"我问焦颖校长。

"我们办学的核心理念就是'自强不息'，在这方面我们注意了三点：

（1）接纳自己，残疾已经形成，不要纠结，不要埋怨，接受现实；

（2）突破自我，包括生理和心理的突破；

（3）助人自助，对残疾学生的帮助是让他们能够自己解决自己的问题，而不形成依赖。我们所做的工作就是让残疾学生愿意去做事。愿意并且做好自己的事，展现出良好的精神面貌。如果我们没有对他们进行教育，他们有可能抱怨，甚至仇视社会。目前还没有这些情况，看来我们的教育还是很好的。"

焦颖校长说到这里，显得十分欣慰。

2. 教学质量不落后

"毕竟学校有些残疾学生，尤其是在最早那几年，每个班都有残疾学生。在学习成绩和综合考评上，老师们会不会担心残疾学生会影响大家的成绩？"

"刚开始残疾学生的成绩和健全学生还是有一定差别的。主要原因是治疗耽误了时间，还有就是有些外地来的学生因为之前学的教材不同，开始有些跟不上。但是最后到初中毕业时，在学习成绩上，健残学生是没有明显差别的。我们也不会因为是残疾学生就降低要求。"

"从你们这里毕业后，孩子们都上了高中吗？"

焦颖校长说："我们学校的残疾学生毕业后除了极个别由于个人的或家庭的原因没有继续上学外，99%都上了高中。而且我们还鼓励外地学生，尤其是山区的孩子，如果你愿意上都江堰的高中，只要分数符合都江堰的收分

标准，都江堰都会收。所以，有许多外地学生留在都江堰上高中。"

"鼓励外地学生在都江堰上学，是考虑到他们是残疾学生便于受到照顾？"

"不是。都江堰毕竟在成都，教学条件和质量比起许多山区都好，我们希望孩子们能够接受更好的教育。同时，残疾孩子能够考到都江堰的高中，对他们当地的学生也是一种激励。"

原太平街小学是都江堰市前三甲学校。英语教学为其学校特色，是在社会上口碑很好的知名学校。现在，学校的教学质量仍然保持在很高的水平，英语考评每年都是一等奖。

皮德强主任还谈到，在体育成绩方面，对残疾学生也没有特别的照顾。许多情况较轻的残疾学生，体育成绩都是拿到满分的。

3. 教学创新不落后

原太平街小学经过数辈师生 80 多年的共同努力，积淀了深厚的文化底蕴，教育事业欣欣向荣。都江堰市友爱学校建立以后，在保持学校原有水平的基础上，他们还根据健残融合的特点，创造自己的特色，让每个孩子在九年中都能够很好地发展自己。尤其是他们开发的校本课程，在整个都江堰市是领先的，即使在成都市，他们的教学创新也十分突出。

（八）让残健融合的大门永远敞开

都江堰市友爱学校虽然是残健融合学校，但它不是特殊教育学校，招收的残疾学生是认知功能没有障碍，能和健全学生一同学习的。但大地震已经过去 10 年了，当年上小学一年级的孩子都已经从这所学校毕业了。现在符合条件的残疾学生很少，不知道学校以后的办学模式会不会有改变？就这个问题，我和焦颖校长进行了交流。

"焦颖校长，大地震过去 10 年了，伤残的孩子越来越少，以后你们办学是坚持残健融合的道路，还是会改变方向？"

焦颖校长坚定地说："虽然残疾学生越来越少，但是残健融合的大门我们不会关闭。虽然现在没有像'5·12'特大地震刚发生后那样大量集中的地震伤员，但还有许多因为其他原因致残的也在不断产生。只要符合条件都可以到我们学校来读书。学校有那么好的无障碍设施，我们肯定要充分利用好

学校所有的这些条件。"

"现在学校还有多少伤残学生？"

"还有20多个。每年也在陆陆续续来。都江堰市友爱学校始于汶川特大地震，但它没有止点。只要社会有需要，我们会让残健融合的大门永远敞开。"焦颖校长再一次强调学校坚持残健融合之路的决心。

"大地震以后，许多学校都有残疾学生。你觉得在残健融合的学校，残疾学生和健全学生的关系与其他学校有什么区别？"

"对残疾学生的尊重度普遍要高一些。残疾学生在这里不会被嘲笑和歧视，生活方面的障碍小。"

"可是，残疾学生终究是要走出去的，上高中到了普通的学校，会面临不适应的问题吗？因为我们这次在回访的过程中就发现有个别学生到了其他学校有很长时间的不适应。这一方面说明孩子们认可和怀念咱们学校，另一方面是不是也向我们提出一些关于适应未来环境教育的思考？"

"这就是关于残健融合的全纳教育的一个思考。一方面，在学校我们要对学生进行教育，培养他们适应新环境的能力；另一方面，我们也希望全纳式教育更加广泛地推行。"

"全纳教育，您能讲一讲是一个什么样的概念？它和残健融合教育有什么区别？"

"全纳教育（inclusive education）是1994年6月10日在西班牙萨拉曼卡召开的《世界特殊需要教育大会》上通过的一项宣言中提出的一种新的教育理念和教育过程。作为一种教育思潮，全纳教育容纳所有学生，反对歧视排斥，促进积极参与，注重集体合作，满足不同需求，是一种没有排斥、没有歧视、没有分类的教育。"

"是不是可以理解为，全纳式教育是一种理念和主张，残健融合是其中一种具体的形式和内容？"我问。

"可以这么理解。全纳式学校则应无条件地接受学区内所有的儿童，有教无类，因材施教。这种教育模式使残疾孩子从小就与健康孩子融合在一起，朝夕相处便可以建立友谊，减少陌生和歧视。这将为建立一个理想的全纳社会奠定基础。"

"全纳式学校最终是为了全纳式社会？"

"对。这才是我们的最终目的。但要广泛建立全纳式学校，需要政府的教育改革，通过建立新的教学评定标准，调整教育的资金分配以支持全纳式教学需要，等等。这是非常困难的。"

"现在学校全纳式教育模式实施得怎样？符合国际标准码？"

"这个还有较大的差距。要完全按照国际标准的要求，必须按照孩子的情况专门配备老师，一个班的人数也必须限制到很少，老师必须接受过好几年的专门培训。必须各种指标达标，包括硬件指标、软件指标、师资指标、专项指标以及政府的投入等。我们目前还达不到这样的标准，还不是标准的全纳式教育模式，只是在某些方面引进了这个理念和做法，还需要进一步努力，包括政府、教育主管部门的支持和投入。"

"其实，要做好全纳式教育也不是一件简单的事，还有一个漫长的探索和实践的过程。"

我已经深切地感受到全纳式教育道路的漫长与艰辛。但我对这一批从废墟中爬出来、从灾难中站起来的学生和老师，对国家和政府、对关心和支持残健融合全纳式教育的爱心人士充满了信心，对都江堰市友爱学校未来成为中国残健融合全纳式教育模式的示范也充满了期待。

"是啊，所以我们还做得很不够。就拿我们学校来说，到目前为止，也只能接受肢体残疾的学生。对于认知障碍的孩子，我们目前还不具备这个教育能力。现在那些孩子主要还是在特殊教育学校学习。"

"主要是师资的问题？"

"师资是一个问题，资金也是问题。我认为最大的问题还是观念的问题。大家内心的真正接纳。包括学校的、社会的广泛接纳。"

"你们学校初建的时候，大家的接纳度有多高？"

"说大实话，就是我们这样的情况，当时学校也是被赶鸭子上架的。很大一部分人刚接触到时，自然的反应首先是排斥。这也能够理解，毕竟这是一种新的模式，大家还有个认识过程。但是，任务摆在我们面前了，我们就必须去寻找一条路走下去。"

"这 10 年，你们也探索出了一套经验和方法。但从中国整体水平和推广来讲，需要大力发展。对中国全纳式教育以后的发展，您有什么希望？"

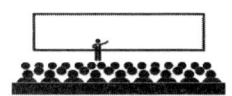

"我是很喜欢这种全纳的状态的。我也希望更多学校全纳。因为每个孩子、每个生命都有享受平等教育的权力。我们的教育主管部门也在提倡全纳。但如何全纳？怎样教育？怎样提高老师的能力？对于不同的学生情况要做到全纳，是否要增加更多的有能力的老师？这些都是需要考虑和解决的问题。在我们学校没有嘲笑残疾学生的。这就是环境的影响。"

"除了减少歧视，促进平等教育，实现对残疾学生的帮助和尊重，全纳式教育还有什么意义？"

"在全纳式教育的环境里，我们培养的学生会更具有服务于他人的意识。就会更多地去关注社会，关注别人。这也是一种爱心的传递。有一种自我的承担。"

"你们在全纳式教育中遇到哪些特别的困难问题？"

"还是对老师的培养。这么多年，我们的老师还是靠奉献精神，摸着石头过河走过来的。但要把全纳式教育长期办下去，成为一种全社会普遍的教育模式，我们需要有一个全纳的科学教育体系，每个阶段有完善的做法，有专业的师资，而不是靠老师个体的热情。比如，师资多一些，老师的时间更宽裕些，残疾学生更分散一些，老师的任务更轻一些，那我们的工作分配和做得就更细一些。"

"怎么解决这样的问题呢？"

"如果只靠学校的力量是不可能解决的。我们的老师岗位是一定的，老师的数量有限。如果要把全纳做大，现在的师生比例远远不够。应该更多补充老师，提高老师的能力。所谓全纳，就是所有学生都要得到发展。不仅是残疾学生，还包括健全学生的教育。虽然每个人发展的水平不一样，但是必须共同进步。"

"看来要做好全纳教育，还有很多困难。包括经济的、观念的、人力的许多问题。在家长方面，健康孩子的家长会不会担心对他们健全的孩子有什么不利影响？"

"起初是有的。最开始划片区，有些家长是有顾虑的：自己的孩子怎么跟残疾孩子一个班？但是后来还是改变了看法。一方面是学校的教育让他们看到对健全孩子也是很好的。比如学生的爱心、责任心、意志力的培养等等。

同时，都江堰从大地震发生以后，许多人来帮助我们，对我们这个区域的人的思想的发展也起了很大的作用。我们也一直邀请家长到学校来参加各种活动，邀请家长来听课、听讲座，和老师交流，到宿舍、食堂参观。让家长进一步了解学校教育。家长就认同了学校。有些家长做得好的，还邀请残疾孩子到家里和自己孩子一起生活。残疾孩子起到了榜样的作用。现在再没有健全孩子的家长担心残疾孩子拖累了他们的孩子。很多学生很喜欢残疾学生，和他们建立了很深的友谊。"

"这是一个很好的社会基础。"我由衷地说。

"上级领导部门有这个主张，家长有了这份认同和参与，相信残健融合全纳式教育的推广前途光明。"

焦颖校长虽然谈到许多困难，但也感到心中充满希望。

"让残健融合的大门永远敞开"，这不仅是一名教育工作者的心声，一所学校的办学方向，也是全社会的期盼。

一个社会文明的重要标志之一，就是它的教育水平和对困难人群的关爱程度。"5·12"汶川特大地震，促进了心理学的发展，加速了公益慈善的完善，也唤起了人们对于残疾人的广泛关怀和尊重。我们社会的文明发展也在向前飞跃。

（九）友爱之家

在都江堰市友爱学校的大半天，有三分之二的时间都在陈列室里度过。我随着焦颖校长穿行在那段特殊的时光里。

陈列室正门的上方，一块庄重的木质横匾上几个端庄隽雅的隶书大字"友爱之家"跃入眼帘。那是都江堰友爱教育基金会第三任理事长、上海市书法家协会会员王荣峰为陈列室题写的。

走进陈列室，就看见一块红色"心"形木板上国务院前总理温家宝的题词：

传递友爱，快乐生活

下方是用醒目的白字写在褐色木板上的《友爱记》，这是对都江堰市友爱学校10年历史的总结，也算是一个参观指南。

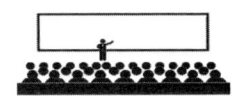

友爱记

戊子初夏，忽逢劫难，校舍顿毁，满目疮痍。

失之不幸，得知仁爱，四方贤达，倾力相助。

异地重建，更名友爱，伤健共融，关怀生命。

募筹基金，奖学助困，善德之举，历时八载。

心怀社稷，国之幸焉，仁者大爱，民之幸焉。

深情大义，感恩铭记，好学乐教，激励后人。

2016 年 6 月

陈列室里展示着大量的图片资料，反映了原学校的历史和都江堰市友爱学校的创立、"5·12"汶川特大地震以来学校的发展、党和国家及社会力量对孩子们的关爱和学校的支持、学生丰富多彩的校园生活、学生的艺术作品、学生们乐观而自强不息的精神面貌。

在陈列室的墙上，一幅视觉冲击力很强的油画映入我的眼帘：

黑色的土地，深邃的蓝天。蓝天上架起一弯彩虹。在天与地之间，坚硬的石头上顽强地长出几束鲜亮的黄花。

"5·12"汶川特大地震后，四方关注。油画家李斌受友人戴志康委托，为灾区作画，并将其捐赠给都江堰友爱教育基金会。2010 年 5 月 11 日，都江堰市友爱教育基金会秘书长季军将这幅题为《友爱虹桥》的油画赠送到都江堰市友爱学校。中国残疾人福利基金会副秘书长沈伟俊陪同著名表演艺术家、中国残疾人福利基金会理事濮存昕专程从北京来校参与赠画仪式。共同参与仪式的还有四川省残疾人福利基金会、都江堰市市委领导等。

作者有感不畏磨难的汶川人，试绘汶川人的坚韧精神，表达了雨停呈彩虹，灾后萌生机的美好意境和坚定信念。

离油画不远处，有一首名为《信念如歌》的诗歌，也没有署名，但标明了"写于成都市首届残疾人艺术节获成都市二等奖"。

焦颖校长说，这是一位残疾学生写的。诗歌虽然还很稚嫩，但却反映了

孩子们坚强乐观的精神世界，和上面那幅大画家的画有着同样的精神：

信念如歌

我是一棵小草
尽管狂风肆虐
但我从不怀疑自己的坚强
最终播撒春天的绿洲

我是一条小河
尽管形成曲折
但我却从不怀疑东去的方向
最终奔进浩瀚的大海

地震折断了我的翅膀
但我从不怀疑生命的价值
抬起头，挺起胸
世界依然光彩夺目

我们在残缺的时间里等待
绕过漆黑的夜
迎来一缕缕晨光
有了坚强的信念
就不会迷失方向
有了坚强的信念
内心就不会迷茫
只有意志坚强的人
才能达到理想彼岸

风雨过后
眼前会是鱼翔浅底的天水一色

走出荆棘

眼前就是铺满鲜花的锦绣人生

灾难暗淡不了年少梦想

伤痛荒芜不了青春激情

在如花的季节

我们歌声嘹亮，快乐前行！

焦颖校长一边给我详细讲解每件展品的故事，一边给我介绍"友爱之家"建立的背景和意义——

"2016年，残疾学生人数随毕业逐渐减少，但是我们的残健融合的这种模式却越来越成熟，并且得到所有老师的认可，能够很好地在自己的教育教学中得以实践。为此我们也希望通过一定的形式，将这段有意义，并且对未来也具有指导价值的教育方式呈现出来，让更多的人知道。

2016年5月，学校筹建校史陈列室。它有两个功能，一是线条式地展示学校自办学以来的发展与变迁；一是将友爱的残健融合教育呈现给大家。它不仅是一个有价值、有意义的纪念之地，更重要的是，我们将它作为'感恩教育园地'，将它融入了学校的感恩教育校本课程当中，让每一个友爱人，包括老师、学生和家长走进校园，都知道这段历史，了解这段历史，并且永远记住这段历史。

这个陈列室也是我们学校的一个教育窗口，家长也经常来参观。让大家在这个过程中得到一种精神的洗礼，更懂得去关爱社会。所以，这也是我们自己的教育基地。

我们做这个陈列室，也是要大家记住这段历史。越往后，这种情况会越来越少。过去这些年我们肯定是要记住它的。不仅记住历史，对于灾难或非灾难引起的残疾的教育积累了一些经验，进行一些探索。"

整整一个下午，和焦颖校长在"友爱之家"里参观，我们穿行在历史的隧道。

在陈列室里，还见到许多人的照片，有些熟悉，有些不熟悉，有些在前面讲过，有些没有提到。焦颖校长说，在都江堰市友爱学校的发展历程中，受到来自各级领导和社会人士的多方关爱与支持，他们的名字将永远留在"友

爱之家"，被人牢记。

在最后定稿之前，都江堰市友爱学校和都江堰市友爱教育基金会领导希望我除了前面和后面讲到的人和故事以外，特别记录下这样一些名字和事实，以表深深的感谢——

2008年中国残疾人联合会名誉主席邓朴方直接关心坚强勇敢的黄思雨在北京的治疗，并在人民大会堂接见了她。黄思雨回到四川进入都江堰市友爱学校后，还一直受到邓朴方及其妹妹邓榕、外甥女邓卓玥（羊羊）的关怀和帮助。

教育部原副部长、都江堰友爱教育基金会名誉理事长吴启迪一直关心都江堰市友爱学校的"全纳教育，残健融合"的实施，多次来到学校视察工作，看望师生。

2011年5月，中国残疾人联合会主席张海迪亲临都江堰市友爱学校视察和看望残疾学生，并为学校题词："全社会都来关心残疾孩子，让他们健康成长，奋发成才！"

江上舟的后任，中国残疾人福利基金会理事长汤小泉、秘书长费薇、副秘书长沈伟俊多次来到学校看望师生，参加学校活动。

现任中国残联副主席、中国残疾人福利基金会理事长王乃坤十分关心都江堰市友爱学校孩子们的成长，于2016年在香港参会时专门听取了都江堰市友爱教育基金会理事长王荣峰、秘书长季军，有关都江堰市友爱学校残疾孩子的学习和生活情况的汇报。

2011年，中国社会科学院副院长朱佳木来校看望学生。

2015年，中纪委原三室主任、任弼时之女任远征在中国大百科出版社原党委书记周小平的陪同下，来到学校参加获奖学生的颁奖典礼。

上海市对口援建都江堰市灾后重建总指挥沙海林、薛潮，指挥部社会工作组组长张伟令对学校的建设和发展给予了大力支持。

2010年，四川省残联理事长毛大付到都江堰市友爱学校看望残疾孩子并参加友爱奖学奖教金颁奖典礼。

四川省残疾人福利基金会理事长丁二中，每年均来到学校看望师生。

原成都市人民政府副市长傅勇林，自板房学校开始一直关怀学校发展。

成都市残联理事长龙蓉蓉到都江堰市友爱学校看望残疾学生，鼓励他们

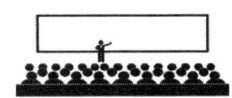

自强不息，为社会做贡献。

上海市政协副主席张恩迪、徐逸波，市政协港澳台侨委员会主任沈敏以及港澳委员一行 60 余人，于 2018 年 9 月到都江堰市友爱学校捐资助学。

都江堰市委书记卢胜、市人大常委会主任王聪、市政协副主席严代雄等市委、市政府领导，以及都江堰市历任教育局局长张庆、李晓明、竹柯、李桦都对都江堰市友爱学校的持续发展给予了极大的关注和有力的支持。

五、为爱行走

江上舟说："要让孩子们健康成长，不仅要在学校读书，还要出去见到更为广阔的世界。行万里路，阅人无数也是很重要的学习。"

这是友爱教育基金会"为爱行走"最重要的目的。而在这种形式的爱当中，包含了丰富的含义和浓厚的意蕴：对人的爱、对母校的爱、对党的爱、对祖国大好河山的爱、对国家尊严的爱。

（一）一样深情，两地牵挂

"江爷爷，我叫周红梅，我从青川到友爱读书。"
"江爷爷。我是黄思雨，您还好吗？我的学校很漂亮。"
"江爷爷，我叫陈永宁，读二年级四班。"
"江爷爷，我是映秀的吴璟怡。"
"江爷爷，我是来自都江堰的……"
"我希望爷爷能快点好起来。"
"江爷爷，我们永远爱您！"
"江爷爷，加油！"
……

在由上海电视台纪实频道摄制的江上舟的纪录片《大师》的最后，我听到了一串熟悉的名字和声音。那些大都是我曾经在华西医院做过心理辅导的伤残孩子。

那如同山泉一样纯净明亮的声音是在江爷爷弥留之际孩子们给他送去的问候和安慰。

孩子们不知道，江爷爷在 2008 年创办都江堰市友爱学校时，已经是肺癌晚期患者。但他多次到都江堰市友爱学校，呈现在孩子们面前的是一个慈祥温和、精神矍铄的老者。孩子们怎么也没想到，学校开学不到两年，江爷爷就永远地离开了他们。

"他对自己的身体太不爱惜了。"季军非常痛心地说，"他是 2003 年查出的肺癌，一直在上海瑞金医院治疗。按道理来讲，他的病情已经能够控制了。但他经常拔掉化疗针头就上飞机。他担任中国残疾人福利基金会理事长期间，经常两边跑。治疗在上海，工作在北京。"

都江堰市友爱教育基金会成立以后，江上舟更是牵挂学校的发展和孩子们的成长。他拖着病躯，忍着病痛，五次到都江堰市友爱学校看望孩子们。当时他还定期在上海治疗。

2010 年，江上舟的病情进展加快了。都江堰市友爱学校的孩子们得知江爷爷癌症复发入院，十分牵挂远在上海的江爷爷。他们在一件崭新的校服上签上自己的名字，写上祝福的话，还录制了上面的问候，并把这两件满怀深情厚谊的祈福品送到上海瑞金医院江上舟的手上。看到孩子们签名的衣服，听到孩子们温暖的祝福，江上舟深受感动。他知道，衣服上的这些名字和祝福，都是孩子们用残缺的肢体和一颗颗火热的心写下的。他也因这些孩子在大家的关怀下茁壮成长而感到十分欣慰。

（二）坐飞机去上海看世博会

2010 年正好上海开世博会。还在病房里治疗的江上舟安排都江堰市友爱教育基金会组织孩子们到上海参观。基金会和都江堰市友爱学校挑选了优秀残疾孩子和优秀健全孩子各 30 名，优秀学科老师和生活老师 20 名，共 80 人，分两批参观。一批在 2010 年 5 月，一批安排在同年 10 月。

为了减少残疾学生路途的劳累，基金会一开始就决定所有的孩子坐飞机去上海。可是按照航空管制规定，一架普通民用飞机不能超过 5 个残疾人，有人提出就让孩子们坐火车。但是江上舟坚持让孩子们体验一下坐飞机的感受，因为他知道有许多孩子还没有坐过飞机。

经东方航空公司领导特批，第一批安排 20 名残疾孩子，20 名健全孩子，10 名老师，共 50 人，第二批安排 10 名残疾孩子，10 名健全孩子，10 名老

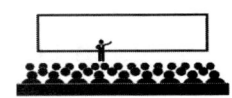

师，共 30 名。

飞机落地后，东方航空公司还在虹桥机场搞了一个隆重的欢迎仪式，欢迎四川地震灾区的孩子到上海看世博会。孩子们在上海不仅饱了眼福，学了知识，还深深感受到这个中国最大城市的温暖。

（三）去美国是为了展示中国的人文关怀

现任都江堰友爱教育基金会的理事长王荣峰当时是上海实业集团的党委书记，在上海实业集团领导的积极主张和支持下，上海实业集团南洋大酒店和都江堰市友爱学校签订了三年夏令营协议，赞助学校的残疾孩子连续三年去香港参观学习。

季军说："当时江上舟说让这些孩子除了走出大山，走到中国大陆的其他地方外，还要走出大陆，去香港、台湾，还要走出中国，去美国看一看。"

"去了吗？"

"香港、台湾去了，美国还没去，正在准备。"

"江上舟强调要去美国看一看，除了拓宽眼界，还有什么特殊的意义？"

"让孩子们了解中西方文化的差别，既要感受发达国家的先进之处，又要让西方国家了解我们在灾难面前显示出的强大的精神力量和深厚的人文关怀。江上舟认为，一些西方国家对中国的人文关怀了解是不够的，甚至有偏见。汶川特大地震发生以后，中国政府和民众对受灾群众的关心充分显示了我国崇高的人文精神。我们基金会在灾后怎样关心和帮助残疾孩子，这是中国重视弱势群体人文关怀的一个缩影。一个国家的人文精神体现很重要的一方面就是看他怎样对待弱势群体。而残疾孩子是最弱势的群体，我们给了他们无微不至的关怀。"

我被季军秘书长的这段话，被江上舟留下的这个想法深深地感动着：一个爱心组织，一群爱心人士，他们在进行公益慈善活动时，不仅仅追求援助的效果，还怀揣着维护国家尊严的情感和责任。这使得"大道之爱"又有了新的角度。

（四）"一定要带孩子们去天安门看升国旗！"

"一定要带孩子们去天安门看升国旗！"

这是江上舟生前反复在季军面前的念叨。

"江上舟先生说，2011 年是中国共产党建党 90 周年，一定要带孩子们去天安门看看升国旗。因为我们友爱教育基金会是在党的领导下建立和工作的。要让孩子们知道是共产党领导的国家给他们创造了这么好的机会。灾后重建，他们感受到党和国家的关怀，同时，也感到社会的大爱、祖国的强大。要让孩子们懂得感恩，吃水不忘挖井人。"

季军说着，眼里噙满了泪水。

"这是他弥留之际的安排？"

"其实，这个安排是在 2010 年孩子们去上海参观世博会的时候，他躺在医院的床上做出的。2011 年 6 月份他又在催促：一定要在今年建党节带孩子们去看升国旗。"

不是江上舟不放心，而是他的牵挂太深。

"一定要带孩子们去天安门看升国旗！"这成了他给孩子们做的最后一个安排，也是他作为一名共产党的干部，对党的深情最实在、最强烈的表达。

2011 年 7 月 1 日，都江堰友爱教育基金会组织了一批都江堰市友爱学校的残疾学生去北京天安门看升国旗。还游了故宫，爬了长城。

亲眼看到鲜红的五星红旗从天安门广场冉冉升起，亲身感受到故宫博物院的博大精深和历史厚重，在长城上领略着中国古代人民的智慧和勇气，孩子们激动不已。

感谢党！

感谢祖国！

感谢江上舟爷爷！

这是他们真实而淳朴的心声。

就在孩子们在北京欢呼雀跃的时候，友爱教育基金会和中国残疾人福利基金会对他们保守着一个巨大的秘密：江上舟爷爷几天前去世了。

"我们不知道怎样告诉孩子们这个不幸的消息，纠结了好久。后来接任江上舟职务的中国残疾人福利基金会理事长汤小泉给我们讲，还是要让孩子们知道这事。"

当孩子们结束了在北京的参观，就在中国残疾人福利基金会的办公地点，我们告诉孩子们，就在他们来北京的前两天，江上舟爷爷去世了。孩子们听

到这个消息，一片哭声。

"我们本来打算在天安门广场让孩子们给江上舟爷爷视频对话，让他放心、开心，可是没能实现。拍的视频他也永远看不见了。"

"太遗憾了。"我和季军一样，声音有些哽咽。

江上舟对孩子们十分牵挂，对共产党一往情深，他希望孩子们能够更多地了解共产党的历史，在党的旗帜下健康成长。

根据江上舟的遗愿，2016 年 7 月 1 日，在中国共产党建党 95 周年之际，都江堰市友爱教育基金会又组织了都江堰市友爱学校、习仲勋红军小学、南通市理治红军小学三个学校的部分同学一起去了上海，参观中国共产党第一次代表大会会址、陈云纪念馆，进行革命传统教育。之后带孩子们去了东方绿洲，看了中国最高的楼——上海中心，参观了上海科技馆、上海自然博物馆。

"那一次正好上海迪斯尼乐园试营业，孩子们有幸享受了这个童话世界的奇妙与欢乐。"王荣峰理事长十分开心地说。

迄今为止，在各大爱心企业的赞助下，都江堰友爱教育基金会组织都江堰市友爱学校残疾学生去了 2 次北京、1 次台湾、2 次上海、3 次香港。在香港连续三年的夏令营活动都是由上海实业集团旗下的南阳酒店的员工们自发赞助的。

"但这还只是万里行路的一个启程。残健融合学校一直要办下去，孩子们到外地参观学习的路也要一直走下去。"都江堰友爱教育基金会理事长王荣峰、秘书长季军都这样表示。

听了这段讲述，我更加崇敬江上舟和他的友爱教育基金会。

"你们为残疾孩子提供这些外出游学的机会，主要出于这么几个目的：

1. 感受到大爱。

2. 行万里路，见更多的世面。

3. 看到国家的发展。

4. 让孩子们感到是党的关怀让他们有这样的福气和机会。

你看我从这四方面理解你们的初衷可以吗？"我问季军。

"这几方面应该是挺全了。"季军愉快地认可我的归纳。

让孩子行万里路，阅人无数，也是一种慈善。这是我在采访都江堰市友

爱教育基金会的过程中，对科学慈善的又一认识。

（五）最后的足迹

"2010 年，江上舟理事长的身体状况已经很差了，一直在上海瑞金医院治疗。就在他住院期间，他还是来到四川，把最后的足迹留在灾区孩子们的家乡。"

都江堰市友爱教育基金会办公室主任刘刚，心情十分沉重地回忆着江上舟最后在映秀、都江堰的为爱行走。

2010 年 9 月 17 日，都江堰友爱教育基金会在友爱学校召开了第 4 次理事会成员会议。会上，江上舟提出要去一些贫困残疾学生家里进行家访，了解他们家庭和家乡的情况。虽然大家知道，江上舟的身体状况，要完成这一行程有多艰难，有多痛苦，但是，要帮他实现最后的心愿，理事会所有的成员都心照不宣。

第二天（2010 年 9 月 18 日）一早，都江堰友爱教育基金会理事长江上舟带领基金会理事会成员沈伟俊（中国残疾人福利基金会副秘书长、友爱教育基金会理事）、季军（友爱教育基金会秘书长）、许静（四川省残疾人福利基金会秘书长、友爱基金会理事）、赵一平（代表无锡灵山实业有限公司吴国平董事长）、刘丹（代表台湾永大电梯集团总经理许作名）、张智涌（代表台湾震旦集团董事、友爱教育基金会理事陈冠名），在都江堰市友爱学校副校长焦颖和友爱基金会驻友爱学校的基金会办公室主任刘刚的陪同下，驱车出发前往位于阿坝藏族羌族自治州山区的地震重灾区映秀。

"出发前，关照着理事长打了止痛针，服了一大把药，心里真不是滋味。"刘刚声音低沉地说，"那时候，学生的家都还是临时窝棚，也大都在山里。我们虽然开了车，但是下车后还要上坡下坎才能到达孩子们的家，而且那天还下着小雨。江上舟理事长按着身体的疼痛部位，佝偻着腰，一步几喘地在山路上行走。看见他脸色惨白，大汗淋漓，真心痛。"

"你们一直扶着他走？"

"他根本不要我们搀扶，只是上陡坡时偶尔扶一下。他不愿意别人看出他的身体有问题，在家长面前总是笑容满面，显得精神饱满。所以，一路没有任何一个学生家长知道他有病。"

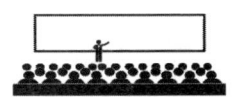

那一天下来，江上舟在映秀走访了七八家，次日，又在都江堰走访了几家。他和家长们亲切交谈，并代表都江堰市友爱教育基金会给每个家庭送去了1 000元慰问金。

如果不是身体实在支持不住，江上舟还要走下去。他知道，这是自己在四川留下的最后的足迹，他带着深深的遗憾和牵挂离开了都江堰，离开了四川。临走时，他还嘱咐刘刚要代他继续走访残疾学生家庭。

那一次的行走，江上舟更加深刻地感受到灾区人民的困难，那些残疾孩子的艰辛，也更加坚定了他要将这份援助进行到底，让孩子们能够走出大山的决心。

离开都江堰，江上舟就立即回到上海继续坚持工作，他当时还担任着中芯集团的董事长。其实，回到上海后他几乎就没有离开过病床，直到生命的最后时刻。在病床上，他安排了孩子们去上海看世博会，去北京看升国旗。

（六）回家的脚步

最让友爱基金会和友爱学校的老师们感到欣慰和温暖的是，10年了，从都江堰市友爱学校出去的孩子，几乎每周末都有人回到学校。即使他们已经到外地上学，甚至都已经就业工作。无论身在何处，也会常回"家"看看。

在这里，他们除了回顾一下自己曾经的故事，看望一下老师和学弟学妹们，这里还是他们安放情绪和享受家的温暖的地方。

高兴了，他们第一时间回来和老师们分享；苦闷了，回来靠在班主任的肩膀上哭一场；恋爱了，躲在一个安静的地方和心中的"知心姐姐"说一席悄悄话；饿了、馋了，回来吃一顿食堂里叔叔阿姨做的饭菜，那是永远无法舍离的家的味道。

还是在都江堰市友爱学校刚刚建立不久，学校就定下了这样一个规矩：从都江堰市友爱学校出去的学生，周末回来，三餐免费。

问及毕业的学生，他们十分感谢学校的这个"家规"。每每回到学校，没有陌生感，没有边缘感，有的只是回家的自在和踏实。

相信，再过几十年，他们已经白发苍苍，故地重游时，也不会有"儿童相见不相识"的惆怅与惶惑。

都江堰市友爱学校，是他们永远的家和港湾。回家的脚步，永不停息。

（七）德国总统的故地重游

2018 年 12 月 8 日，德国总统弗兰克－瓦尔特·施泰因迈尔到访都江堰。这是他第二次走进都江堰。2008 年 6 月，时任德国外长的施泰因迈尔访问四川，在成都会见了在四川地震灾区的德国援助人员，并在都江堰视察中德红十字会野战医院，看望慰问了安置点的受灾民众，看望了板房学校的师生。都江堰市友爱学校的老师和学生那时候就是在板房学校里见过施泰因迈尔的。

10 年后，已经成为德国总统的施泰因迈尔访问了灾后重建的都江堰市友爱学校。他参观了学校的建校史和办学成果，观看了学生们制作的熊猫版画及其制作过程，和学生一道下国际跳棋，打中国鼓。

看到学校美丽的校园，完善的无障碍设施，学生们创作的各种艺术品和孩子们健康积极的精神面貌，总统先生无不感慨学校的教育水平，感慨中国人民抗击灾难，从灾难中迅速崛起的强大力量。

七、江上之舟，扬帆远航

都江堰市友爱学校自 2009 年建校以来，接受的残疾学生一共有 154 名，其中包括"5·12"汶川特大地震致残的学生 131 名。这些孩子中除了 8 名学生因为特殊情况没有继续上高中外，其他都顺利地考上了普通高中或职业高中。

无论是面对到学校看望他们的江上舟爷爷，还是在江上舟爷爷的病榻前，或者是望着江上舟爷爷的遗像，孩子们都表达着一种决心：

"江爷爷，您放心吧！我们一定要成为对社会有用的人！"

孩子们的语言很朴实，愿望很简单。但他们字字句句铿锵有力，10 年后的结果更是花开有声。所有关心他们的人提起这些孩子都感到无比欣慰，相信江上舟爷爷在天堂一定笑了。

都江堰市友爱学校，这艘以爱作动力，以自强、快乐、超越为风帆的大船载着孩子们的梦想，稳健地行驶在时间的河流上，把一批又一批的孩子送到目的地。如今，船上的许多孩子都已经成了船长，驾着自己生命的小船，扬起风帆，奋力前行着。他们许多人克服了生活中的种种困难，承担着社会

的诸多压力，在自己生命中的每一个阶段，都立起了一块令人驻足与注目的里程碑。

他们的前行如攀高峰，他们的生命如花绽放。

当我提出要一份从都江堰市友爱学校出去的优秀的残疾学生的名单和情况介绍时，学校的焦颖副校长给我发来一份资料。让我感动的是，焦颖副校长在学生的名单前面写了一首短诗，表达她对孩子们的爱和敬。我相信，她在写这份名单时，眼眶一定是潮湿的，心情一定是激动的。

写在前面的话——榜样的力量

插上毅力的翅膀

你们在新生里获得幸福

这榜样的力量

是一首永远值得吟唱的歌

你们曾经在"友爱"学习生活

曾经和大家一样，读书写字做游戏

你们在"友爱"重拾快乐，从这里走向更加广阔的天地

你们，是榜样，更是"友爱"永远的骄傲！

优秀学生名单

夏凤婷：成都大学美术系大一学生。

李小兰：四川天一学院护理专业学生，目前实习中。

罗　颖：残疾人自行车运动员，现在成都电子科技大学读书，学习数字媒体。

袁祥茹：雅安职业技术学院学习，护理大专。

王金方：四川农业大学大一学生，计算机专业。

马　聪：现为四川省残疾人坐式排球队暨成都市残疾人马术队队员。

周红梅：目前在陆军军医大学西南医院康复科实习。

张诗悦：四川化工职业技术学院会计专业学生

赵　秘：现在吉林省国家队训练单板滑雪

黄思雨：四川国际标榜职业学院医疗美容专业学生

李雯茜：西南财经大学天府学院会计专业学生

尚　婷：成都中医药大学健康服务与管理专业学生

张春梅：目前代表四川省在什邡训练游泳

周洁宇：四川省残疾人游泳运动员

……

可写的孩子很多，但由于篇幅有限，这里就由部分孩子给江上舟爷爷和所有爱他们的人做一个汇报吧。

（一）折翼天使——夏凤婷

夏凤婷在大地震中受伤，造成右臂高位截肢。当时的小夏凤婷只有九岁，但她并没有被突如其来的灾难和所经历的困难吓倒。她的坚强励志乐观的故事激励着同伴们，曾一度被媒体称为"折翼天使"。

夏凤婷自小喜爱画画。大地震以后，进入焦校长友爱学校，一边学习文化课，一边在"五彩基金"的帮助下，学习画画。后来四川省美协副主席、成都市美协主席刘正兴因她的事迹感动，收她为徒。目前她已是成都大学美术系大一学生。

在友爱学校和大学期间，夏凤婷参加过许多次艺术创作比赛，她的作品获得多次奖励。

夏凤婷的妈妈李鸿英在大地震以后，一边陪伴女儿，一边参与抗震救灾公益活动。都江堰市友爱学校成立以后，她随女儿来到学校，成了学校的一名志愿者，现在仍在学校负责残疾学生的管理和联络工作。我就是从她那里获知的许多残疾学生的信息的。

刚和李鸿英老师联系上并做了自我介绍时，李老师还有点顾虑，"盘问"了我许多。后来经焦颖副校长介绍，她还是谨慎地征得了每位残疾同学及其家长的同意才为我提供了信息。

在这个过程中，我没有感到丝毫懊恼，而是升起一种敬重的心情。她真的爱孩子，而且有良好的职业道德修养。

因为这个，我更想进一步了解她和她女儿的故事。

我在微信里和李鸿英聊天，能够感受到她对女儿无比的欣赏。她首先给

我发了一系列女儿的画作（附照片）。画作都是一些人物头像，阳光明媚，清新可爱。尤其是一幅焦颖副校长的速写，简单几笔，抓住了焦颖副校长"瓜子脸、大眼睛"的特点，而且神态栩栩如生。

绘画本来是一种心理投射，作品的基调构图能够反映作者的心理状态。一看见夏凤婷的画，我就知道，这是一位心向阳光的女孩。

夏凤婷家里经济状况不是很好，懂事的她很少向妈妈要钱。她利用寒暑假勤工俭学，为别人画真人卡通画，做一些手机屏保、公众号等等的小设计，自己挣零用钱，补贴学习之用。

"女儿很独立，如果不看到她的手，不会知道她是残疾人。"李鸿英骄傲地说。

还在都江堰市友爱学校上初中时，夏凤婷就开始坚持做义工，每周去敬老院陪老人们一下午。直到她最后要走的时候，老人们才知道她是残疾人。爷爷奶奶那个心疼呀！

上大学以后，她每个周末去成都一家福利院陪伴脑瘫孩子。

"哎！我都一直很佩服她，从她截肢那天，其实我心里很痛，可我在她面前永远是乐观的，她明白。她说：妈妈，没事，我不是还有一只手吗？"

从李鸿英的言语中，最打动我的是她和女儿以及友爱学校的残疾学生们的相互温暖和支撑。

"这 10 年里，有时候是女儿给我很多动力，我们相依相伴。真的，在自己陪伴孩子们的过程中，他们给了我很多很多快乐。现在我不仅仅是自己女儿的妈妈了，我还有一群女儿和儿子。"

说到凤婷的工作，李鸿英也感到十分荣耀和表达了她的特别感激。

"以前我只管理友爱学校的孩子们在香港的一个慈善活动。现在是我一个人管理整个汶川地震和雅安地震的残疾学生。明天早上我就要送三个孩子和她们的家属去香港。这 10 年来，我为有这份工作而感到自豪，因为我能去帮助更多的人。感谢香港'站起来'公益组织和都江堰市友爱学校的信任和认可，现在'站起来'在国内就我一个工作人员了。是上天给我的机会。那时女儿在四川省医院治疗，香港'站起来'公益组织就在四川省医院落脚了。我们母女俩也跟着他们为其他患者做一些力所能及的事。记得有一次从普通病房搬到康复病房，我和女儿都在帮着搬东西。康复病房的地震伤员们都不

知道女儿的家长是谁。就问：小妹妹，你的父母呢？女儿指着我说：她就是我妈妈。那些不认识我的人，都以为我是外面来的志愿者。"

夏凤婷在医院有个外号叫"开心果"。她始终乐观开朗，阳光积极，很少有人注意到她的残疾。在和香港"站起来"公益组织住成都的工作人员们相伴时，她不仅热心帮助别人，还学到许多康复知识。这个对于她自己的康复和对别人的帮助都发挥了很大的作用。

香港"站起来"公益组织进入友爱学校后，需要一个有爱心和责任心的人来做学校、家长和机构（香港"站起来"）之间的沟通者，他们便选中了李鸿英留在友爱学校工作。

"其实，很多时候是孩子们在给我帮助。在和他们沟通的过程中，也把我自己的心结打开了。看着他们纯真无邪的脸庞，我觉得什么不快都烟消云散了。"

从对地震伤残孩子10年的关注和追踪过程中，我们发现孩子们健康成长的一个最重要的原因就是家长的影响。在《爬出废墟的孩子们——20位汶川特大地震小伤员的10年成长》这本书里，有许多这样的故事。而本书里的夏凤婷母女的相互关系为我提供了又一个依据。

由于对这些故事的采访、讲述和思考、总结，使我在教育研究和实践中，尤其是在人生的挫折教育中有了长足的长进。我很感谢这些故事和故事里的人。

为了更多地了解夏凤婷的事迹，我在网上输入关键词"夏凤婷"，就一下涌出许多条目，讲述了夏凤婷的坚韧、乐观、善良、挣扎、自主、理性、奋斗……

因为有更多的人在讲她的故事，我这里就不赘述了，只是提供这样一个信息和途径让更多的人去了解夏凤婷，了解那些经历灾难、身残志不残的"折翼天使"们。

最后，我想以夏凤婷母女各自的一段文字来结束对她们的讲述：

"人生起伏跌宕，又精彩绝伦。很多事情是无法预料和控制的。所以当遇到不顺的时候要正确面对。我的一生曲曲折折，但是也精彩、幸福。有父母和可爱的宝贝、无亲无故的陌生人成为我生命中的亲人，无私的爱！让我

江上之舟
——都江堰市友爱学校

和宝贝看到曙光！

一场突如其来的灾难（2008年5月12日汶川特大地震），让我和宝贝走入黑暗，可当我看到宝贝被抬出废墟时，我知道我有希望了。不管宝贝伤得怎么样，我都会守着她。

在医院里，我和宝贝无论面临多少困难，都笑脸迎接着，只要活着就好！活着就有希望！我们从女儿很小的时候就和她像朋友一样坦诚，无话不谈，给她一个自由、民主、健康快乐的生活。我深深地感受到，一个孩子真真正正的心理素质的健康比学习重要，这是关乎孩子的一生。

我没能给孩子一个健全的家庭，也实属无赖，也是我的遗憾。但是我觉得生活在一个完整的家庭里的孩子，不一定心理健康，父母的不合，强制生活在一起，会影响孩子的一生。单亲家庭的孩子，只要耐心与孩子交流，正确引领孩子的心理健康，孩子会有更好的心理素质。

2008年让我和孩子失去很多，也得到很多，孩子有来自社会的大爱！我也很荣幸地参与了慈善组织，不仅可帮助女儿也能帮助很多人，虽然我们一直都很不易，可我们真的快乐！"

李鸿英的言语中，表达的不仅是感慨和感激，也为我提供了家庭教育的思考。

"我的人生可以说是非常跌宕起伏的，朋友常常开玩笑说我的经历完全是小说里出现的：车祸、地震以及家庭变故等等。但是我又很幸运，曾经把一切苦难都当作不努力的借口，而如今我可以坦然面对，将所有的事都变成了一种经历，一种体验，我觉得我未来有了更大的奋斗目标。

尽管如此，我依然像石缝里的小草，从以前害怕面对外界，面对自己的残疾、自己的经历，到如今，外面哪怕是狂风暴雨或野兽怪物，我相信我都会坦然面对，顽强生长。过程也许是痛苦的，但是结局一定比不努力更有意义。"

这是夏凤婷说的话，有小草一样的平凡谦卑，但并不柔弱。

149

（二）冠军是这样炼成的——周洁宇

　　周洁宇不是地震伤员，但她的苦难经历比地震伤员更漫长，她的奋斗历程同样给我们带来很大的震撼与鼓舞。我和周洁宇联系上以后，她给我发来她写的文章《我的成长》，在这里摘抄一部分呈现给大家，也展示出一位残疾孩子不屈的力量。

我的成长（摘录）

降生到黑暗

　　"不用检查了，你的女儿是先天性脑瘫。"

　　医生的话犹如惊雷一般炸响在我父母的脑子里。看着怀里小小的我，他们完全无法接受。这孩子才四岁呀！为什么会这么命苦？他们相信，这是误诊。于是他们便开始带着我奔波于各大小医院。但是检查的结果都是一样的：我患上了先天性脑瘫！但唯一值得庆幸的是，我没有智力障碍！

　　于是我开始了漫长的治疗路程。因为医生说脑瘫必须做康复训练，才会慢慢地控制自己的手去从事吃饭、喝水、穿衣服……一系列简单的事情。

　　日子就这样一天一天地在医院里过着……每天吃药，康复；学着如何自己做一些简单的事——爬、跪、坐，用手拿东西……可是就这样一些简单的事情，我都要学好久好久，甚至都学不会。后来医生便开始给我针灸、按摩，让我的手、脚不那么痉挛。每天扎针从头到脚，把我弄得像一个刺猬。那时候我才四岁，日日月月的如此，我不明白我为什么要受这么多折磨？为什么别的小朋友都可以尽情地去外面玩，去学校上课，我却不行？不仅不行，还要在医院受这样的罪。所以，每天我就哭、闹，不配合医生，甚至还骂人，乱挥着手脚踢打，医生、父母都是我攻击的对象。每次哭闹后，妈妈总是会来安抚我，爸爸总是会去给我"善后"。

　　日子就这样过着，直到有一天，我睡得迷迷糊糊的听见爸爸在给妈妈说：

　　"钱没借到，孩子的治疗可能坚持不了了！对不起老婆，我尽力了！"

　　说完，爸爸的声音哽咽了，而妈妈则号啕了起来……那时候，小小的我并不太懂，可是我看见父母伤心，为了我，他们哭了！治疗是因为我有病吗？

那个病，就是因为我不能走路，甚至是不能拿东西吗？原来他们也因为我承受这么多的痛苦！我一下哭了，对爸爸妈妈说：

"爸爸妈妈，你们别伤心了，我错了，没钱了，我们回家好吗？我可以和别人不一样，我也不想和别人一样，我再不想受这种罪了，我们回家吧！"

妈妈看着我，哭得更厉害了。爸爸说：

"孩子，放心，不治疗只是暂时的！"

于是，我们便从医院回家了。

回到家以后，爸爸开始工作，不管多累，只要能赚钱就行。而妈妈就在家里按照医生那样给我做康复训练。每天如此，可是效果很不明显，加上我疼了、累了，会反抗，会闹！虽然我心里知道他们是为了我，可是对于小小的我来说真的受不了了，但妈妈总是有耐心地为我做着一切……

日子就这样过着，我慢慢长大了，但却没有正规上过一天学。

走进阳光

11岁那年，妈妈在都江堰开了一家美容院。那是2009年，妈妈听说都江堰建立了一所残健融合的学校，是专门为地震后的肢体残疾孩子所建立的，妈妈爸爸仿佛看到了希望。学校领导在商量后，决定收我。当我得知这个消息后，我觉得整个天空都亮了，灰色的世界仿佛升起了一个太阳，它照亮了我。

当时的我已经11岁了，可是才上一年级。有个家长调侃地说：

"11岁读一年级，不是个傻子吧？"

虽然只是路人随口一句话，但是我当真了。我要向她证明，我不光不是一个傻子，还要比她的孩子优秀！妈妈给我买了一个新书包，一个漂亮的小手机，一辆轮椅，并告诉我会住校。这是我人生第一次住校，第一次坐轮椅。

离开爸爸妈妈，我并没有什么难过的，当时的感觉就像一个战士，马上就要去战斗一样。对家人虽有不舍，却必须向前冲，去发奋学习。因为那是我所感兴趣的，我的小世界还要靠它来建立呢！

就这样，我兴致勃勃、欢天喜地地迎来了9月1日的开学。

走进学校，感觉学校好大、好漂亮。坐进一年级三班的教室，教室好大、好宽敞、好明亮，这一切感觉特别棒！

开学第一天，班主任张老师给我们讲了很多东西。印象最深刻的一句话是"从今天起，你就是一名小学生了，要好好学习，用知识来装饰你自己的

人生！"

这句话与我的决定产生了共鸣！我两眼放光地看着老师，她扎着一个马尾辫，面带微笑地看着我们。那柔和的目光，带给我强烈的亲切感。她的影子与幼儿园的钟老师重合。虽然她们年纪不同，样子也不同，可是她给我的那种亲切感让我很熟悉，并立刻产生了依赖。她仿佛感觉到我在看她似的，目光朝向我，给了我一个微笑。就是这样的一个笑脸，让我打开了心扉——老师好像和别人不一样，她看我和看其他的同学时是一样的感觉，没有异样的眼光。我喜欢这样的目光！就像阳光一样温暖，一样明媚。

我相信，我能！

接下来是上课时间，第一节课是语文课。老师让我们做了自我介绍，还教我们唱了《太阳当空照》的儿歌。

好喜欢这种感觉！下课后我在书上用铅笔一笔一画地写下——

好好学，加油！周洁宇。

第二节课是英语。英语课以前没上过，只是在妈妈给我买的碟片里学过，感觉好有意思。老师进来了，也是个扎着马尾辫的老师，不过她戴着眼镜，有点像我想象中的老师！

"同学们，早上好！我是你们的英语老师，我姓付，你们可以叫我 miss付，就是付老师的意思。"

她微笑着说，并在黑板上写下了"miss"。她教我们读，并告诉我们这个单词的意思是：小姐，对未婚女老师的称呼。我们高兴地学会了！

就这样上课下课，不知不觉到了吃午饭的时间，可是食堂离我们教室还有一定的距离，我又不怎么会推轮椅，这怎么办呢？我正想着，班主任张老师和英语付老师来了，她们微笑着看着我说：

"我们带你去吃饭。"

她们推着我出了教室往食堂走去。一路上，她们和我聊天，问我上课感觉如何？能听懂吗？不懂随时可以问！我都一一回答了，心里对她们的好感更强烈了。感觉她们不光是老师，还是朋友！

下午第一节课是数学，老师教我们写阿拉伯数字。老师的一笔一画写得就像印上去的一样，再看看我本子上的字就像虫子爬的，"1"写得歪歪扭扭。老师看见了说"没事，多写几遍就好了！"原来老师在看我们每个人的

写字水平，并给予鼓励。

就这样我在几位老师的关爱下开心地学着，并且成绩还不错。记得有一次学校上语文公开课。老师给我们讲了一个李白小时候的故事，告诉了我们一个道理：只要功夫深，铁杵磨成针。这篇课文给了我很大的鼓舞！

我如果做事持之以恒，也可以成功吗？

我相信，我能！

我成了一名运动员

其实我们学校不仅有文化课，还有课外活动，与社会各界关注我们，来看我们的爱心人士交流互动。

在我读五年级的时候，突然有一天有人问了我一个奇怪的问题：你愿不愿意游泳？

游泳，以前基本没有接触过，因为先天残疾的我觉得根本就不可能参加这种运动。

我可以游泳吗？我手脚都不行啊！但从此这件事便被我记住了。周末一回家，我马上就找妈妈商量，妈妈也想了好久，还和我们老师商量。一切都有了一点点"靠谱"的时候，妈妈带我坐车来到了成都市残联，见到了两位教练，一个男的，一个女的。他们见了我便告诉我：明天先下水试试再说吧！于是我就留下来了。

晚上躺在陌生的床上感觉无比纠结：我到底是选择游泳还是选择读书呢？明天到底会怎样呢？老师不也说了吗，学校不会走，大门永远会为我开着。只要我愿意回去，什么时候都可以。想着想着，我便睡着了。

第二天早上，我来到了游泳馆。看见那个大大的水池，看见许多人都在里面游泳。他们像鱼儿一样在水里自由自在的，而我以前从来没有游过泳，甚至没有下过水。这时教练来了，笑着说：

"害怕了？其实他们刚开始时也害怕，可是现在都不怕了。因为他们知道有我在，我会保护他们！而且他们知道训练好了可以参加比赛。作为一个备战运动员必须有克服一切困难，努力为之拼搏，努力拿奖，为了自己的城市、省，甚至是国家争光的精神！"

教练的话虽然说得很轻，但是其中的意义、份量却很重！我仿佛没有那么害怕了，而且心中还有一种神圣的感觉，我是一名运动员了！我得有运动

江上之舟——都江堰市友爱学校

员的精神!

教练见我有所改变,带着微笑开始教我怎么呼吸,抬头吸气,埋头吐气。我跟着教练的动作模仿着在水里吐泡泡。就这样不知不觉地时间过去了,便可以起水了。起水的时候看着游泳池感觉不那么怕了,仿佛多了一点亲切感。

就这样我开始学习仰泳,那种自由自在的感觉,自己想去哪都可以的感觉,真好!从来没有过的感觉让我爱上了游泳!爱上了,就可以学得更快,更好!于是我每天除了正常训练,回去后还会接一盆水练习水中呼吸。

我这根铁杆,一定能够变成针!

记得以前学过一句话:只要功夫深,铁杆磨成针!我下的功夫,得到了回报!当队友们告诉我,我是他们中学得最快的一个!我的心中无比自豪。

不知不觉比赛来了!

第一次参加比赛的我好紧张,但又十分激动。那个巨大崭新的游泳馆,一池蔚蓝色的平静的水面,那一根根泳道、一个个跳台,那一排排观众席……我仿佛看见了明天。我们守候在各自的泳道,像一匹匹整装待发的战马!

广播叫名字了,开始检录了!我的心"咚咚"直跳,手心里汗都出来了。

"啪!"

发令枪响了!一切害怕都烟消云散。躺在水里熟悉的感觉,让我忘记了一切。

"加油!加油!"

助威声不断传来,我突然觉得自己充满力量。

第一次,那又如何!我要拼!我使劲游使劲游,终于到了!我看见妈妈开心的笑脸,感觉她是给我安慰和鼓励!当我被人从水里抱起来时,我突然看见水里还有一些人在游!也就是说,我拿名次了!我用询问的眼神看着妈妈,妈妈点点头,表示我的想法正确!我的心里瞬间就像放了个烟花似的,无比开心、激动!那种感觉难以言表……虽然只获得第三名。

两个月后,妈妈接到教练的电话,问我想不想参加全国的比赛。我一下就懵了:

全国?不是吧?我没听错?真的是我?

我毫不犹豫地答应了!

154

于是艰苦的备战开始了。以前觉得自己训练时好累，现在回想起那简直是小儿科！我们每天有固定的任务，有计时器卡表，还有力量训练。由于我以前缺乏锻炼，又是女生，所以练得格外多！什么仰卧起坐、引体向上、拉力器、哑铃……等等，全部都有。这是我以前从未接触过的。长时间的强度练习，加上冬天游泳池里水温不高使我常常生病，感冒发烧，中耳炎，胃病……最严重的就是手疼。那种肌肉的疼痛让我彻夜难眠，感觉就像无数的针在肩膀里扎一样！可是第二天依然要照常训练！就这样训练了一年半。我在此期间哭过无数次，也想过无数次放弃！可是看见那些国家的运动健儿，想想他们的故事，便咬牙坚持着。我们都一样，都是普通人，都可以变强，只要愿意，就能赢！我一直都这样，永远相信：我这根铁杵，一定能够变成针。

<h2 style="text-align:center">站上全国冠军领奖台</h2>

很快，我们迎来了准备已久的比赛！我们准备打仗了！

和上次比赛一样的感觉。只不过地方换了，队友换了，对手换了，心情也换了！

我一定要赢！

因为我为它付出了那么多，我一定能行！我的比赛是第一场。当听见枪响后，我脑子里全是这一年多的回忆，脑海中全是教练为我讲动作的要领，想着动作，拼命地向前冲，感觉自己就像一条鲨鱼看见了猎物一般，拼命地冲着。心中只有一个目标，那就是：快！

到头了，听见了，广播中的声音：

"周洁宇第一名！四川一团！恭喜来自四川的周洁宇！……"

我震惊了！回头看看那个计分器，我的名字稳稳当当地排在第一，后面是我的成绩。我的心有种说不出的感觉，我哭了。是开心的哭，是激动的哭，是为了这一年多以来流的泪流的汗而哭，是为了疼而哭，为了熬过去而哭……

我赢了！

当我站在领奖台的那一刻，看见司仪捧着金牌向我走来的那一刻，我无比的自豪！我的付出有了回报，这金牌是我自己挣来的。我对着妈妈说：

"妈，我牛吗？"

妈妈开心地笑了，也哭了。

江上之舟——都江堰市友爱学校

我爱比赛，我爱游泳，我也无比地想念着我的友爱学校！

周洁宇在文中没有说明每次参赛的赛事名称。我想这是因为她表达感受和情感的愿望太强烈了。对于她来说，进队、训练、比赛、获奖给她带来的幸福感高于一切机械的信息。

为了表示对她顽强精神和由此而来的成果的敬佩与尊重，我还是请求她给了我一份简单的运动生涯履历和未来的打算：

2014年，被推荐入成都市游泳队训练2个月，代表遂宁市参加四川省残疾人运动会，获得个人2铜，团体1金。

2015年，选入四川省残疾人游泳队训练一年，参加全国第九届残疾人全国运动会，获得2金2银1枚团体铜牌。比赛结束后回校继续读书。

2017年4月，广元市残联召回训练（户籍在广元），参加广元市2018年8月举办的四川省第九届残疾人运动会，获得3枚金牌。

今后的打算：想靠自己的努力开一家店，聘请残疾人做员工。因为在训练时与他们接触比较多，与他们相处都是互帮互助。我很喜欢这种感觉，便有了这种想法，也是我的奋斗目标。

（三）难忘的博爱医院，难忘的友爱学校——黄思雨

黄思雨，是我2008年在四川大学华西医院做心理辅导的第一批孩子之一。她是媒体报道的"断肢自救"的小英雄。在医院表现乐观坚强，是我们"绿丝带病房学校"（当年驻华西医院"卫生部震后心理危机干预治疗队"儿童组专家胡宪生等创建的一种儿童心理辅导的形式）的优秀学生代表。2008年6月20日，"绿丝带病房学校"开学典礼上，她还代表大家发了言，表达了她一定努力学习，做一个有价值的人的决心。

2008年7月，黄思雨离开华西医院，去北京治疗了一段时间，在中国残疾人联合会名誉主席邓朴方的亲自关怀下，由中国残疾人福利基金会资助，在北京博爱医院安装了假肢，并进行了康复治疗。在治疗过程中，邓榕和女儿羊羊也经常去医院看望和陪伴黄思雨。为此，黄思雨就和羊羊结下了深厚的

友谊。

在北京人民大会堂举行的集善嘉年华慈善晚宴上,黄思雨终于亲眼看见了邓朴方爷爷。邓朴方爷爷鼓励她要坚强、要好好学习,还和她合影留念。

那天黄思雨也在会上发了言,她说"痛苦是一天,快乐也是一天,所以我要快快乐乐地过每一天。"

中国残疾人福利基金会不仅为黄思雨免费安装假肢,还持续关心着她的治疗、训练、生活、学习等方方面面。

在邓朴方爷爷的关怀下,在中国残疾人福利基金会的帮助下,在博爱医院医生和护士精益求精的治疗和护理下,黄思雨终于站了起来,走出了北京,走回了四川,走进了友爱学校。

2009年夏天,黄思雨从北京回到四川,在映秀家乡休养了一段时间后,黄思雨就来到都江堰市友爱学校上小学六年级。

尽管上学的前一天因为患腿疼痛难忍,但面对新的学校、新的环境、新的朋友,她还是非常开心。她熟练地驾着轮椅,在学校无障碍宿舍和过道来回穿梭。黄思雨特别爱运动,见到学校的运动场和塑胶跑道更是欢喜无比,她说这是她最喜欢的跑道。

这是一所中国残疾人福利基金会倡议兴建的全国首所无障碍残健全纳式学校,学校有10%~15%的学生为因灾致残的孩子。黄思雨和妹妹黄思瑶,还有另一名健全的学生住在同一个寝室。班上主要是健全的同学,约有四五个残疾学生。学校的校风挺好,那些健全的同学都很关照他们。

开始,还觉得挺不错,过了一段时间,黄思雨便觉得自己出现了一些心理上的问题,没有以前那么自信,对未来的前途感到迷茫。这实际上是这个年龄的孩子共同的困惑,但对于黄思雨他们这些残疾孩子来讲,会更加突出,因为前一年多时间都在医院,受到的关注比较多而且直接,康复中心基本上都是残疾人,没有太多的健残对比,也没有面临更多的生活实际问题,现在回到学校,一切都发生了变化。尽管黄思雨的生活能力并没有问题,但心理上一时的不适应是在所难免的。

长期在学校进行心理援助的"无国界社工"组织也考虑到这个问题,一直在对残疾学生进行心理帮助。

"其实他们并没有直接跟我们讲他们是来治疗我们心理创伤的。他们就是跟我们做朋友,偶尔带我们出去玩,散散心,从各个角度了解我们的心理状况,然后针对我们的情况,做出方案,通过和我们做游戏、聊天解决问题,但是我们都察觉不到。"

黄思雨在过去的一年多,受到许多心理帮助,所以她特别理解"无国界社工"组织对他们帮助的意义,很快融合到这个大家庭中。

"无国界社工"是一个为处于灾难或困境的家庭及个人提供专业的情绪、精神健康支援及心灵重建服务的慈善机构。为解决这些残疾学生身体和心灵的需要,中国残疾人福利基金会及校方邀请了无国界社工在校内设立友爱集善之家,为这些学生提供服务,帮助他们解决生活和学习上的适应问题,与校内其他学生融合共处。

黄思雨说,香港"站起来"公益组织的志愿者每个星期还会来帮助他们做康复训练。她训练特别努力,不想别人说自己是瘸子。

"既然都穿上假肢了就有义务去利用好它,不可以随随便便地拖着它走,那时我就是觉得我心里有目标,所以走得还挺好。"

"有义务去好好利用它",这个女孩让我再一次感受到了她的成熟与理性。

那时候黄思雨正值身体发育期,腿长得特别快,很快假肢就不合适了,中学的几年基本上每年都要换假肢,接触腔换了十几次。腿经常被磨破,直到现在,黄思雨的伤口每年都会感染,遭受病痛的折磨。

"前几年做手术都会觉得有点小紧张,这两年就觉得:好吧,来吧。反正就那一下。"

黄思雨前两次的假肢是中国残疾人福利基金会资助的,到了友爱学校以后,就由香港"站起来"公益组织为她免费安装和治疗。

"学校的教育模式很好,我们跟健全人一同学习、生活、运动,开始他们很照顾我们,后来学校告诉他们要把我们和健全人一样看待,能自己做的尽量让我们自己做。他们的身心健康感染着我们,我们的自强不息也鼓励着他们,我们没有觉得自己是残疾人。但是当我们遇到困难时,他们还是会帮助我们,也很照顾我们的心理感受。学校的课程除了书本上的,还为我们开设了许多兴趣课堂,我们可以在那里满足自己的业余爱好,进行创造活动,

特别有趣。"

在友爱学校读书的四年里，黄思雨她参加过四川省和全国各地举办的许多公益活动和文体比赛。

2009年，黄思雨参加了由国家体育总局航管中心主办的全国建筑模型大赛，获得金牌。

2010年，黄思雨和其他来自灾区的女孩子一起，参加了由著名川剧变脸艺术家彭登怀指导的川剧绝技培训班，学习各种乐器、舞蹈、戏曲等。黄思雨对舞蹈情有独钟，对未来充满了期待，她说将来科技发达了，假肢会做得更好，那样，走路和跳舞就更自然了。

黄思雨拿过一个摄影比赛的学生组冠军，得过四川省歌咏比赛的第二名。她还应邀去上海参观了世博会。

黄思雨热爱体育运动，参加过多项轮椅比赛项目。游泳是她的强项，从北京回来后，几乎每年都要参加好几次残疾人运动会，拿过好多奖项。

说起游泳，这还得感谢在北京博爱医院治疗那段时间。为了促进血液循环、功能康复、减轻疼痛和不适感，黄思雨进行了水疗。就是在水疗过程中学会了游泳。

2010年8月26日，黄思雨参加了四川省残疾人运动会蛙泳比赛。在那次比赛中，她表示，"参加比赛不仅可以锻炼身体，还能增强我们战胜一切困难的信心，正常人能做的我也能做。"

2011年，在都江堰友爱教育基金会的组织下，黄思雨又来到了离别两年的北京，这一次是和友爱学校的其他同学一起应邀参加建党90周年的庆典活动。

7月1日，黄思雨和她的伙伴们到天安门广场参加了升旗仪式，亲眼看到五星红旗在天安门广场冉冉升起，唱着国歌，她哽咽了，眼睛潮湿了，那一刻，这个饱经了大灾和大爱的小姑娘更加真切地感受到国旗的鲜艳和国歌的庄严。

这次在北京，她还结识了一位7岁的北京小朋友罗希宇。罗希宇邀请黄思雨姐姐到家中做客，把自己用零用钱买的近100本书托姐姐带给友爱学校。黄思雨再一次感到祖国首都的温暖。

在友爱学校的日子，黄思雨过得充实而快乐。老师的耐心教导和悉心关怀，同学之间的互助友爱，志愿者的无私帮助，使她得到了迅速成长。她在

这里度过了四年美好时光，于 2013 年进入八一聚源高级中学（都江堰四中）学习。

（摘自《爬出废墟的孩子们——20 位汶川特大地震小伤员的 10 年成长》"轮椅上飞起的白天鹅"）

10 年过去了，黄思雨做到了她当年在病房里所说的。她现在已经是四川标榜职业学院一名大三学生，学习医疗美容。2018 年 12 月 26 日，我去学校看望她时，老师、同学、领导都对她赞不绝口。她的愿望朴实又美妙：

把别人变漂亮了，我也觉得好有成就啊！

（四）为感恩学护理——袁祥茹

"我叫袁祥茹，今年 21 岁，来自四川阿坝藏族羌族自治州茂县，2008年地震导致我左小腿四级肢体残疾。当时被送到浙江省宁波市二医院继续治疗。在宁波市二医院治疗时，我突发肾积水，院长叔叔要求立即在宁波市各大医院请泌尿外科专家会诊，及时做了手术，最后有效地控制住病情。治疗了一个多月的时间，病情有所好转，我被送回四川省骨科医院康复治疗，康复到了过年，我出院了。2009 年 9 月份开学，我到了都江堰市友爱学校。那是我第一次一个人在外面读书，心里面还是很害怕，离家太远了，很想家。晚上偷偷地在被子里哭。在学校里得到了老师、同学、全国各地的叔叔阿姨，以及志愿者哥哥姐姐的关心和帮助。我后来慢慢地习惯了在外面读书的生活，也可以很好地照顾自己。从小学四年级到初中毕业一共在友爱学校读了六年书，这六年我已经把学校当成我的第二个家，我很喜欢友爱学校的老师们，是她们的关心和关爱让我感到温暖。"

袁祥茹给我发来一段微信，我们就这样认识了。

袁祥茹是个开朗健谈的姑娘，我们很快就熟悉起来。她给我讲了许多，字里行间充满着积极向上、感恩奋进的力量。她现在在雅安职业技术学院上大专，学习护理专业。

初中毕业后，袁祥茹回到家乡。由于少数民族地区的优惠政策，她获得了"9+3"中专免费教育的机会，在四川护理职业学院学习护理专业。由于表

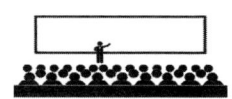

现优秀，两年以后在四川大学华西医院实习了一年。在这三年里，她十分勤奋。她认为自己比别人少读一个高中，就需要在这三年里付出更多的努力。

"那三年，我过得很充实，因为老师的谆谆教导以及自己不懈的努力，我于2018年5月通过了全国护士资格证考试，7月，我参加了单招考试，考入雅安职业技术学院，9月份拿到录取通知书来到大学继续深造。在大学里我要更好地完成学习任务，争取做到各方面都优秀。"

在学校里，由于她的努力，还获得过许多荣誉，如2014～2015学年度被评为"优秀团员"、2015～2016学年度被评为"三好学生"，2015～2016学年度在班级获得"一等奖学金"等。

在谈到未来的打算时，袁祥茹说还想到四川大学华西医院实习、规培、工作。因为在实习的一年中她看到自己与别人的差距，想去更好的医院实习。那就需要自己在学习和工作上更加努力。

"你为什么选择护理专业？"我问。

"因为在地震时有很多人帮助过我，医生护士对我的关心关爱，让我对医学专业的人很敬佩。所以，我毅然决然选择了护理专业，用自己所学的知识去帮助更多的人，看到他们病情有所好转，我就感到很欣慰。我很感谢那些帮助过我的人，我将用自己的行动去帮助那些需要帮助的人。无论未来的道路有多艰难坎坷，我都会勇敢面对。以扎实的专业知识、良好的综合素质、谦虚的工作态度对待每一个人。我相信，脚踏实地、坚持不懈地努力，终会收获成功。"

（五）"我考上了！"——王金方

王金方，"5·12"汶川特大地震时至左前臂截肢。现为四川农业大学大一学生，计算机专业。

我和王金方联系上以后，他非常爽快地答应以第一人称的方式写一篇文章，讲述他10年的成长经历和感悟。不久，他就给我发来了一篇文章。

震后10年历程

"5·12"，那是灰色的一天。也是那天以后，我的人生轨迹发生了巨大的改变。

一至四年级，我按部就班地在本地乡村小学接受小学教育。直到某天父亲收到消息：都江堰市友爱学校——一所残健融合的学校，可以收纳我们这些残疾学生免费就读。

一个农村人能免费进入城里的学校。对父母来说，那是对孩子再好不过的机会了。那年我只有10岁。也许对于一个10岁的孩子来说，离开自己熟悉的家乡，到一个陌生的环境。那是一件多么困难的事情。

然而，决定权显然是在父母手里。我终于来到了这所学校。记得当送孩子的父母亲们离开学校的时候好些孩子哭了，也包括我。当然免不了受到生活老师的安慰。感谢她们！

初到教室，由于我们身体上的障碍，老师和同学给予了我们很多的关心。然而，待到我们这些远道而来的人逐渐熟悉了环境之后，伴随的问题也来了。首当其冲的就是学习。我一度因为学习成绩不好而对老师说：我们之前的学习条件的确不能与这里相比，以至于跟不上老师的节奏。其实我自己清楚，这不过是对自己不努力的借口罢了。一个热爱学习的人，不管在哪里都能学好。

很快两年过去了，我们那一届在都江堰市友爱学校的小学生毕业了，很感激小学的老师和同学们。

初中的我，可谓是个"老油条"了。我曾一度迷上了打电脑游戏，成了我后来没有考上高中的罪魁祸首。中考成绩出来了，离普高线差几分，我便读了职高。

初中的学习环境很好，然而我没有珍惜。我现在觉悟了，我认识到，自己和别人不一样。自己身体存在缺陷，是不能胜任很多工作的。如果没有知识和技能，怎么在社会上生存？于是我决定考上一个好的大学。为了锻炼自己，克服懒惰和自卑，我申请了副班长的职务，后来班长去实习后，我还转正了。

当班长也遇到过很多困难，弄得我身心疲惫，甚至想放弃。但老师跟我交谈后我又继续坚持下来了。那时候，时间本来就不够，每天需要学习大量的知识，又要处理班委的琐事。

我英语很差，职高的英语，就初中的难度，但我进校第一次考试23分。高二后期是40多分。所以我不得不努力学好英语，不然就考不上大学。因为

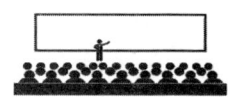

赶不上老师的进度，我的基础又很差，便在网上报了网课，这样我就白天记单词，晚上听网课，几乎每天12点以后才睡。

到了高考前最后两个月，班上大多数人单招都走了，我便释放了自己的天性，一上课就喜欢和老师接嘴。因为高考对于我们来说是很有压力的，在这紧张的气氛中，我自得其乐。

6月20多号，得知了自己的成绩，当时是晚上，我看了分数，便大喊一句："我考上了！"

超过了本科线50多分。也许我真的很幸运，全班就我一个上了本科。

我来到了四川农业大学，在这里，我将开启自己新的征程。

在焦颖副校长和李鸿英老师的引介下，我又联系上了几位都江堰市友爱学校毕业的残疾生，了解到一些信息——

赵秘，右小腿截肢 现为国家队残疾人滑雪运动员。

赵秘目前正在备战2022年冬季奥运会，没有时间详细述说她的故事，就给我了一些她的基本信息，经整理如下：

2014年，赵秘进入四川省残疾人网球队训练了两年。2015年，在河北举办的全国残疾人锦标赛上取得第四名，那也是她第一次参加比赛。2017年，参加北京全国残疾人奥林匹克运动会，取得了第四和第五名。2017年，参加北京锦标赛取得了女子双打亚军。2018年，参加四川省残疾人运动会取得女子单打亚军和混双亚军。

2017年，通过选拔，赵秘进入了中国残疾人单板滑雪队训练。

因为是南方人，赵秘开始对雪没有什么感觉，但通过一次又一次的摔倒，她克服了恐惧和陌生感，下定决心好好练，并坚信自己一定行。通过艰苦努力，终于在2017年张家口全国残疾人滑雪锦标赛中获得第三名。

目前，赵秘备战非常辛苦，也很紧张，毕竟是世界性的比赛。但她仍踌躇满志，力争取得自己理想的成绩。

赵秘希望未来能在体育这条路上走得更远，不辜负训练队领导和教练的期望，不辜负自己的努力，不辜负所有爱她和关心她的人。

回想起在都江堰市友爱学校学习的三年，她体会最深的就是爱，这个世界上有很多怀有大爱的人。学校的老师对她的照顾，就像家人一样无微不至，

教会她知识，教会她成长，让她无忧无虑地度过初中三年，真的很感谢他们。她很想念老师们，但是现在国家队训练很紧张没有时间回学校。她盼望忙完之后回去看老师，当面表达对他们的谢意。

"谢谢他们！好好地谢谢他们！报答他们对我们的爱，无微不至的付出。"

最后，赵秘做了这样的强调。那是她此时此刻内心最复杂、最柔软的情感，最简单、最有力的表达。

尚婷，在大地震中双腿截肢，左眼失明，左手食指截肢。成都中医药大学健康服务与管理专业学生。

"我2009年9月到了都江堰市友爱学校。首先，特别感谢学校的无障碍设施，让我们能够在地震后不为自己的学习担忧。在都江堰市友爱学校就读期间，老师和同学对我们无比的关心和照顾，尤其是生活上，怕我们因为地震有心理阴影，平时的照顾事无巨细。我从刚开始坐轮椅，到后来能够自如地穿假肢行走，都离不开大家的关心。并且在学校里，我们还受到了来自各方好心人的捐赠和帮助。也正因为这些，我能够顺利地考上都江堰的高中，继续完成我的学业。2017年，我参加高考，考上了成都中医药大学健康服务与管理专业。之所以选择这个专业，也是因为想要用自己所学的专业知识去帮助更多的人，我们只能用这样的方式去回报关心帮助我们的人。未来的期望便是，在自己的专业领域有所突破，实现自己想要回报社会和好心人的承诺。

刚进学校，还不习惯走路的我，选择了坐轮椅，这一坐就是两年。上了初中，意识到自己不能再这样，所以开始丢掉轮椅，学习走路。从刚开始的经常摔倒爬不起来，到后来不断练习，可以爬起来了，摔倒的次数也少了。到了高中的时候，新学校没有我熟悉的无障碍设施，我不得不去适应新的生活环境，不仅需要克服学习压力，还要适应生活中的不便，不过这一切，我都坚持下来了。

现在的我，漫步在大学校园里，觉得一切都是值得的。"

马聪，左小腿截肢，现为四川省残疾人坐式排球队暨成都市残疾人马术队队员。

和马聪在微信里沟通时，感觉到他特别忙，他正在备战2019年的天津全

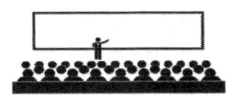

国坐式排球比赛。为了不耽误他更多的时间，我把要问的问题发给他，叫他有空时通过微信语音给我。

我给他的问题是：

1. 你怎样进入训练队的？

2. 你训练时遇到的最大的困难是什么？怎样克服的？

3. 你参加过什么比赛，得过些什么奖？

4. 这次是备战什么赛事？期望是什么？

5. 未来有什么规划？

6. 在都江堰市友爱学校最大的感受和成长是什么？

7. 将来怎样回报社会？

几天后，我在微信里听到他还有些气喘吁吁的声音，估计是在训练回来的路上。他按我的提问一一作答：

1. 当时我还在读高中，朋友介绍进的四川省残疾人坐式排球队。

2. 进坐式排球队有一段时间了，我们开始加量训练力度，教练教了很多技术动作都做得不够好，晚上队友之间一起总结一天的训练情况，来针对后面的训练。

3. 参加的赛事有全国坐式排球锦标赛，获得第四名，四川省运动会坐式排球赛获得第一名。

4. 这次集训训练备战 2019 年的天津全国坐式排球比赛，也期待能够打好每一场球赛，能取得一个好的成绩。

5. 未来还没有一个具体的安排，等这次比赛结束再做定夺。

6. 在都江堰市友爱学校度过了一段最好的时光，受到学校老师们和社会各界爱心人士的关心帮助，让我慢慢从地震的阴影走了出来。所以说我的成长经历都离不开学校，最终还是感谢学校的老师和叔叔阿姨。

7. 现在就是好好训练，拿出好的成绩来回报社会。让大家知道我自己也可以独当一面，面对生活的喜怒哀乐。请关心过我、帮助过我的亲人、朋友放心。

李小兰，右前脚掌截肢，天一学院护理专业，目前正在实习中。

简单一段话，朴实而真切，恬静中显示出一份刚强：

"刚进初中的时候，班里竞选班委，自己想去但是又觉得自己跟别人不一样，所以又不敢去，后来班主任知道了就鼓励我跟我说：没什么的，啥都

要试一下才能知道自己行不行！不要没试过就说自己不行了！后来在班主任的鼓励下，我成功地竞选上了班里的生活委员！

我现在是一名实习护士，大专生，不知道从什么时候起就想做一名医护人员，也说不清为什么，高考后填写志愿就报了护理专业。之后就想做跟护理有关的一些工作，而且一定要做好！"

她说的"不清楚为什么"，我相信，她的潜意识的冲动来源于自己的经历和感动。

李小兰谈到初中在都江堰市友爱学校的美好回忆：

两个一起经历过地震的同班同学又分到了一个班，我很开心，但是心中也有许多悲伤，曾经一起上学的小伙伴们好多都已经离开了。刚进都江堰市友爱学校时，我的性格很孤僻，不喜欢和同学们交流。老师们给了我无微不至的关怀，跟我谈心，陪我聊天。同学们也热情地帮助我，有时候，脚上的残端被鞋子或袜子磨得起了泡或是破了皮，总有小伙伴帮我打饭或是陪我上厕所、帮助我就寝……

慢慢地，我打开了心扉，和同学们一起打闹嬉笑！

我收到李小兰的微信时，正好是感恩节，她除了感谢父母、学校、社会上的爱心人士，还特别提到了一位初中同学：

"我的同桌（初中有一大半的时间都是和他同桌），一个很阳光的男生，他的成绩比我好，所以经常成为我'折磨'的对象。不懂的文言文、数学题、英语……只要是我不知道的，都会问他。同时他还肩负着当我的'苦力'，在我脚痛的时候如果需要到多媒体教室去上课，拿我的书本、笔之类的东西就由他帮我拿了。打扫卫生时，我不能完成的任务也就是由我这位能干的同桌帮忙的。在今天这个特别的日子里，我要表示对他的特别感谢！"

八、理事长的怀念

就在本书快要脱稿时，都江堰友爱教育基金会现任理事长王荣峰给我发来一段文字，表示对已故的友爱教育基金会第一任理事长江上舟的深切怀念——

与江上舟相识，是在上海市委全会的一次会议上。小组讨论时，有一位领导激情地呼吁：

"中国一定要上大飞机，要争取大飞机项目落地上海。"

会间休息时，我们互相自我介绍后，他又娓娓谈起中芯国际公司的成立，谈起芯片的发展。他就是江上舟，被誉为战略家的学者型领导。

没过几年，我退休了，好朋友季军找到我，说起江上舟创办的"都江堰友爱教育基金会"，是为资助在汶川特大地震中受伤致残的孩子们顺利完成九年制义务教育而设立的，希望我们一起来做这个好事，完成江上舟开创的事业。我高兴地答应了下来，开始参加基金会的活动，担任了都江堰友爱教育基金会第二届副理事长和第三届理事长。

"5·12"汶川特大地震发生时，牵动了全国亿万人民的心，从中央到地方，伸出双手，全力以赴，援建灾区。

作为上海市在海外的综合性企业，上海实业集团有限公司及其企业员工（包括香港员工）出于血浓于水的感情，从一开始就积极地参与赈灾活动，成吨的药品、物资源源不断地输入灾区，上千万捐款通过上海市慈善基金会等机构支持灾区重建工作，为救助灾民重建家园表达了我们的浓浓心意。

当时，江上舟是残疾人基金会的理事长，地震致残的孩子们怎样才能正常地接受教育是他日思夜想的急迫的课题。在他的策划下成立了都江堰友爱教育基金会。在他的推动下，在成都市市长葛红林的支持下，由上海市人民政府与上海爱心企业（包括在沪部分台湾、香港地区的企业）共同援建的都江堰市友爱学校在一片废墟上建立了起来，这是一所残健融合的全纳式的新型学校。友爱教育基金会伴随着都江堰市友爱学校的建立和成长，一起走过10年的历程。10年来，基金会坚持捐助残疾孩子学习，共帮助近200位学生顺利完成九年制义务教育，同时资助奖学金，支持了学校的教学工作。

值得欣慰的是友爱学校因震致残的孩子们自强自立，克服学习生活中的重重困难，回归社会，成为生活的强者，他们有的在大学学习会计专业，有的学习护理康复，有的成为省级甚至国家队的残疾人运动员……

都江堰市友爱学校基金会成立10年了，我们更加怀念江上舟，不仅仅因为他是基金会的创始人，他留给我们的慈善助残的事业在新时期更应该得到

发扬光大。

都江堰市友爱学校基金会理事长　王荣峰

10年，在时间的长河里，短得无法捕捉。但这10年，很深刻。10年前的那一道伤痕，如今还在隐隐作痛。但这些痛苦和磨难，如今已升华为厚重的情感和明媚的希望。

岁月是江，生命如舟。

如今，这艘生命之舟载着历史，载着希望，正在江上扬帆远航。

附1　都江堰市友爱学校简介

都江堰市友爱学校是全国第一所设施无障碍，倡导残健全纳教育的九年一贯制学校，建校历史源于1929年。2008年"5·12"汶川特大地震灾后异地重建，2009年9月1日正式投入使用，中国残疾人联合会主席张海迪题写了校名。

学校占地面积81.5亩，建筑面积20 994.75平方米。教学区、运动区、功能区、生活区划分明确，同时拥有室内外体育馆、课程管理中心、图书馆、心理咨询室、艺术楼、"友爱之家"校史陈列室等特色区域。学生公寓可容纳500多人住宿需求。学校的建设风格是以川西民居为特色的四合院套型。无障碍通道四通八达。招收四川省范围的肢残适龄儿童。倡导生命的平等、尊重与共享。

学校现有教职员工120人，教学班40个，学生1 700余人，其中随班就读的残疾学生30人。目前学校教学规模分为三个部分：小学部32个班，初中部11个班，下设友爱幼儿园8个班。

学校先后取得"全国国际跳棋特色学校""全国1+1心联行动优秀学校""全国优秀百家校园电视台""四川省文明校园""成都市新优质学校""成都市教育科研先进单位""成都市信息科技示范校""成都市阳光体育示范校"等多项荣誉。

这是一所充满温暖的学校。她润泽生命，给生命以温情的陪伴；她以爱的教育方式，扶持孩子，呵护孩子。她以"友善关爱、自强不息、不断超越"

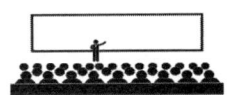

为办学理念，以"传递友爱，快乐生活"为校训，实施"以科学发展为目标，以心观念为先导，以质量管理求生存，以优质服务促提升"的办学策略，来践行友爱学校的教育追求——"让每一个孩子都拥有五彩的世界"。

附2　都江堰友爱教育基金会简介

都江堰友爱教育基金会于2009年8月27日，经四川省民政厅审核并批准成立的非公募慈善基金会。基金会发起人江上舟，曾担任中国残疾人福利基金会理事长、上海市政协常委、上海市人民政府副秘书长兼市外资委副主任。基金会以资助普通教育为主，重点帮助四川汶川特大地震中因灾致残儿童，优先促进都江堰市友爱学校的建设和发展，资助残疾学生、贫困学生，奖励优秀老师和优秀学生。

都江堰市友爱教育基金会由上海证大集团、台湾震旦集团、无锡灵山实业有限公司、上海永大电梯设备有限公司、上海陆家嘴（集团）有限公司等单位发起和出资筹备。基金会理事由筹建各方、中国残疾人福利基金会、成都市残联、上海市爱心企业和爱心人士、都江堰市教育局及都江堰市友爱学校等20余人组成。

第一届理事长由中国残疾人福利基金会原理事长江上舟担任。2012年5月31日，第二届理事会理事长由中国肢残人协会主席徐凤建担任。2015年9月11日，第三届理事会理事长由原上海实业集团原党委书记王荣峰担任。第一届至第三届理事会秘书长由中国残疾人福利基金会特邀理事、南通理治教育发展基金会理事长季军担任。自第二届理事会起，名誉理事长由教育部原副部长吴启迪和第13届全国政协常委、中铝集团党委书记、董事长葛红林担任。

根据基金会章程，基金会为每位在都江堰市友爱学校就读的残疾学生每年提供5 000元人民币的补贴，同时设立"友爱教育奖学金"，以奖励在校的残疾和健全优秀学生；为全体教职员工设立"友爱教育奖教金"，以此鼓励师德高、能力强、成绩显著的优秀教师。

（以上由都江堰市友爱学校提供。）

4. 筑梦架桥的五彩人

——"五彩基金"

一、听说"五彩基金"

我原来并不知道"五彩基金"这样一个组织。是后来在寇娟等地震伤残孩子出院后，到德阳东汽八一中学读书，我去看他们，才知道他们受"五彩基金"的帮助，正在学校学美术，准备考美术方面的大学。

2008年，我们在华西医院地震伤员医疗康复中心做儿童地震伤员心理辅导时，唐仪君、寇娟、李丹等孩子是我们"绿丝带病房学校"高中班的学生。8月份，有几次在安排辅导课时，跟他们上美术课的时间发生了冲突。他们说周春芽老师的团队要给他们上绘画课。这对于孩子们来说当然是好事。而且我深知学画画对这些小地震伤员来说是一个很好的心理康复方式。于是，我们在排课时，也就避开他们上美术课的时间。

当时，我们在华西医院辅导的小地震伤员有两批在学美术。小学生是由香港的光爱中心给他们上课，中学生就是周春芽的团队在教画画。小学组的课因为要做一些团体心理辅导的游戏，我们参与得比较多。中学生的课就是由老师们单独给他们上，我们一般都不参与。文化课的老师是我们招募的志愿者，周春芽老师的团队我们基本上没有接触过。

由于一直关注这批孩子，知道了"五彩基金"是著名画家周春芽创立的。在网上和其他途径知道了一些关于"五彩基金"和孩子们的故事。

然而，真正熟悉"五彩基金"为地震伤员所做的事，是在2017年的

回访当中。

2017年，我们在回访2008年在华西医院辅导过的小地震伤员的过程中，反复听到"五彩基金"和"周春芽"这两个名字。几乎在采访每个学习过美术和从事美术工作的孩子时，他们都会由衷地表达对"五彩基金"的感谢。唐仪君、李丹、魏玲、寇娟、向孝廉、刘芳、陈永宁、景超、廖瑶瑶、卿静文，无一例外。从他们口中，我听到一系列老师的名字：周春芽、张骏、李倩茹、赵文静、耿波、冯德奎、李菲、赵欢、熊文韵、何琳琳、刘成志、刘丹放、邓冬梅、师芍、薛博文，等等。

带着对"五彩基金"及其老师们的崇敬，也希望更多地了解"五彩基金"和地震小地震伤员们的故事，我于2017年11月16日来到位于成都近郊三圣乡蓝顶艺术区的"五彩基金"办公地，和张骏秘书长聊起了"五彩基金"的创立、使命、目标和10年的过往。

二、在灾后重建中诞生

2008年6月，著名画家周春芽以志愿者的身份到华西医院看望地震受伤的学生，在那里遇见了原绵竹东汽中学的学生李丹，并赠送了一些画册、颜料和笔，希望她能够学画画。就这样，李丹成为周春芽发起的"艺术助残计划"的第一个学生。

之后，周春芽在李丹的引介下陆续联系到了唐仪君、寇娟、魏玲等伤残孩子。这几个孩子伤势很重，都是双下肢高位截肢，当时还住在ICU病房接受治疗，同时也在忍受着巨大的肉体和心灵的痛苦折磨。见到这样的情景，周春芽深深意识到，此时，学习绘画技能并不是最重要的，重要的是通过教他们学习绘画，帮助他们建立信心，丰富他们的心灵世界，给他们一种精神上的支撑，陪伴他们渡过难关。

周春芽想，自己不是大富翁，不能提供太多的金钱上的资助，但利用自己的专业特长和业界的影响能力，召唤更多的艺术家帮助孩子们，从心理上给孩子们抚慰。这是他们力所能及的，也是另一种形式的资助。

基于这样的初衷，周春芽和他的同行们，制订了"艺术助残计划"，在孩子们住院期间，一直陪伴在他们的身边，教他们绘画，陪他们说话。他们

的教学和陪伴给了孩子们很大的精神慰藉，使他们在那段极为痛苦和烦躁的日子里，舒缓了许多，宁静了许多。

2008年年底，孩子们陆续出院回到了各自的学校。整个地震灾区也进入了重建的阶段。修建学校是重建项目中最早完成的。2009年下半年，新建的学校都开学了，孩子们有了一个稳定的学习环境。

对于残疾学生，另一个"重建"的重要内容就是尽快从灾难的阴影中摆脱出来，恢复学习状态，根据自己的情况规划未来。

周春芽决定把他们的"艺术助残计划"和这批学生的职业生涯规划结合在一起，帮助有愿望、有兴趣、有天赋的学生考取艺术方面的大学，找到相关的职业。同时，他们还想到，地震伤残孩子毕竟数量有限，帮扶的时间也是阶段性的。他们希望，从帮扶地震伤残孩子开始，扩展到对更多残疾人员的帮助，形成一个广泛持久的"助残计划"。

于是，2009年，"5·12"汶川特大地震发生一周年之际，成都市残疾人福利基金会·五彩基金成立了。这个基金会基于灾后重建而诞生，按秘书长张骏的说法，这也是他们的一个灾后重建项目。

"五彩基金"是由艺术家周春芽先生捐资及发起的，旨在集合艺术及社会资源，合理募集社会慈善资本的公募公益基金。"五彩基金"隶属于成都市残疾人福利基金会。基金长期致力于慈善公益事业，除由周春芽先生提供基本捐助资金外，通过合理募集社会捐助，长期为残疾人士提供教学、展览以及艺术交流的平台。以艺术抚慰心灵，激发残疾人士的创作精神，帮助其掌握生存技能，追求人生价值为目的。

目前，长期受"五彩基金"资助的省内外残疾青少年已达200余人。残疾学生在"五彩基金"助残计划中学习优异者考入国内外各类型艺术院校，进行高等教育专业学习，"五彩基金"在学习期间将以奖学金形式提供全额学费和辅助生活等相关费用。目前，经"五彩基金"资助的学生已有18位考入大学。

在努力扩大教学规模的同时，"五彩基金"通过组织慈善活动，一方面为基金合理募集社会资本，邀约社会各界爱心人士加入"五彩基金"的帮扶行动，扩大"五彩基金"的社会效应。此外，"五彩基金"还通过定期为受

助学生在国内外举办大型的高规格艺术展览等形式，帮助他们树立生活的信心，同时，"五彩基金"也将为世界各地的优秀残疾艺术家举办展览等各类型艺术活动，帮助他们搭建专业学术平台。

（"五彩基金"提供资料）

三、"艺术助残计划"锁定未成年人

一开始，周春芽老师他们并没有确定具体的帮扶对象，只是想给那些深受心灵和肉体折磨的人带去安慰，给予支持。所以，他们最初也考虑过成人。但是后来发现，成人没有美术基础，学习画画是有困难的，而且他们学习的目标不明确，也没有强烈的愿望，兴趣也不大，并且文化水平、年龄层次、家庭状况参差不齐，操作起来很困难。

同时，艺术教育有它的特殊性，需要较早开始。要想把这项扶助项目持续而有效地开展下去，达到"艺术抚慰心灵，激发残疾人士的创作精神，帮助其掌握生存技能，追求人生价值，成功回归社会"的目的，他们经过思考，决定把帮扶的对象锁定在未成年人。

因地震受伤的未成年人可分为两部分，一部分是小学生，一部分是中学生。对于小学生主要目的是发现他们的特长，发掘他们的潜能，让他们的艺术天赋得到保护并发展。同时，对于小孩子来讲，绘画也可以作为一种游戏，一种陶冶性情、丰富才艺的活动形式。而对于中学生，尤其是高中生来讲，就是尽快为未来确定一个人生发展方向，选择一个适合自己的职业。

事实上，因为残疾学生受到的创伤很大，耽误的学习时间也比较长，当时大部分学生因伤已有一年多没有正规上学。出院后学习能力的恢复需要一个较为漫长的过程，短期内要把文化课突击上去，达到上普通大学的能力，非常困难。而他们迫切希望考上大学解决就业、自食其力的实际问题。

鉴于上述情况，"五彩基金"兵分两路，一部分对小学生进行绘画教育，一部分对中学生进行艺术考试辅导。当年他们在医院陪伴的孩子在都江堰市友爱学校和德阳东汽八一中学相对集中，于是，他们在一直关注友爱学校和德阳东汽八一中学成立了"五彩基金"教学基地。老师们每周轮流到学校上课。还有一些散在各地的学生，他们则不辞辛劳地到各个孩子所在的家里或

医院进行教学。当时分散的孩子很多,比如魏玲一直住在医院,先在华西医院,后转到四川八一康复中心,2011 年出院回到老家绵竹;陈永宁在什邡蓥华镇的山里;向孝廉在郫县二中;刘芳在南部家乡;卿静文在绵竹家里,还有一部分在各地的康复中心……

2009 年,东汽八一中学震后第一批毕业生参加高考。当时"五彩基金"资助的邓宇考上了艺术类院校。2010 年高考季,东汽八一中学的第一批应届毕业"五彩基金"艺术生唐仪君、李丹、寇娟、景超、宋林林等九名学生全部顺利考上大学美术设计专业。这对于后面的学弟学妹们是一个极大的鼓舞。接下来的几年,卿静文、廖瑶瑶、向孝廉、刘芳等都考上了美术相关专业。如今他们都有了稳定的职业,不仅能够自食其力,还成为所在单位的优秀员工。到 2018 年为止,"五彩基金"帮助的"5·12"特大地震的伤残学生一共有 18 位考上了大学。目前,还有个别在读职高,也准备以后考大学美术相关专业。像魏玲那样因伤势严重在医院住院较久、错过了高考的学生,如今所从事的职业也与美术密切相关。

这些孩子的成长成才,不仅对个人意义重大,对家庭甚至家族的影响也是极大的。想到 10 年前决定艺术助残计划锁定未成年人,张骏秘书长说:这真是一个明智的决定。

四、"量力而行就是最负责任。"

"最初你们计划要帮助多少地震致残的孩子?"我问张骏秘书长。

"说起来这是个非常朴素的想法。周春芽老师发起'五彩基金'实际上很突然的。当时也没有想得太多,只是想要尽自己的能力完成一个心愿。能帮助多少孩子?要花多少钱?用什么方式持续地做下去?每学期该招收多少学生?这些都没有一个完整计划。最初就是到医院看望受伤的孩子,了解他们的学习需求,教他们学习画画。他们出院复学以后,就主要是东汽八一中学的十多个学生和都江堰市友爱学校的一群学生。"

"开始你们知不知道怎样去持续有效地做公益?"

"完全不知道。特别是涉及筹集资金的问题,没有任何经验。只是凭着一股热情。一开始周春芽自己拿出 100 万元作为启动资金,我们五六个人就

成立一个公益基金。当时就是大家自己筹集一些钱，属于私募性质。可是，只是少数几个人有这个意愿，这个事情也不能持续发展啊。后来我们找到成都市残联，得到他们的支持。我们就挂靠到成都市残疾人福利基金会，成为一个正规的公募基金，才在筹资方面得到了更有力的支持。后来慢慢摸索出来一些经验，逐渐走向规范。"

"'规范'的含义，一方面体现在募集资金的途径方面，还包括资金使用过程中的合理分配，严格管理和监督？"我问。

"对。资金的去向等等一系列问题都需要严格的监督机制。这在全世界都是必须有的。否则就没有一个有效的机制来保护受助人的权益。另外，资金是募集而来的，不是国家固定拨款。我们无法预料一年或者某一段时间能募集到多少钱。也无法预料在某一时期有多少适龄残疾人需要我们帮助。所以，资金的计划和合理分配使用特别重要。"

"资金的计划和合理分配使用，具体体现在哪些方面？"

"我们最基本的原则就是总体把握，量力而行。当时有许多媒体问我们'你们今年准备招多少学生？明年准备招多少学生？五年以后招多少学生？'我们当然不可能有个明确的招生计划，我们毕竟不是学校，只是一个公益机构，是应势而为的助残项目。"

"你说量力而行，怎么量？多大的力？"

"从总体把握来讲，第一个就是考虑是否有这么多资金来做这个事？怎样募集资金满足需求？举个例子，汶川特大地震以后，又出现了玉树地震，又产生了许多伤残人员。我们曾经一年最高的有230多个学生在全国各地，现在可能还有160人左右。这个过程中我们就做了几次募捐、拍卖、义卖等公益慈善活动。也募集到了一定的资金，从资金量的情况来看，一年可以资助好几百人，可以持续 5～10 年。至于量力而行，我们考虑的是，我们的帮助一定要有效而优质。有多少能力做多少事。如果超过了我们的能力，我们就不做，这样才是负责的做法。其实，我们开始也想能够帮到更多的人，甚至希望那些残疾孩子都能够通过学习艺术获得更好的人生状态。但是后来发现，力不从心，反而做不好。于是，就放下了许多。这也是不断摸索和思考的结果。而且我们也相信，除了我们，还有许多公益组织和爱心人士会去承担这些社会责任。"

"是的，我们都有一颗很大的公益心，但是我们一个人和一个机构的能力是有限的，即使我们倾尽全力，能够有效地帮助到的人比起社会的需要来讲也是杯水车薪。所以，尽心尽力，齐心协力，共同发力，也是我们所有做公益的人应该考虑的问题。"我说。

"是的。而且扶困助残的方式也有许多。都有可能达到让他们经济独立，精神强健的目的。条条道路通罗马。"

"你们的师资力量怎么解决？"

"这的确是一个问题。我们基金会的成员是一群艺术家，大家平时的工作关系很松散。需要教师时，要在同行中招募。需求量太大，上课的地点太分散，就很困难。在汶川特大地震发生后的那一两年，我们的老师到各地给孩子们上课，非常辛苦，人力也有限。后来我们就相对集中在一些地方，比如在四川，我们就集中在都江堰友爱学校和德阳东汽八一中学。"

"青海玉树的老师也是你们派去的吗？"

"最初，我们有一些老师去。后来发现太困难了，我们就在当地招募。包括四川的汶川，我们也在当地招募了一些教师。他们接受我们的培训后去给孩子们上课。这个过程中，我们还要不定期地对他们进行指导。"

"现在师资力量能够满足需要吗？"

"这也需要量力而行。不过，还是有许多年轻人热心做公益事业。现在我们集中了大批的青年艺术家，他们活跃在我们的艺术助残项目中。"

"你们有固定的老师吗？"

"一开始我们没有专业的老师，都是号召一下，请艺术家们帮个忙。到后来才慢慢固定下来有一些老师长期做这个工作，现在已经快 10 年了。我们现在有 16 个老师是固定的。"

"你们的学生大致一年能有多少？"

"目前比较稳定的数目大概在 160 ~ 200 人之间。"

"有了固定的人群，有固定的教学计划吗。"

"有。"

"你们的学生有小学的，有中学的，会对不同的年龄层次有不同的教学计划吗？"

"一开始我们还是想对各个年龄阶段的孩子进行系统专业的教学。后来

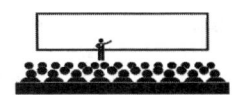

因为两个原因没能进行分年龄阶段教学。一是小学生的发展方向没有固定，学校有很多文化课需要学习，不可能有太多的时间学习美术。另外，已经明确考美术专业的中学生基本上都是绘画零基础，必须花很大的精力辅导他们。所以，我们最后还是决定把重点放在帮助他们考上艺术学院。我们的教学计划也是针对他们考学制定的。"

"你们的学员每年有新增吗？"

"有新增，也有离开，是流动的。一般大学毕业了就不是我们的学员了。也有一些因为个人的原因中断了学习的，我们完全尊重他们自己的选择。我们不贪多，但要对我们帮助的每个人负责。"

"您觉得做这样一份公益事业，怎样才是最负责任的做法？"

"量力而行就是最负责任。"

五、不只是"5·12"

"到现在为止，你们资助了多少地震伤残的孩子？"

"你是指'5·12'地震还是所有的地震伤残孩子？"

张骏秘书长这么一问，我才突然意识到我的提问有问题。因为玉树地震和雅安芦山地震时我都在外地出差，没有参加援助。加之10年来一直在关注"5·12"汶川特大地震的孩子，所以一说到地震，我脑子里几乎只有"5·12"。

"我主要是想了解汶川大地震的情况，当然，我也想了解你们帮助的所有孩子的情况。"

"我们帮助的'5·12'地震伤残的孩子大约有40来个，玉树的有60个，芦山没有。因为芦山地震伤员很少。还有一些其他原因导致的残疾的。其实现在主要还不是因地震伤残的伤员。地震伤员大都大学毕业，自食其力了。但是艺术助残计划我们还是要一直持续下去。"

"在汶川、北川、玉树等这样一些少数民族地区，你们有没有考虑把他们本土的一些文化元素结合在你们的教学中？"

"有的。比如在玉树教学基地，会请唐卡师授课。"

"他们学习唐卡，是完全按照传统的画法，还是有现代的元素融于其

中？"

"以传承传统技艺为主，既要保留现代绘画民族特色，也会融进现代绘画的一些东西，包括绘画技法和教学方法。我们的主要目的是要他们学习一门在当地可以以此为生的手艺。"

"那他们中学毕业后也都考外面的大学吗？"

"不，主要还是读他们当地的学校。毕业后就在本地就业。"

"玉树地理条件比四川差一些，人们居住得更加分散。是不是教学困难会更大？"

"玉树的学生比较集中，他们从小学到中学始终是同一群人。"

"除了外伤致残，还有一些特殊的疾病，比如脑瘫、小儿麻痹、唐氏综合征、自闭症、聋哑人等等。你们的学员中都有吗？"

"都有。而且随着地震时间的远去，疾病致残的孩子还成了我们帮扶的主要对象。"

"外伤和疾病致残的孩子在学习能力或天赋上有什么不同？"

"一般说来，肢体损伤和正常的孩子没有太大的区别。只是生活上困难多一些。"

"你们在教学上有没有区别？"

"没有本质的区别，主要是耐心引导和陪伴。"

"这个对于老师们挑战性更大？"

"是的。但正因为孩子们的情况多样，对我们积累艺术助残教育经验和教师队伍的成长也都非常有利。"

"在'五彩基金'近10年的运作过程中，遇到的最大困难是什么？怎么克服的？"

"最大的困难还是募集资金。刚成立基金时，成都市残联提出为我们在成都市的每个公交站和超市等场所设立募捐箱，但我们拒绝了。"

"为什么？这不也是一种很好的众筹吗？"

"因为我们基金联络的艺术家很多，又是做艺术教育的。我们希望筹集资金的方式和艺术相关性更大些。这不仅能够促进艺术的创作和交流，吸引更多的艺术家来关心艺术助残事业，对于学生来讲，也让他们看到艺术的价值。"

"你们通过艺术义卖的方式筹资，效果好吗？"

"'五彩基金'刚成立那几年艺术品市场很火，当代艺术家的绘画作品都是天价，所以，我们主要还是以艺术拍卖的形式筹集资金。当时大家的热情也很高。比如我们当时募集的艺术家捐的作品，通过香港正规的拍卖公司在香格里拉等酒店进行拍卖公募，邀请台湾、澳门、香港和内地的收藏家来参与拍卖。拍卖的资金全部捐给'五彩基金'，那个时候的募捐状况相对比较好，在资金方面还没有遇到过大的困难。但近几年艺术品市场在走下坡路，在募集资金方面遇到了瓶颈。"

"怎么解决，突破瓶颈？"

"还是尽量动员，寻找途径。"

"你们还要和政府、民众打交道，这当中有遇到什么困难吗？"

"这个没有大的困难。我们要到一个地方开展项目，先和当地的政府和相关群众沟通，要他们了解和理解，觉得是好事，欢迎我们，我们就去做。"

"您对'五彩基金'的未来有什么样的愿景？"

"只要社会需要，我们就会一直做下去，把它做好。至于规模还是量力而行吧。"

"助残路上任重而道远，但你们却越来越有信心？"

"是的，信心满满，坚定不移地往前走。"张骏秘书长愉快地说。

六、普通学校里的无障碍设施

"你们辅导的中学生高考升学率有多高？"

"百分之百。"张骏秘书长自豪地说。

"百分之百？是对残疾人有优惠吗？"

"没有。无论文化课还是专业课都没有优惠。我们也希望对他们有优惠。为这个事，我们专门与教育主管部门交涉过，还专门找残联开证明都没有用。"

"原因是什么，是因为艺术的特殊性吗？"

"不是。政策就是这样。参加高考的残疾人和健全人要求一样。这些孩子完全靠自己的能力考上了大学。"

"真不简单。他们既要从头学习一门陌生的学科，还要克服身体不便的困难，有些孩子甚至还在受着伤口感染、褥疮等病痛的折磨，最后还考上了大学。当然，这也得益于你们的辛勤付出。"

我由衷地赞叹着。因为我了解这些孩子所承受的常人难以想象的困苦。而且他们一边学习，一边还要治疗和康复，耽误的学习时间也很多。要在短期内把这批孩子从美术零基础培养成一名大学的艺术生，实在有许多困难。

在我认识的"五彩基金"的学员中，大部分都考的是四川华新现代职业学院艺术系。四川华新现代职业学院艺术系是由该学院全权委托四川音乐学院成都美术学院教师集团负责主持与运作的。由四川音乐学院成都美术学院名誉院长、华新现代职业学院艺术教育特别顾问马一平教授直接领导，由美院系以上领导主持具体工作，各专业学术带头人分别由四川音乐学院成都美术学院相关系的系主任黄明元、韩忠，周靖明、赵建国、林泰碧、冯晓云等担任。黄明元为艺术系系主任，冯晓云为艺术系副系主任，韩忠为艺术系副系主任，李娅琴为艺术系党支部书记。学生素质和教学水平都比较高。

该学院艺术系是由多个艺术专业方向组成的系。开设有：环境艺术设计（风景园林）、环境艺术设计（室内设计）、环境艺术设计（室内装潢）、广告设计与制作、广告设计与制作（影视广告设计与策划）等五个专业。"五彩基金"的学员基本上学的都是室内设计和广告设计。

"这么多学生考到四川华新现代职业学院，是巧合还是因为你们的建议？"我问张骏秘书长。

"我们希望他们能够集中在一起，便于专业上继续指导和生活上的管理，包括残疾人生活设施的修建。我们和四川华新现代职业学院的院领导及艺术系的领导商议，把上了学校分数线这批学生全部招收了。而且学院专门成立了'五彩基金'学生工作室。就这样，以后我们的学生只要符合他们的招生条件，就都在这里上学。"

"在他们上大学的这个过程中，你们遇到过什么困难？"

"学生宿舍的改造。"

四川华新现代职业学院是一所普通专科学校，没有残疾人无障碍设施。突然去了一批残疾孩子，这些孩子大部分都是下肢截肢，像唐仪君、寇娟等还是双下肢截肢，必须坐轮椅。如果没有无障碍设施，他们的生活是非常困

难的。

为了保证这批残疾学生生活方便，学习安心，也考虑到以后还有残疾学生到学校学习，"五彩基金"出资在四川华新现代职业学院修建了无障碍设施。

要把普通学生宿舍改造成残疾人无障碍宿舍，比修新的残疾人宿舍还困难。但困难再大，也必须去做。

首先，是改造宿舍门。除了改造门的大小，还有卫生间的坐式马桶、扶手等设施，宿舍内外的无障碍通道等等。

经过一段时间的紧张施工，在新生入学前，一个在四川华新现代职业学院这座普通学校里的残疾人无障碍生活区终于建成。

2010年秋天，"5·12"汶川特大地震后，又一批"五彩基金"学员走进了大学，走进了四川华新现代职业学院，走进了艺术系。这是"5·12"汶川大地震以后"五彩基金"学员中最集中的一批考上大学。一共有9人。

"我知道你们帮扶的学员还有少数在别的学校读书，你们也为他们修无障碍设施吗？"

"也修。比如文文在四川大学艺术学院读书。她下肢截肢需坐轮椅，我们也专门为她改造了宿舍。"

七、资助，陪伴，引领

"这些孩子上大学以后，你们又怎样对他们进行帮扶？"

"首先是经济上的援助。包括三个方面：一是学杂费，你知道艺术学院的学费是很贵的。四川华新现代职业学院每个学生每年的学杂费当时在1.2万元左右，全部由我们承担。二是画画用的材料，包括纸笔、颜料、画布、画架等。三是生活补助。我们每个月给生活困难的学生发一定的生活补贴。"

"到现在，'五彩基金'帮扶的绝大部分'5·12'特大地震的伤残孩子已大学毕业就业了。也就是说，你们基本上结束了对他们的艺术助残项目。你们总的在他们身上投入了多少资金？"

"400万元左右。包括上大学前的教学和资助费用、改造设施的费用、上大学的费用、举办展览的费用等等。"

"除了你们，四川华新现代职业学院对学生们有什么支持？"

"首先，他们能够接纳这么大一批残疾学生，这就是最大的支持。这些特殊的孩子进去，会给他们的管理带来很大的困难。但是他们无怨无悔，始终是热情支持和帮助。开学的时候，学院还专门为我们的学生组织了一个开学典礼。学院也请了很多媒体做报道，也是对'五彩基金'的公益事业的宣传和支持。另外，他们为我们和学生专门建立了工作室，这给我们继续指导学生也是一种莫大的支持。"

"你们的工作室主要用来做什么？"

"其实是学院为学生提供的画室。他们毕竟身体残疾，有许多的不方便，学院专门在有电梯的楼层辟出一间小教室来。他们下课后一般都会集中到这里来画油画。"

"你们要参与他们大学的教学吗？"

"不直接参与他们系统的教学。他们完全是按大学的教学大纲和计划进行学习的。每周我们派老师去给他们上一些辅导课。"

"辅导课是辅导学校里教的功课吗？"

"不是。他们在学校学的是设计专业。我们主要是教他们画画，进行艺术创作，提高艺术修养。最重要的是和他们保持一种联系，如果遇到困难了，心里有些困惑了，我们也可以随时发现并给予帮助。"

"实际上就是一种引领和陪伴？"

"对的。在艺术上和人生的道路上，我们给予引领，在心灵和生活上我们陪伴他们。"张骏秘书长停顿了一下，"跟他们接触时间长了，挺有感情的，就像亲人一样。"

"的确如此，从我跟孩子们的交谈中，发现他们完全把'五彩基金'当成了一个家，他们就是这个大家庭的成员。当我想到唐仪君、李丹、寇娟他们，除了知道他们是同学以外，就觉得是兄弟姐妹。"

"是的，这是一种非常强大的精神力量。"张骏说。

"这些孩子有了今天的状态，感谢有你们。"我发自内心地对张骏秘书长说。

"其实都一样，10年来你们也在一直关心他们，还有社会上许多人都在不间断地支持他们。"

张骏秘书长说得没错，这些孩子遇到灾难是不幸的，但他们又是幸运的，

因为他们身处这个充满大爱的社会。10 年来，各种力量以各种不同的形式在支持他们。

资助，是物质的援助，搀扶着他们跨过了一道道坎儿。

陪伴，是情感的支持，温暖着他们熬过了一段寒彻肌肤的日子。

引领，是未来的召唤，激励着他们实现了一个个人生的目标。

八、艺术园地，爱的桥梁

像其他许多公益助残机构一样，"五彩基金"在帮助伤残孩子的同时，不忘教育他们要传递大爱，力所能及地帮助别人。

"培养他们成才，同时让他们保持一颗仁爱善良之心，承担一份社会责任，回报社会，这也是我们的责任。"

"没错。他们以什么样的形式回报？"

"就用他们的专业，他们的作品。他们还是'五彩基金'的学员的时候，我们就邀请他们参加多次展览。这当中有群展，也有个展，比如魏玲、廖瑶瑶，我们都为他们举办过个展。办展览的费用我们承担。我们也达成了这样的协议：他们的作品著作权属于作者本人，但所有权是属于'五彩基金'的。如果他们的作品有人买，'五彩基金'给作者一些奖励，其余的钱留在'五彩基金'继续帮助别人。本来，我们办展览也是公益活动，那些收藏作品的人也都是冲着公益来的。这样，我们的学员在学习期间就一边受到帮助，一边帮助别人。而且，用自己的创作成果去帮助别人，他们也感到非常欣悦。"

"实际上，展览会既是他们习作的园地，也是一座爱的桥梁？"

"对。"张骏秘书长十分赞同我的说法。

"那些孩子结束了'五彩基金'的学习后，在你们举办的展览中的作品收入会留在基金吗？"

"不会。离开'五彩基金'以后，他们的作品著作权和所有权都属于他们自己所有。作品所得收入也都归他们自己。如果他们自愿将部分或全部收入捐出，'五彩基金'也是欢迎的。但不作要求。这些年，他们也做了一些捐赠。"

"这也是体现了一种精神慈善。是助人自助的另一种解释：在帮助别人

的时候帮助了自己，使自己的精神世界得到升华。"

"是的。这种精神的慈善我们会一直延续下去。而且会越来越完善。"

"让'五彩基金'这个艺术园地鲜花盛开，让这座爱的桥梁通达四海。"

作为一个艺术园地，"五彩基金"自2009年创立到2018年5月，为帮扶对象举办了17次展览，现列如下：

2009 年

5月7日　明天——"5·12"周年特别展　成都蓝顶美术馆

9月17日　群落！群落！第五届宋庄艺术节　北京宋庄

2010 年

11月5日　凤凰城姐妹城市残疾人艺术家国际艺术竞赛　美国凤凰城

2011 年

6月9日　心·语"五彩基金"二周年　北京今日美术馆

11月4日　心·路"五彩基金"艺术展　深圳美术馆

12月8日　心·愿"五彩基金"艺术展　成都香格里拉大酒店

2013 年

5月25日　丈爱——"五彩基金"2013大学毕业生精品展　成都蓝顶美术馆

2014 年

5月25日　一起——2014"五彩基金"教师作品展　成都蓝顶美术馆

9月19日　可能——国际残疾艺术家邀请展　成都蓝顶美术馆

11月3日　五彩纽约行——"五彩基金"学生作品展　美国纽约联合国总部秘书处大楼

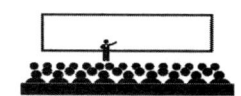
2015年

4月14日　玉树的天空——"五彩基金"玉树学生作品展　青海省玉树藏族自治州博物馆

10月24日　融合·首届国际残疾人艺术展　武汉大学万林艺术博物馆

2016 年

7月27日　五彩基金"艺术在行动"活动暨纪录片《颜色》展映式　美国驻成都总领事馆

11月11日　四川省第二届残疾人文化艺术节　四川西昌

12月18日　羌禹繁花——"五彩基金"汶川教学基地作品展　汶川县博物馆

2017 年

6月15日　礼物——"五彩基金"艺术展　成都香格里拉酒店

2018 年

5月27日　花溪河——"五彩基金"重庆教学基地展　重庆原·美术馆

九、扶上马，送一程

"你们要帮助到什么程度？"我问张秘书长。

"我们一开始并没有一个严格的界限，只要他愿意学，我们会持续帮助。后来发现这个方式可能会让学生有依赖的心理。他们毕竟也要成年，今后要走上社会，一直让他们处于依赖状态不是我们基金应该做的。并且，除了汶川大地震的地震伤员，后来玉树地震，我们也在那里招收了几十个学生。还有更多因为其他原因引起的残疾，包括外伤、疾病、先天性的残疾，面很广，数量也很大，而且会不断出现。如果我们只去关注汶川地震的学生，就没有更多的精力去帮助别的孩子了。"

"您的意思是对他们只是阶段性的扶持？"

"对，主要在学生阶段。我们目前的做法还是小学打基础和培养兴趣。中学系统地学习一些理论和技法，重点是准备高考。大学以学校的教育为主，我们做一些艺术指导，提供一些经济上的支持。比如每个月我们要给生活困难的学生一定的生活补助。"

"你们会帮助他们就业吗？"

"会的。这也是我们艺术助残计划的重要内容。他们学画画，考大学的目的是为了找到工作，自食其力，回归社会。"

"你们是怎样帮助他们就业的呢？如果他们没有你们的帮助，自己找工作困难吗？"

"说实话，目前残疾人自己找工作还是面临很大的问题。作为一个企业，总希望自己的员工是健康的，这样不仅工作效率高，企业的负担也少。但是通过我们的联系介绍，情况就不一样了。首先，我们在美术方面的资源比较多，了解的信息多，为孩子们提供的机会多。另一方面，由于周春芽老师在社会上的影响力，有一定的信任度。其实，做设计这些工作，坐在轮椅上，挂着拐杖，缺一只胳膊，包括聋哑人，只要心理健康，身体没有活动性病变，都是没有问题的。最重要的是要让用人单位了解这些孩子的能力和健康状况。我们'五彩基金'就起一个让他们相互了解的桥梁作用。"

"在你们的帮助下，孩子的就业率有多高？"

"和他们当初考大学一样，百分之百。"张骏秘书长自信和骄傲地说。

"他们现在的工作全部是你们介绍的？"

"也不一定。有些学生在实习的时候被企业看中，留下来了。也有些学生自己去求职成功了。还有些是自己另寻门路。有些单位在孩子们求职的过程中，觉得他们自强不息的精神对企业文化建设有积极的作用，也就录用了他们。"

"有没有转行不干美术相关工作的？"

"也有，但不多。毕竟他们大部分学的都是设计，这种工作也很适合他们。"

"他们毕业就业以后，你们还在帮助他们吗？"

"我们的助残计划的目标就是到他们上大学，就业。就业后对他们没有

专门的帮助计划。他们如果愿意学习，我们也会指导。但我们更多的是给他们提供展示自己的平台，激励他们在艺术上继续追求。如果有适合他们的美术展览，我们会鼓励他们参加。所有的展出费用，包括交通食宿，都由'五彩基金'提供。比如到美国联合国秘书处大楼里展览那次，唐仪君、李丹、寇娟、宋林林、赵丹五位已经大学毕业的'5·12'汶川特大地震伤员被邀请赴美参会。"

"你们是扶上马，送一程？"

"送一程，还要望着他们。至于能走多远，就看他们自己了。"

"看着他们的背影，远远地瞩望着他们？"

"是的。现在他们还都走得挺好。"

"偶尔会回眸一笑？"我笑着问张骏秘书长。

"深情回望。"张骏秘书长也打趣地说，"这些孩子很懂感恩，重要的日子都会回来看老师。"

十、"既是爱好，也是手艺"

在和唐仪君接触中，不止一次听他说"我特别记得周春芽叔叔当时对我说的一句话：'画画既是爱好，又是手艺。'"

2008年8月的一天，双下肢高位截肢的唐仪君对未来的前途感到迷茫，这时候，画家周春芽来到他的病房，说可以教他学画画。他当时根本不知道画画有何用，加上自己也从未画过画。周春芽叔叔的一句话犹如一盏灯，驱散了他心中的迷雾。

"既是爱好，又是手艺"，这句话影响了唐仪君10年，确切地说，是一辈子。当年，因为这句话，唐仪君从一个绘画零基础的高二学生毫不犹豫地选择了美术这条路；因为这句话，他考上了大学美术设计专业，毕业后成了一名优秀的美术设计师；也因为这句话，他的多件艺术作品摆进了艺术馆的展厅，甚至进了联合国秘书处大楼；最重要的是，因为这句话，他有了一颗自信阳光的心，有了一条健康的人生道路。

除了唐仪君，其他所有"五彩基金"帮助的学生，都受到了这句话深远的影响。无论他们是否从事美术工作，周春芽叔叔的这句话都是他们人生路

上的一盏明灯，一个加油站。

其实，周春芽的这句话对孩子们既是心理辅导，也是职业规划。他们大都是学的设计专业，也大都在踏实地干着设计。从最基本的作用来讲，这是他们谋生的手段。但是绘画、艺术创作也一直陪伴着他们度过那段困难、苦闷、彷徨的日子，使他们在经历巨大的灾难后站起来的象征。

刘芳在寂寞的时候画《金色的向日葵》；

魏玲用油画《一米希望》抒发自己内心的向往；

唐仪君用创意雕塑《站起来》表现自己和命运抗争的勇毅；

李丹把画画的艺术感受放进对家乡绵竹年画的开发与创新；

寇娟说她常常用画画"打发那些无聊的日子"；

陈永宁画大象勾鼻子表达他对友谊的理解；

向孝廉说"我画画很丑，但是我很快乐"；

廖瑶瑶从美术学院毕业，凭着自己的努力，正在向艺术和精神的高峰挺进。

……

"爱好"和"手艺"，一个形而上，一个形而下。一个能满足精神的需求，一个能给予物质的支撑。

尽管这些孩子的身体有缺陷，但有了精神和物质的双重保障，他们的人生是完美的。

十一、你若归来，我便静候

"五彩基金"在履行他们的艺术助残的过程中，始终秉承自愿原则。只要你愿意，无论你有没有基础或天赋，他们都会接纳为自己的学员。实际上，他们扶持的残疾孩子绝大部分是没有绘画基础的，但通过老师的教学和自己的努力，基本上都走上了美术这条路，而且发展还不错。

"没有基础，最后也能学业有成，这当中最主要的原因是什么？"我问。

"这些孩子能够在艺术道路上顺利发展，主要有五个方面的原因。"

张骏秘书长分析了孩子们成功的原因：

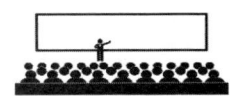

1. 强烈的愿望。这一点最重要。如果他不愿意学，再好的天赋也没用。只要自愿学习，我们的老师就有方法领着他们走进这个领域，并成为他们的能力。

2. 坚韧的品质。这些孩子都经历了人生中的巨大挫折和痛苦，所以在学习上也具有吃苦耐劳的品质。这对他们克服学习中的困难，坚持不懈，取得成绩非常重要。

3. 感恩的心理。大地震以后，伤残孩子受到了国家政府和全社会的有力支持和帮助，为了感恩坚持学习，也是他们普遍的心态。

4. 身体的局限。由于孩子们都有不同程度的残疾，会限制他们发展和从事许多专业技能。而我们招收这些孩子也有这样的要求：起码有一只手是健全的。事实上，大地震至双上肢残疾的很少。所以他们都适合绘画和设计的学习和工作。身体的局限，反而使他们更加目标明确，心无旁骛，注意力集中。

5. 教学的方法。首先，"五彩基金"集中了一批专业水平高、教学经验丰富的老师，另外，无论是"五彩基金"，还是他们后来上的美术专业学院，都会根据这些孩子的生理心理状况尝试和总结出一些特殊的教学方法。

"有没有孩子在你们帮助的过程中中断了学习的。"我问。

"有的。比如陈永宁，这个孩子其实我们很喜欢他。2008 年他才 7 岁，年龄很小，虽然小脑受损，平衡能力和语言能力有些障碍，但他画画挺有灵气。他出院后我们的老师每周到鍪华镇的大山里他的家去给他上课。后来为了教学的方便和效果，我们动员他到都江堰市友爱学校上学。在友爱学校学习了几年，成绩还不错，也有作品参展获奖。但他小学毕业后回老家念初中，没有再跟我们联系，他的联系方式也变了。就这样联系中断了。但是，如果他愿意再来学习，我们仍然很欢迎。"

"前不久我去了他家，他还是很希望继续学习画画。"我说。

"你可以把我们的联系方式告诉他，叫他跟我们联系。但前提是他的家长要理解和同意才可以。因为他毕竟是未成年人。"

从张骏秘书长那里回来的当晚，我就把"五彩基金"的态度和想法告诉了陈永宁的妈妈。但我没有把"五彩基金"的联系方式告诉他。我是想，让他们考虑成熟了再来找我。避免因为一时冲动决定学画画。

大概过了一个月，陈永宁在微信里告诉我说他已经下定决心要学画画，

而且说要当周春芽叔叔那样的画家。他叫我把"五彩基金"李倩茹老师的电话号码给他。我又在微信上征求了他妈妈的意见，最后叫他主动联系李倩茹老师。

没过多久，陈永宁很兴奋地告诉我，"五彩基金"要去他家上课。那是2017年12月的一天。从那以后，"五彩基金"的李菲老师就每个月中旬去陈永宁家给他上课。现在陈永宁已经在什邡职业中专读书，李菲老师就每个月到学校给他上课。

还有一个女孩子叫文文，地震以后她一直是"五彩基金"的学员，学得也不错。但后来因为被保送到四川大学，她父母要求她学习商学专业，她便进了商学院，也就中断了在"五彩基金"的学习。在商学院学习了一年以后，文文还是想学美术。最后在"五彩基金"的帮助下，征得四川大学艺术学院的同意，她转到了艺术学院学习设计，现在已经是一家公司的设计师。

还有叶子，是在都江堰市友爱学校上的小学和初中，开始也在"五彩基金"班里学习美术。上高中以后她就没学画画了。现在高二，又想学美术，考美术专业。于是和"五彩基金"再度联系，又开始恢复美术课程。

"五彩基金"就是这样，对于需要帮助，又愿意学习艺术的孩子，他们永远敞开大门和胸怀，即使曾经离开过他们。

你若归来，我便静候。

十一、大爱有道

近几年来，在残疾人教育上，有许多人提出并尝试着"残健融合"的教育模式。其主要出发点和思考是要让残疾孩子在心灵上和健全人融合，更利于他们回归社会，适应社会。

在四川华新现代职业学院里，"五彩基金"的学员也是和健全学生在一个班学习。关于这个问题，"五彩基金"是怎样考虑的？四川华新现代职业学院是怎样考虑的？我向张骏秘书长提了问：

"张骏秘书长，在四川华新现代职业学院，'五彩基金'的学员完全可以组成一个班了，但他们却是和健全学生在一起学习。这个安排是'五彩基金'还是学校安排的？处于什么样的考虑呢？"

"我们以前也考虑过专门给残疾学生开个班，后来和学校讨论，还是决定残健融合。首先，残疾学生和健全学生在学习能力上、艺术领悟上没有什么差别。最重要的是我们做这样的公益慈善，是要让这些孩子在心理上感觉跟正常人是一样的，不觉得自己特殊。虽然他们身体上有缺陷，但完全可以做到和正常人一样的学习。"

"毕竟他们身体不方便，还是会有一些困难。和健康学生一起学习，他们会不会感到自卑？"

"这个东西很微妙。既要照顾到他们的自尊，不能让他有自卑感，但又不能让他们觉得始终需要人保护。最终这些孩子都要融入社会，不能一辈子都与正常人隔开，那样，他们即使完成了学业，也无法正常回归社会。"

"非常好，既考虑到他们的现在，又为他们的未来着想，这是高层次的慈善，大爱有道。不过要做到还是不太容易。你们是怎样使学生在心理上真正融合的？"

"四川华新现代职业学院这一点做得很好。他们除了给残疾学生进行各种励志教育，也和正常的孩子沟通，讨论怎样和残疾学生相处。他们让健全学生和残疾学生住一个寝室，生活上可以互助。那些健全学生也非常好，在生活上帮助残疾学生，但也很尊重和体谅他们。"

"学校对学生的帮助、体谅和尊重表现在什么地方？"

"这个我们也向四川华新现代职业学院的学生和老师了解过。他们并不是每件事都要去帮。残疾学生能自己做的尽量自己做，实在有困难的就去帮助。比如，他们有的教室在楼上，没有电梯，健全的同学就抬轮椅送他们上楼。而这个过程大家都特别愉快。"

"张骏秘书长，你们也经常带着这些残疾孩子去国外参加公益活动，你觉得国内在公益慈善上和国外有什么区别？"

"我们能够感受到的是国外特别注重受助者的自尊，很自觉自然地就做了。而国内这方面的意识还是要薄弱一些。但通过'5·12'特大地震，已经改善多了。特别是现在的年轻人，在这方面已经非常懂得尊重了。"

"是的，灾难虽然是坏事，但是它的确推动了许多事情向前发展，包括人文关怀。在公益慈善方面，我们也在不断地学习国外先进的理念和方法。"

"对。任何事情都是有它自身的规律和原则。爱也一样，遵守它的原则，

尊重它的规律，我们付出的爱才是有价值的。大爱有道。"

"是的，爱有道，方为大爱。"我补充道。

十二、"用心比教材更重要。"

"你们从事伤残者的艺术教育，差不多快 10 年了，10 年来对这个人群的艺术教育有没有形成一些比较好的经验或者说体系？这对特殊人群艺术教育的发展起到了哪些促进作用？"

"因为'5·12'地震，我们成立了'五彩基金'，这就把一个零散的，完全是少数几个人的爱心行为变成了一个有计划、持续的、社会参与的公益项目。这样不仅能够帮助到更多的人，也吸引了更多的艺术家和爱心人士来关心残疾人的艺术教育，使这项公益项目更加有效和完善。我们也在这个过程中对募集资金的方式、资金的管理和使用，怎样干干净净做公益，保证公益事业的健康发展等方面，都积累了一些经验。"

"在教学上积累了什么经验？"

"在'5·12'特大地震之前，我们是没有残疾人教育经验的。但是我们这些艺术家有许多教小孩的经验。一开始，就把这些经验照搬过来，主要以培养兴趣为主。但后来涉及残疾学生的升学问题，我们就开始帮助他们考大学，同时也不放弃兴趣教育。所以，我们在艺术应试教育上也积累了一些经验。现在已经是应试、兴趣两条腿走路，形成了一个体系。"

"除了教学，'五彩基金'还有其他艺术助残的公益项目吗？"

"有的。举办艺术展览和艺术交流也是我们重要的助残活动。我们把国外优秀的伤残艺术家邀请到成都来做过展览，有美国的、法国的、新加坡的。我们还联系国外的一些公益机构，把他们的作品和我们学生的作品放在一块儿展览。这样不仅促进了艺术交流，给我们的学员一个学习的平台和机会，也能够从中找出我们的教学和他们的差距，以进一步促进我们思考和改进。类似于这样的活动经常都在做。"

"你们在助残教育上，艺术性和专业性哪个更重要？"

"应该是并重的。我们的老师很专业，逐渐在教学中摸索出一套既要在艺术上也要在学术上帮助到残疾人，无论在呈现他们的作品，或是教授他们

课程时都要考虑到其学术性和专业性。"

"残疾人的身体状态必然会影响他们的心理状态，这种影响可能是正面的，也可能是负面的。这种影响在他们的创作心理上也会有体现，学生中有没有体验特别深刻而反应在作品上的？"

"我觉得应该都有。比如魏玲的《一米希望》、唐仪君的《站起来》，实际上就是他们在特殊的身体情况下反映出来的一种内心的强烈愿望。"

"在评价孩子们的作业时，你们会去比较谁的好谁的差吗？"

"我们不会用谁比谁差来比较，通常会说谁比谁的哪方面好。"

"这也是一种鼓励和引导？"

"是的。"

"对于那些特殊孩子的教育，你们有没有自己专门的教材和特殊的教学方式？"

"在少数民族地区，比如针对玉树的藏族学生，我们就有专门的教学大纲。在四川的羌族地区，虽然民族特色比较突出，但还难以形成体系，所以对于他们的教学，包括汉族地区的孩子，还是老师自己根据情况编写教案，没有专门的教材。"

"以后打算出'五彩基金'自己的教材吗？"

"暂时没有这个打算。我们的艺术总监熊文韵老师一直都是搞儿童教育的，她出过儿童美术教育的书。她的书也用到我们的教学中。而考前培训我们采用国家统考标准进行培训。"

"看起来，你们认为对于残疾人的艺术教育教材并不是最重要的。"

"用心比用教材更重要。"

十三、感谢"五彩基金"，感谢学生

张骏秘书长从四川美术学院毕业后就一直从事艺术创作，是一名自由艺术家。主要从事画画、摄影创作和城市建筑规划设计。

"从'5·12'特大地震以后，你就一直和周春芽老师一起从事助残艺术教育？"我问。

"没有。事实上，'五彩基金'在2009年成立的最初几个月我都不是其

中的成员。"

"是一个什么样的机缘，你做了'五彩基金'的秘书长？"

"我跟周春芽老师是几十年的朋友，亦师亦友吧。'五彩基金'刚成立时我还不是其中的成员。后来因为别的事去上海找周春芽老师。我谈到自己想做一个艺术机构。周春芽老师告诉我他们有个'五彩基金'，就是一个公益艺术机构，正好需要一个人负责管理，问我愿不愿意去。就这样我进了'五彩基金'，担任了秘书长。"

"没做更多的考虑？"

"没有。我想，既然周春芽老师都在做这件事，一定是好事。周春芽老师在业界是德高望重、德艺双馨的艺术家。"

"就是出于对周春芽老师的信任，受他的感召而接受了这个任务？"

"开始是这样的。后来在干的过程中，真正了解了这项事业、这个团队，我觉得加入'五彩基金'是一件很荣幸的事。真的很好，我很感谢。"

"你做公益和你自己以前想做的艺术机构有什么区别？包括名和利方面。"

"我以前想做的是商业性的，也就是做生意。做公益跟做生意是有本质的区别的。做生意挣的钱是自己的。但是公益不一样，即使盈利了也不是自己的。这些钱必须继续用于公益。自己是不能在这当中获得经济利益的。"

"做公益还不仅仅是没有经济利益，也会耗费自己的精力和时间，有时候包括整个自己都奉献给公益了。那你怎么去看待这个问题呢？"

"做公益虽然没有经济收入，而且我们自己还要捐款捐物。但是我们做这件事情对个人的精神世界，对社会的贡献，是只赚不赔的。"

"会遇到很大的困难吗？有没有动摇过？"

"困难还是不少，但从来没有动摇过。"

"担任了秘书长以后，还继续你的艺术创作和设计业务吗？"

"在继续，从来也没有停止过。"

"有矛盾吗？在专业和时间上？"

"没有矛盾。'五彩基金'毕竟也是个艺术机构，做的许多事情和我的业务是互补的。从某种角度上讲，也是相得益彰。时间上也没有太大的冲突。只是需要合理安排时间，有时候会累一些。"

"看起来你做得很满足？"

"是的。因为自己一直希望去做一些公益事情，这也是一个很好的机会。以前我们都接受过很多教育，公益是一个人应该而且必须做的事情。人的一生中在满足了自己的前提下应该尽可能地回报社会。"

"假设你没遇到'五彩基金'，自己去做一些公益活动，会有什么不一样？"

"有了'五彩基金'就有组织了。众人拾柴火焰高。可以借助这种力量做个人想做而做不到的事。同时也清楚怎样做能够更好地帮助到别人。在做一件有意义的事情的时候，受到社会的尊重和支持，这也是特别幸福的一件事情。"

"是的。这个我们都有很多共同的体会。正因为你刚才说到的受人尊重，也才有了我们今天的会谈。因为我们在采访那些残疾孩子10年成长过程的时候，他们以及他们的家属，还有一些了解和见证了你们工作的志愿者、医务人员、社会各方人士，都对你们发自内心的尊重。包括我对你们的那一份崇敬。"

"谢谢。这实际上也是一种相辅相成的过程。一方面也是社会尊重你，另一方面，对我影响特别大的是那些伤残学生。比如说唐仪君、寇娟、刘芳，等等，还有好多学生，他们生活的状态是很艰难的。通过和他们接触的点点滴滴，深刻体会到，你在帮助他们的时候，他也在帮助你。只有在做这个工作的过程中才能体会到，它的确是一件好事，我们是双赢的，有时候可能我们的受益还要大一些。"

"没错，而且这种益处对整个人生态度、人际关系的处理都会有影响。"

"学生们经常对我们说感谢，其实，我们更要感谢他们。"

十四、"公益是一个很低调的事情。"

我和张骏秘书长谈了近两个小时，他给我最大的印象就是平实、平和、平静，没有慷慨陈词，没有激动不已。但从他平实的言辞和平静的语调中，我却听出了许多深刻的意义和中国公益的任重而道远。

"10年的公益之路，我最深的感触是中国公益的进步。但和我们在国外

195

看到的和我们想做的还是有一定差距。'5·12'汶川特大地震是我们公益事业的一个高峰，调动了每个人的力量在帮助灾区重建。在这样的一个前提下，我们相信它会逐渐发展得更好。"

"我们的公益事业和国外的相比，差距在哪里？"

"最大的差距就是我们的公益更大程度上是应急性比较强，持续性比较弱。在灾难发生的一段时间，大家热情澎湃，的确力量很大，可以说是一股强大的热浪。但随着时间的推移，大家的热情在减退。说个具体的，我们去年去玉树，一个教育局局长，当年玉树地震时他是玉树县的县长，负责统计捐款数据。他说地震当时玉树最高峰时大概一天有 2 000 多人去捐款，半年过后大概有 400 ~ 500 人，一年后就一两百，到了去年第六年就很少有人去了。"

"可是救灾本来也是一个紧急的事情啊，开始大家关注度比较高，后来逐渐降低，也是很正常的呀？"

"正常是正常，但不理想。第一，如果平常没有充分的准备，包括救援能力的准备和物质的储备，灾难发生了，容易造成混乱和资源的分配不合理；第二，做公益不仅仅是救急，许多问题是长期存在于我们身边的，需要持续做。比如环境问题、扶贫助残的问题、科学文化教育问题，等等，都不是靠一时的热情和冲动可以解决的。"

"对！就拿地震来说，紧急救援是必需的。但地震留下来的残疾和贫穷问题，是需要持续长期关注的。"

我为和张骏秘书长"英雄所见略同"而激动。但张骏秘书长却仍然平缓地说着：

"大规模的灾难发生以后实际上有一个高峰期，有一个疲惫期，你把公益作为激动人心的事情，那肯定是做不长，甚至非常困难。公益就是一个很低调的事情。"

"公益是一个很低调的事情"，这种说法我第一次听见，但的确不无道理。"5·12"汶川特大地震发生以来，我们看到许多人踏踏实实、默默无闻地坚持做公益，10 年不懈，虽然知晓度不高，但他们为受助人做的工作确实切实有效，深入人心。

我们也看到一些亮出旗帜，高调做公益的个人和机构，在当时的紧急救援中，也起到一定的作用。就我个人的认识来讲，无论是高调还是低调做公

益，只要做得有效，都是没有问题的。尤其是在紧急救援的过程中，高调做公益对于激发人们的援助热情，呼唤八方支援，是有积极作用的。

但要把公益长期坚持下来，仅有高调是不够的，还必须有大量的力量低调流淌，延绵不断。

本书和《爬出废墟的孩子们——20位汶川特大地震小伤员的10年成长》，都是讲述的汶川特大地震后10年的故事。我发现，10年过去，留下的故事真的只有低调了。

十五、朴实真诚 表达个性

熊文韵老师是五彩基金的艺术总监，她是2012年到五彩基金的。

熊文韵20世纪80年代留学日本，回国之后于2005年编写了一套儿童绘画启蒙教材，经过几年的实践取得了很好的效果，她在"五彩基金"主要负责课程安排，老师培训以及展览。

"5·12"汶川特大地震后的那批伤残孩子陆续考上了大学之后，"五彩基金"又新增加了几个教学点，比如汶川特殊教育学校、重庆福利院、成都教学点。这些教学点的学生大部分是天生或者疾病致残的孩子。有脑瘫、唐氏综合征、自闭症、聋哑人等。这些孩子和地震的孩子有很大的不同，他们中许多人的认知能力和普通人有很大的距离，无法按正常系统进行教学，也很难考上大学。

熊文韵老师把儿童绘画教材进行了合理的调整，用于"五彩基金"的这一批孩子的绘画教育。除了培训基金老师外，还要到远距离的教学点培训当地特殊学校的老师。

"五彩基金"的老师除了绘画基础教学之外，还有一项重要的工作，就是发现每一个学生的特殊才能，辅导学生创作作品。

"怎样才能开发出这些天生有残疾的孩子们的艺术才能呢？"我问熊文韵老师。

"人的艺术天赋虽然有高有低，但我们的每一个学员都有自己不同的人生经历，也包括他们承受的苦难，所以他们对生活对世界有着自己特殊的认知和感受，老师的职责就是尽自己的能力帮助他们掌握一些绘画的基本知识

和技巧，用画笔愉快地去画画。至于学生画的每一幅作品是不是都能达到很好的效果并不是最重要的，要紧的是画画给他们带来快乐，让他们能够发现自己，找到自己想表达的东西，并用绘画的方式把这种感受呈现出来。随着年龄的增长以及身体和情绪的变化，画画的过程也会呈现出一些变化和不稳定。"

"嗯，我能理解，有些孩子的情绪变化很大，这也会影响到他们的表达，也就是说他们呈现出来的美好的东西是偶然的，转瞬即逝的，需要去捕捉？"

"可以这么说。不过只要我们耐心引导和鼓励，他们的画经常会给我们带来惊喜。往往有的学员画画时的状态比起正常人来说更接近艺术家。有一位患唐氏综合征的学员，她的作品许多人都想收藏。"

"对于这些孩子，教育在他们的成长中能起多大的作用？"

"在'五彩基金'的学员中有很大一部分人没有机会像正常人一样接受全面的教育，学习画画成了他们受教育的一种特殊的方式。他们都是零基础，在学习绘画的过程中会遇到许多难关也是自然而然的。

"你能讲一下'五彩基金'的学员和正常的学生最大的不同是什么？"

"普通的孩子在成长过程中会经历一段从儿童到青少年的转折期，这个转折期一般在孩子8～9岁、上小学三年级的时候发生，结束时间因人而异，随着孩子在成长转折期的过程中心智力的成熟，他们的'儿童画时代'随之消失。'五彩基金'帮助的很大一部分孩子由于身体的疾病和障碍造成他们的心智力的成熟晚于正常人，有的人甚至终身停留在儿童的状态。"

"我们的老师必须了解他们的精神世界？"

"是的。必须和他们有心灵沟通。"

"你们对学员教育的最终目的是什么？画出好的作品？"

"学员们通过学习绘画掌握一些基本的绘画技巧之后，他们的画画过程逐渐变得愉快起来。我们希望有一部分学员能够通过努力而回归社会。其实回归社会仅有好的作品是不够的，还需要他们在各个方面的能力都有所提高，其中包括精神和生活等方面逐渐和社会的接轨。要做到这些，比教他们画画更难，还需要家庭及社会各个方面的共同支持，当然通过办画展，使他们的作品面向社会，得到更多人的关注和肯定也是一种最好的交流。"

"会不会因为他们是残疾人，在选作品展览时就降低标准？"

　　"不会！"熊文韵老师说，"'五彩基金'成立以来举办的每一次展览，从学员作品的积累到展览计划的实施，都是经过'五彩基金'老师们精心策划、认真挑选、准备到位之后才得以呈现的。展出的作品不但受到大众的好评，也得到不少专业人士的认可。其中最重要的原因还是因为我们学员的作品朴实真诚，充满了个性和原创的张力。"

　　和熊文韵老师并不长的谈话，我真是大受教育。我明白了特殊艺术教育的艰难性，了解了"五彩人"的付出。更懂得了最好的艺术教育是让孩子们充分自由地表达个性，保持作品的朴实真诚。

　　"五彩基金"始于"5·12"，但他们走的是一条漫长而宽广的路。

　　如今，"五彩基金"对于汶川特大地震伤员的援助基本结束了。但他们的艺术助残项目并没有结束。他们还将继续用他们五彩的笔，为更多需要帮助的孩子们绘出五彩的梦，帮助他们在人生道路上架起一座五彩的桥。

5. 出版人的担当

——四川科学技术出版社

一、48 小时，进入灾区的第一本图书

2018 年 3 月，在四川科学技术出版社商谈《爬出废墟的孩子们——20 位汶川特大地震小伤员的 10 年成长》一书的出版时，总编辑秦伏男谈到四川科学技术出版社在"5·12"汶川特大地震后 48 小时内赶出几万册《地震灾区卫生防病手册》，并及时送到灾区的故事。作为一名医学教育者，我深知，这样一件事情，在有大量伤亡的灾难中有多么重要。从出版的角度来讲，即使是这样一本小册子，在平常情况下，这么高效率的出版，也是绝对不可能的。

带着一种崇敬之情，我在 2018 年 10 月的一天，采访了四川科学技术出版社社长钱丹凝女士。

"10 年前的情景历历在目，这是我职业生涯中遇到的第一个影响波及全国的重大突发事件。地震发生时，办公楼摇晃得厉害，大家全都从办公室里跑了出去，后来就回不去了。那时候我们出版社还在一栋旧楼里办公，地震使房子裂开了许多缝，不能再回去办公了。

虽然当时我们没有办法正常上班，但在大的灾难面前，大家都迫切地希望为灾区人民贡献自己的一分力量。大家都在思考，作为一个出版机构，一个出版人，能做哪些震后援助工作。我们首先想到的就是要出些抗震救灾类

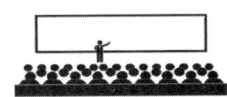

的读物。

2008 年 5 月份的天气已经很热了，地震后，人的遗体、动物的尸体都掩埋在废墟中，这极易引发疫情，造成次生灾害。因此，从专业角度考虑，大灾之后应防大疫，防疫工作需与救援工作同时进行。我组织社里的领导和相关工作人员一起讨论，大家的想法不谋而合，很快确立了方向：出一本灾后预防疫病的实用小册子。"

来不及多想，钱丹凝社长立即向四川出版集团公司领导们汇报。此时，集团领导们也正在考虑为震后救援工作推出一些读物。一听"预防小册子"，领导们觉得太好了，立即予以支持。

"5·12"汶川特大地震的第二天一大早，社长钱丹凝、总编辑秦伏男、医卫编辑室主任李迎军及相关成员一起来到四川出版大厦，把一楼大厅的沙发当成办公桌，开始了紧张的策划工作。

大家一致认为，虽然时间紧，任务急，但出版的这本册子一定要权威而实用。于是他们主动找到四川省卫生厅，并且联系了四川省疾病预防控制中心等机构，开始了组织《地震灾区卫生防病手册》稿件的工作。经众人夜以继日的奋战，这本书从选题策划、组织稿件、编辑加工、内容排版、封面设计到印刷出书，仅仅用了 48 小时。这本由四川省卫生厅抗震救灾指挥部、四川省疾病预防控制中心联合编写的《地震灾区卫生防病手册》于 2008 年 5 月 15 日凌晨首批印出 5 万册，并立即被送往四川省卫生厅抗震救灾指挥部。同一天，这 5 万册书全部免费分发到了地震灾区。

"从策划到出书，仅仅用了 48 小时，真是太神速了。"我十分感慨地说。

"是啊，必须争分夺秒，早一刻送到灾区，就能早一刻发挥作用。"钱丹凝社长说，"那两天，社里这个项目组的员工都围着这个事转，全盘行动，齐心协力扑在工作上。当时大家啥都不顾，只想早一点、再早一点把书抢出来。"

首印的 5 万册送出后，出版社又立即进行加印，一共印制了近 20 万册，几天之内，这本灾后第一时间赶出来的《地震灾区卫生防病手册》就分发到了大部分灾区群众手中。当时的新闻联播还播出了这样的画面，时任国务院

副总理李克强在灾区视察时，看到灾民们手中的这本书，他对此给予了充分的肯定。

这是全国第一本到达灾区的图书，也是四川省出版界紧急推出的第一本救灾图书。这本书在汶川特大地震的灾后防疫工作中发挥了重要的作用，得到了四川省卫生厅抗震救灾指挥部等相关部门和灾区群众的高度肯定和好评。

钱丹凝社长说，那次灾难，那一本书，对锻炼他们团队应对大型突发性公共事件的能力来说，是一次练兵，是积累经验。她看到团队齐心协力，各方密切配合也能创造出奇迹。

"我们当时没有经验，就是团结，就是拼命。特别感谢四川省卫生厅、四川省疾病预防控制中心、四川出版集团领导和印刷厂对我们的指导、帮助和大力支持。"

二、小册子，大作用

《地震灾区卫生防病手册》是一本小册子，32 开，20 页，总字数仅 1 万余，但在抗震救灾、预防疫情、防止次生灾害中，这本小册子发挥了大作用。

四川科学技术出版社和四川省卫生厅抗震救灾指挥部、四川省疾病预防控制中心考虑到灾区的实际情况，在编写手册时尽量删繁就简，少讲为什么，多讲怎么做，文字简洁，一看就懂，排版一目了然，在操作中所用的物品也全部是灾区可以得到的，因此，这本手册具有极强的科学性、指导性和可操作性。此外，封面上还设计了非常醒目的重要内容的提示：

饮水卫生

饮食卫生

环境卫生

灾后常见传染病的预防

心理创伤的修复

用钱丹凝社长的话说就是：留下的全是干货。

据当时的了解和后来的统计，《地震灾区卫生防病手册》这本小册子及

其介绍的方法在灾区传播极广，大部分灾区群众从中受益。那次大地震没有发生大的疫情，应该说这本小册子发挥了重要的作用。

灾区的领导和群众评价说：这本书就像一场及时雨，不仅指导他们有效地防控灾后疫病，而且给他们带去了心理上的慰藉，使大家在痛苦中感受到了来自国家、来自社会的又一种温暖。

四川科学技术出版社的这一工作不仅表现出出版工作者的一种大爱情怀和高度的社会责任感，也为灾后的防疫工作做出了实际的贡献。

钱丹凝社长站在社领导和专业的角度上，总结了《地震灾区卫生防病手册》这本小册子的特点：

1. 针对性：专讲震后疫病防控，直接面对地震灾区的人群。

2. 实用性：文字简洁，一看就会，方法简单，容易操作。

3. 权威性：由四川省最高卫生管理机关四川省卫生厅和最权威的疾病预防专业机构四川省疾病预防控制中心联合编写。

4. 及时性：在地震发生48小时后到达灾区，为人们灾后防疫提供了及时有效的指导。

"时间真是太紧了，但我们深知大灾后防大疫的重要性，我们深知快速、及时、有针对性地出版这本手册对当时灾区人民的巨大作用。"钱丹凝社长说。

在这里，我将这本发挥了大作用的小册子的"出版者的话"及内容要点抄录如下，以说明这本手册的背景、意义和作用。

出版者的话

四川省汶川特大地震灾害给广大灾区群众造成了难以估量的损害。灾害无情人有情，一方有难，八方支援。在党中央、国务院的直接领导下，举国上下众志成城，一场抗震救灾的战斗迅速、有效地展开。在这场战斗中，防止震后疫病流行，保护广大灾区群众的身心健康，也是重要的战役之一。

为了科学有效地防止震后疫病的流行，避免"雪上加霜"似的次生灾害的发生，在四川出版集团的领导下，我们紧急约请四川省卫生厅抗震救灾指挥部、四川省疾病预防控制中心组织编写了这本《地震灾区卫生防病手册》，

并由四川出版集团、四川新华发行集团、四川科学技术出版社免费赠阅给广大灾区群众，以尽我们抗震救灾的绵薄之力。

灾区群众是我们的父老乡亲、兄弟姐妹，你们的灾难我们感同身受。我们衷心希望这本小手册能化作有力的援助之手，能够帮助你们渡过难关，打好震后疫病防治的攻坚战，为灾后重建家园打下良好的基础。让我们手牵手、心连心，共创美好的明天。

四川出版集团·四川科学技术出版社

2008 年 5 月 15 日

《地震灾区卫生防病手册》包括五个部分：

一、地震后的饮水卫生

（一）寻找水源，检验水质，进行饮用水消毒

（二）采用合适的取水方式

（三）建立水源卫生保护和饮水消毒制度

二、地震后的饮食卫生

（一）地震后的食品安全注意事项

（二）地震后对食物中毒的预防

（三）餐饮具消毒

三、地震后的环境卫生

（一）垃圾的处理

（二）粪便的处理

三、精诚合作，再推新书

《地震灾区卫生防病手册》出版以后，为更好的帮助灾区群众，钱丹凝社长和团队同事立即投入到新的选题策划工作中。8.0级的地震摧毁了无数同胞的家园，带走了无数鲜活的生命，这些都给活下来的人们带来了严重的心理创伤。意识到灾区心理救援工作的紧迫性，钱丹凝社长和团队同事们很快将新的选题确定下来，他们决定做心理救援、心理抚慰方面的书籍，为灾区群众带去心灵上的安慰。

这又是一项紧急而艰巨的任务。中国经历如此大的灾难，出现如此大规模的心理创伤，是以前从来没有过的。而且心理问题复杂，除了受灾群众、伤残人员，还有基层干部、救援官兵等各方面的人员都有不同程度的心理问题。不同的地域、文化、家庭背景、人的个性都会影响到心理问题的表现和防治。

地震发生后，各兄弟出版社也纷纷来电，表达了与四川科学技术出版社合作的意愿，希望通过这种方式为灾区救援贡献出自己的一分力量。就在四川科学技术出版社策划心理救援类书籍时，浙江科学技术出版社的社长傅里甫在与钱丹凝社长的电话交谈中，表达了希望两社合作出版灾后心理援助读物的意愿。这正与四川科学技术出版社的想法不谋而合！经商议，两社决定

根据伤残人员、救援人员、受灾人员这三类人群在灾后出现的不同心理问题，分别出版三本心理援助图书，为这三类人群提供有针对性的心理救援。

一经决定，两社相关人员便迅速展开合作。钱丹凝社长谈到："我和浙江科学技术出版社社长傅里甫，我们社医卫编辑室主任李迎军和浙江科学技术出版社医卫编辑室负责人胡水天天热线，讨论修改，传递电子版，夜以继日。在大地震发生一个月之内这套书就出版了，并且送到了灾区各个地方。"

钱丹凝社长还给这套书策划了积极向上、充满正能量的主书名："让心中充满阳光""让生命创造奇迹"（《让心中充满阳光——地震受灾人员心理健康自助读本》《让心中充满阳光——地震救援人员心理健康自助读本》《让生命创造奇迹——地震伤残人员康复读本》）。

她说，无论是"让心中充满阳光"还是"让生命创造奇迹"，它们都传递出乐观面对、积极向上的精神，无论对受灾人员还是对救援人员，这都是一种激励。

谈起与浙江科学技术出版社的合作，钱丹凝社长十分感慨地说：

"地震之后很短的时间内，我们共同努力出了三本心理救援图书，这套书正好在心理危机高发期时送往灾区，而且针对不同的人群进行不同的指导，太及时，太有意义了。浙江省那么远，为了爱，大家心往一处想、劲往一处使，精诚合作，给灾区群众送去及时的帮助，这是我在震后感到特别温暖、特别欣慰的一件事。"

最后，钱丹凝社长强调说：

"在非常情况下，打破常规思维，突破固有的一些规则和限制，开创新路子，实现跨社跨地合作，各尽所能，资源共享，高效实现目标，也是我们在这次合作出版中聚得的重要成功经验。"

四川科学技术出版社因为在抗震救灾中发挥了他们的专业优势，为灾区提供及时有用的科学帮助，担起了出版工作者的社会职责，受到了国家级、省级的表彰和奖励。《地震灾区卫生防病手册》《让心中充满阳光——地震救援人员心理健康自助读本》等书荣获"中华优秀出版物奖·抗震救灾特别奖"。钱丹凝社长个人也被四川省直机关工委评为"抗震救灾优秀共产党员"。

关于个人获得的荣誉，钱丹凝社长一再表示，这都是全社职工共同努力

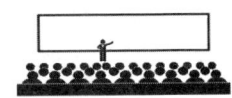

的结果，她只是代表大家接受上级的鼓励而已。

说到当年同事们的给力，钱丹凝社长非常感动，她说，那是她职业生涯中难忘的回忆，是注入她心中一束永远灿烂的阳光。

附：2009 年，甲型 H1N1 流感在国内流行，全国第一例就在成都。四川科学技术出版社和湖南科学技术出版社在很短的时间内联合出版了《甲型 H1N1 流感大众防护手册》。这本手册除了介绍甲型 H1N1 的预防知识外，还特别注意通过科学知识消除人们的紧张、焦虑和恐惧。

四、"4·20 行动"

北京时间 2013 年 4 月 20 日 8 时 02 分，四川省雅安市芦山县（北纬 30.3°，东经 103.0°）发生的 7.0 级地震，震源深度 13 千米。四川省成都市、雅安市、乐山市，陕西省宝鸡市、汉中市、安康市等地均有较强震感。据雅安市政府应急办通报，震中芦山县龙门乡大部分房屋垮塌，卫生院、住院部工作瘫痪，停水停电。截至 2013 年 4 月 24 日 10 时，共发生余震 4 045 次，3 级以上余震 103 次，最大余震 5.7 级。受灾人口 152 万，受灾面积 1.25 万平方千米。据中国地震局网站消息，截至 24 日 14 时 30 分，地震共计造成 196 人死亡，失踪 21 人，11 470 人受伤。

"4·20"，全国在行动，四川在行动，四川科学技术出版社也在行动。

芦山地震发生时，钱丹凝社长刚到海南出差，参加全国书展。地震发生后，集团领导让她立即赶回成都。

4 月 20 日深夜，好不容易抢到机票，钱丹凝社长星夜兼程赶回成都。

回到成都后，钱丹凝社长立即与四川省卫生厅、四川省"4·20"芦山地震医疗卫生救援领导小组取得联系，达成一致意见，在原来《地震灾区卫生防病手册》的基础上进行修订，力争赶在震后卫生防疫最佳时间到来之前将书送到灾区。

由四川省"4·20"芦山地震医疗卫生救援领导防疫组、四川省爱国卫生运动委员会办公室、四川省疾病预防控制中心组成了联合编写组。在该书修订再版的过程中，社长钱丹凝、总编辑秦伏男一边与编写组衔接内容修改等相关事宜，一边组织带领与编辑、排版等工作有关的人员连续作战。同时，

新华文轩出版传媒股份有限公司总编辑张京、副总经理陈大利、生产总监王华光也来到四川科学技术出版社进行现场办公，对这本书的出版工作给予指导和把关。

4月21日下午，震后30小时，由四川省"4·20"芦山地震医疗卫生救援领导小组防疫组、四川省爱国卫生运动委员会办公室、四川省疾病预防控制中心联合修订编写的《地震灾区卫生防病手册》出版，首次印刷7万册。

4月22日上午，新华文轩出版传媒股份有限公司副总经理陈大利和四川科学技术出版社社长钱丹凝等与四川省"4·20"芦山地震医疗卫生救援领导小组的车队一同出发，专程赶往灾区芦山县，将刚印制好的《地震灾区卫生防病手册》送到了广大受灾人员和卫生防疫救援人员的手中。这本书又一次成了第一本到达灾区的图书，而且更加快捷。

4月23日，四川科学技术出版社按照四川省卫生厅、四川省"4·20"芦山地震医疗卫生救援领导小组的要求，将该书内容全文上传到"12320"公共卫生热线网站，以便让更多的人了解、掌握灾后卫生防疫知识。

对四川科学技术出版社在大灾面前的快速反应和积极行动，四川省卫生厅和四川省"4·20"芦山地震医疗卫生救援领导小组给予了高度评价。

钱丹凝社长总结说，更加迅速、更加高效的"4·20"行动，得益于出版社在参与"5·12"汶川特大地震救援时积累的经验和创立的模式。

五、抗震救灾从不缺席

《四川科学技术出版社：抗震救灾从不缺席》

这是2018年5月14日，来源于《中国新闻出版广电报》的一篇署名郝天韵的文章的标题。文中写道："作为一家以出版各类科技读物、普及自然科学知识和介绍应用技术为主的地方科技专业出版社，四川科学技术出版社在投身抗震救灾这一事业上从不缺席，不忘初心、不辱使命，积极履行国有文化企业的社会责任。"

除了上述故事以外，四川科学技术出版社的这个"从不缺席"，我应该是有力的见证人。从2010～2018年，我和我的家人写了三本与"5·12"汶川特大地震相关的书：《灵与肉的守护—— 一个心理志愿者的震后援助手

记》（2010 年 6 月出版）《爬出废墟的孩子们——20 位汶川特大地震小伤员的 10 年成长》（2018 年 5 月出版）《大道之爱——汶川地震后公益人的十年行走》（2019 年 9 月出版）。

这三本书都是由四川科学技术出版社出版的。《灵与肉的守护—— 一个心理志愿者的震后援助手记》讲述了"5·12"汶川特大地震后，我们在四川大学华西医院做儿童伤员心理辅导时，见证的那些孩子坚强乐观、家长不离不弃、志愿者大爱无私、医护人员仁心仁术的故事，同时记录了部分心理辅导的课程、案例和日记。该书 2011 年获"中国西部优秀图书奖"三等奖，2012 年获四川省"五个一工程优秀图书奖"。《爬出废墟的孩子们——20 位汶川特大地震小伤员的 10 年成长》是《灵与肉的守护—— 一个心理志愿者的震后援助手记》一书的姊妹篇，书中记述的大部分孩子都是《灵与肉的守护—— 一个心理志愿者的震后援助手记》中的主人公，该书讲述的是他们 10 年来坚强不屈，浴火重生的成长故事。这本书 2019 年获"中国西部优秀图书奖"三等奖。《大道之爱——汶川地震后公益人的十年行走》中的所有故事也都与"5·12"汶川特大地震相关。作者站在社会责任的角度，极力主张公益慈善的科学性和精神性。

四川科学技术出版社出版这三本图书，体现了他们对自身作为出版者的社会责任感的自觉。他们希望这些充满正能量的图书能够成为一种载体，向社会各界传播中国人民坚强不屈、积极乐观的精神。在谈到《爬出废墟的孩子们——20 位汶川特大地震小伤员的 10 年成长》一书时，钱丹凝社长说：

"地震小伤员在国家、社会各界的关怀下，从巨大的身心伤痛中走出，自强不息、破茧成蝶，创造美好人生的励志经历，让人们再一次感受到了凤凰涅槃、浴火重生的力量，感人至深，催人奋进。人们能从中感受到温暖而强大的力量；那些一直坚持公益事业，并在公益慈善中处处为受助人的精神健康和未来成长着想的人，令人钦佩。"

香港联合出版集团的领导和联合出版集团旗下三联书店的领导在看到钱丹凝社长提供的《爬出废墟的孩子们——20 位汶川特大地震小伤员的 10 年成长》一书的样章后，被深深地感动了，希望出版这本书的繁体字版，在香港、澳门、台湾及海外华语地区同步发行。经商定，双方决定由香港联合出版集团旗下的三联书店（香港）有限公司出版此书的繁体字版本。

在双方的通力配合下，2018 年 5 月 11 日，《爬出废墟的孩子们——20 位汶川特大地震小伤员的 10 年成长》繁体字版由三联书店（香港）有限公司正式出版，并于 5 月 12 日当天与内地的简体字版同步上市。5 月 12 日，香港特别行政区领导来到成都，参加纪念"5·12"汶川特大地震 10 周年活动时，特地将该书的繁体字版本送给了四川省委领导。

在谈到和香港三联书店合作的目的和意义时，钱丹凝社长说：

"《爬出废墟的孩子们——20 位汶川特大地震小伤员的 10 年成长》一书在海外华语地区的发行，能使书中所展现的正能量在更大范围内传播。中国人在灾难面前万众一心、同舟共济，不屈不挠，写下了无数可歌可泣的故事。作为四川出版人，把这些故事、这种精神传播开来，这是我们的使命和责任。"

回顾"5·12"汶川特大地震以来抗击灾难的工作，钱丹凝社长总结了如下经验：

1. 立足自己的专业特色，提供有价值、普及度高的读物，发挥专业出版社应有的作用。

2. 虽然应急出版物的制作时间紧迫，但必须保证其权威性和准确性。

3. 应对突发事件的读物必须强调时效性，必须争分夺秒抢时间，尽快出版并发行。

4. 平时多和有关部门保持联系，在关键时刻寻求相关部门及时正确的指导和有力的支持。

5. 平时注意培养团队成员的社会责任感和团队协作能力，只有这样，到了战时团队才能打硬仗。

6. 在紧急情况下，要打破常规，积极和兄弟单位合作，可以把事情做得更快、更好、更完善，可以发挥更大、更广的作用。

在对钱丹凝社长进行的一个多小时的访谈中，我感到有一个关键词一直贯穿其中，灌注其心，那就是——

出版人的担当。

6. 宁静的家园

——成都市谐福残疾人关爱中心

在四川成都西北郊区的彭州市通济镇羊叉村的山道旁，有一所福利院，叫成都市谐福残疾人关爱中心（以下简称"中心"或"福利院"）。

这个中心是"5·12"汶川特大地震后由一批爱心志愿者和社会爱心人士出资，政府支持，共同兴办的全免费民间慈善机构。

中心建立以来，他们坚持以人道为宗旨，以博爱奉献为理念，努力探索"爱心投入社会，行动建立和谐"的民间草根慈善之路。

中心建院九年来，先后共有残疾人士 500 多人次入住，参与服务的长期志愿者 27 人，短期志愿者 5 500 多人次。

2017 年 12 月 8 日，我们来到这所福利院，亲耳聆听了他们的故事，亲眼见到了他们的生活状态。

一、奇遇地震

2008 年 5 月 12 日，现关爱中心理事长金观然和几位爱心人士分别从上海、深圳、武汉出发到达成都，准备商讨在西南地区成立赈灾、扶贫和关怀弱势群体的"社会和谐关爱协调小组"的相关事宜。金观然乘坐的从上海到成都的航班于下午 2 时 25 分降落在成都双流机场。大家正在收拾行李，准备出仓，飞机突然剧烈颠簸起来。同行的金观然的夫人不知道出了什么状况，有些惊慌。金观然还打趣地安慰说：

"可能飞机太小了，没停稳。跳几下就没事了。"

谁也没料到，迎接他们的竟然是一场特大地震。时间在飞机着陆后的3分钟，震中离成都仅有80多公里，里氏8.0级。

这真是老天爷在考验他们。本为救灾而来，来了便遇大灾。他们不得不改变原来的计划，组织救灾活动。由于通讯障碍，直到第二天才和同事联系上。几位爱心人士迅速落实联络地点，动员家乡和各地爱心人士捐款、捐物开展赈灾行动。他们在前线进行了三个多月的救灾援助，组织了一个70人的志愿者团队在四川省红十字会的直接领导下，投入抗震救灾行列。在抗震救灾过程中，发动浙江、上海、深圳、武汉、北京等地的志愿者，家乡的爱心企业和爱心人士共组织到了500多万元的物资，发放到成都、德阳、绵阳、广元、阿坝等地市州县的地震灾区，直到8月份开始筹建福利院。

二、"做慈善是要讲科学的。"

在三个多月的前线援助中，金观然和他的同伴们受到当地灾民的高度认可与评价。

据了解，他们在援助的过程中，非常严谨。前线专门有同事负责收集意见，了解每家每户每人的物资需求，然后把未来两天需要的物质的种类和数量开列清单，发送到后方。现任福利院的财务陈苏静当时因为怀孕，没有到灾区，住在成都的一家宾馆，专门负责物资采购和发放。她每天的工作就是汇总前方来的信息，然后组织购买和运送。几个月来，他们发放的救灾物资不仅充分满足受助者的需求，而且没有造成任何浪费。大家工作起来也井井有条，毫不混乱。

其实，这仅仅是一个局部的现象而已。当我和金观然院长聊到有关科学援助的问题时，他强调做慈善是要讲科学的，并从整体上表达了他们在科学慈善方面的几点想法和做法：

第一，对灾难的准备。在灾难还未发生之前，就要对志愿者进行培训。首先是志愿者的心理准备，能力准备，身体准备。同时从救灾管理方面进行培训。比如合理有序地组织资源、分配资源等。

第二，在实施救助过程中不要盲目施救，一定要让专业人士做专业的事。

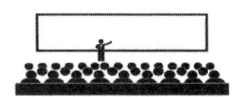

分工合理，责任明确。

第三，在帮助别人的过程中不要造成问题，如交通阻塞，环境污染。

第四，保护好自己才能更好地帮助别人。

金观然在谈到玉树地震时，很多人到了那里自己出现高原反应，还需要别人帮助。有些志愿者盲目援助，甚至死在那里。

他们去玉树之前就特别进行了筛选和训练，分批次、有秩序进入灾区，还带了发电机、保暖设备、制氧设备等。首先保证自己的健康和安全，再去帮助别人。在玉树，他们还帮助了许多其他地方去的出现高原反应的志愿者。

第五，重视援助中对灾民心理健康的影响，这也是科学慈善的要求。

金观然在谈到因为发放物资的不均衡，造成的不仅仅是缺乏、浪费、交通阻塞等问题，还会造成一些心理问题和品行问题。缺物质的地方埋怨，多的地方不珍惜，甚至刺激人们的贪欲。为了避免这些，他们对于给什么？给多少？什么时候给？怎样能够恰恰帮助到灾民，而不超出灾民的需要？ 这些问题他们都考虑得非常细致。

"在'5·12'地震后，我们都是严格登记，按需采购和发放。我们有10辆车在运送物质。每天晚上，不管多晚都要汇总当天的发放情况和后面的物质需要，经常工作到凌晨两三点。

我们是隔一天送一次，一次只发两天的，不然灾民们使用起来也可能因为计划不好而出现问题。他们都想不到，我们送的东西那么细致，那么恰到好处。包括女性需要的卫生巾都考虑到了。灾民们都问我们，你们怎么考虑得这么周到？"

金观然说到这里，脸上露出一股强烈的满足感。

"是啊，你们为什么会考虑得这么周到？我也想问这个问题。"

"这就是我想说的第六个方面：站在受助者的立场考虑问题。由自己的不便想到别人的困难，而不是自己按照自己的想法去施舍。我们也有女性志愿者，地震以后商店都没有了，每个月的事情是必须要面对的。我们的女性志愿者要去和女性灾民做沟通，进行登记。不但是卫生层面，别的方面也是这样做的。

记得有一次，我们了解到灾民他们吃了十几天干粮，很想吃现做的饭。也有志愿者送了米和面，可是他们连锅碗瓢盆、刀具筷子都没有了，怎么做

呢？于是，我们就马上组织这些用品，一个家庭发一套。这些物品送给灾民们后，他们非常感动，说这是他们最需要的。"

"虽然看起来这是件很平常的事，但你们的帮助总能成为灾民们最需要的，这就不平常了。许多人就没有想到这些问题。你们是怎么考虑到的？是事先的培训？还是替别人着想？"我问道。

"一方面换位思考，另一方面也去做实际的调查了解。"

"这种换位思考你们平时在教育培训中都是有的吗？"

"有的！站在对方的角度去考虑事情，不单单是考虑物质的需求，也要考虑心理的需求。"

这一点我深有感触，如果你的帮助不是别人需要的，不仅别人得不到帮助，还会有心理负担。我也看到一些志愿者在帮助别人得不到回报时，心理上很不平，甚至指责批评，形成道德绑架。因为他们是为了自己在帮助别人，而这种帮助并没有使受助者感到舒服和被尊重。

"我们也会有心理陪伴和辅导。物质和身体的问题会慢慢好起来，但心理的康复却是漫长的。"

除了在地震发生后的那几个月的紧急救援，金观然和陈院长还讲述了福利院成立以后的 10 年，他们怎样从精神上帮助残疾朋友自强自立，甚至自食其力，为社会创造价值，获得更高的自我价值感和幸福感。

"除了慈善的实施你们做得很好外，还有没有结合现实的一些问题对慈善进行探索和研究？"我问道。

"我们有探讨，没有很深的研究。因为 2009 年刚出来了《中华人民共和国慈善法》，我们是按照这个框框去做的。以前没有法律法规的时候就是靠自己的爱心去做事。的确，如果要深入挖掘的话，每个人都有一颗善良的心，但他不一定能找到适合自己的平台，让善良的热情散发出来。所以我们会尽可能地设一些不同层面的小平台，让善良的心有机会正常表达。"

"为什么要用'正常表达'？"

"有些人很想行善，但又害怕给自己带来麻烦。比如老人摔倒了，想去扶，但又怕没人见证，怕别人讹他，不知道怎么办。内心是很挣扎的。有一个志愿者给我讲了一个故事：一次她刚买的新车，开到农村的土路上，天有点下雨，她听见路边一个老人在呼救，她把车刹住，很想去救，但周围没有

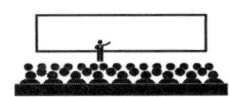

人旁证，又想到泥泞的土路，就没有下车，走了。后来不久，她听说这个老人去世了。她对我讲，这是她终生的遗憾和内疚。这个就是善良没有正常表达。"

金观然院长停顿了一下，无不遗憾地说：

"像这种情况，那颗善良的心很快就要散发出来了，本可以救人一命，但是因为负面的报道太多，它又收回去了。所以，我们需要一些小平台，去解决这类似的问题。"

"你是说，以通过一些平台去解决这类问题？怎么解决？"

"我们也还在思考之中。初步设想是依托社区，根据不同的需要、不同人群的特点，设立不同的小平台，一起来保护和支持那些带有一定'风险'的善举。"

"具体怎样做？"

"首先是集体紧急救助。当发现有人遇到险情，立即通过平台和附近社区对接，志愿者迅速赶往现场施救。这样，一方面分工合作施救效率高，另一方面也能保留证据防止讹诈。还包括媒体、法律方面的援助和支持。"

"这个想法很好。"我兴奋地说，"可是，有时候天高地远，志愿者不能及时赶到怎么办？"

"这个也没有办法。大家都凭良心吧。不是每件事情都可以达到完美的。做慈善也是一样，我们只有慢慢探索和实践。"

听完金观然院长的讲述，采访完一些残疾朋友和志愿者，我更加明确了福利院的创建者们对于科学慈善的深刻理解和诠释：从自己到别人，从物质到精神，从情感到理性，从认知到能力，从生存到自强，克服困难，不断进取和完善的全方位的科学慈善。

同时，我也从金观然院长的眼神和语气里，看到了他"路漫漫其修远兮，吾将上下而求索"的忧患意识和责任感。

三、"让孩子们有个家！"

2008 年 8 月 26 日，《华西都市报》登载了一篇题为《地震孤残期盼大爱》的文章。文中讲到有 80 名地震孤残急盼收养。这里所说的"地震孤残"

大道之爱
——汶川地震后公益人的十年行走

一些是地震致残同时失去父母的孩子，还有一些是以前就有残疾的孩子，在地震中失去了父母，成为孤儿，另有一些就是父母受伤致残，失去了对孩子的照顾能力，孩子需要人收养。

许多人愿意捐钱捐物，出力照顾，但谈到收养，大家都很为难。在收养工作启动的第一天，没有一例成功。

看到这篇报道，金观然团队的志愿者们的心被牢牢地揪着。他们强烈地意识到，这些孩子需要一个家。于是，他和一些爱心人士商量，在四川灾区建立一个福利院。这个想法一出，大家一拍即合。

随后，他们立即启动建院程序。下面是他们建院的时间表：

2008 年 8 月底，寻找地方，定点彭州市通济镇。

2008 年 9 ~ 10 月，和彭州市政府商谈，争取政策、批文和土地。

2008 年 11 月底，和政府签订协议。

2008 年 12 月至 2009 年 1 月，开工前准备。

2009 年 2 月，开工修建。

2009 年 6 月 10 日，竣工入住。

短短 4 个月，120 天，一座小型院落在通济镇红山村落成。孩子们终于有了一个家——和谐新家园福利院。

福利院最初建院用地面积 10 亩，综合用房面积 2 000 平方米，床位 100 个，总投资 230 万元。有管理人员 5 名，护理人员 20 名，医护人员 1 名。截至 2014 年 12 月，已入住各类孤残人员 500 多人次，其中有一部分是由于地震等原因后天造成残疾的，有一部分是先天造成残疾的，还有一部分是流浪者。志愿者 1 000 多人次。

随着残疾人士和工作人员的逐渐增多，原来这个小小的院落已经不能满足需要了。在政府和各个爱心团队及爱心人士的大力资助下，"和谐新家园福利院"于 2013 年 4 月迁至通济镇麻柳村。

为了服务更多弱势群体，使民间慈善公益事业更好地融入政府倡导的"中国梦"中，福利院购买出让国有土地近 20 亩（其中建设用地 12 亩），在当地政府的支持下筹建新院，并在成都注册为"成都市谐福残疾人关爱中心"。

2015 年 9 月 12 日，新福利院在通济镇羊叉村破土动工。

2017 年 4 月，一座建设面积 6 000 多平方米的川西风格且功能齐全的福

利院的主体建成。

2017年5月12日，"'5·12'汶川特大地震"9周年纪念日，正式迁移入驻新居。

中心建设投资1 700余万元、一期工程5 400平方米，240个床位。二期工程4 500平方米，170个床位。每个房间内都有独立卫生间，每个楼层都有公共卫生间。同时，配套厨房、餐厅、办公室、会议室、洗衣房、库房、医疗室、康复室、多功能文化活动室等附属设施，为孤残人员提供更优的逸养环境。

尽管中心收住的地震孤残并不多，但这所因地震而诞生的福利院永远为地震孤残们敞开大门。

"让孤残朋友们有个家。这是我们的初心。"金观然院长如是说。

四、幸福的学校，和谐的家园

2018年12月8日，是24个节气之一的大雪。虽然没有北风凛冽、雪花飞舞，但空气中还是比往常多了许多寒冷。

当我走进成都市谐福残疾人关爱中心的院落时，正在院坝里休闲聊天的几位残疾人朋友热情地向我打着招呼，他们都以各自不同的方式表达着他们的欢迎：坐轮椅的迅速朝我驶来；拄拐杖的点头问好；语言障碍的挥手示意；还有一位智障的孩子跑过来抱住我，他们共同的表情都是一样的——真诚的笑。我顿时感到一股浓浓的暖意袭来，驱散了冬日的寒气。

负责日常工作管理的陈秀情院长向我介绍了中心日常的情况。

这里的日常工作主要是对残疾人进行护理。中心目前有60位残疾人，完全不能自理的占85%。他们最基本的生活如起床穿衣、刷牙洗脸、吃喝拉撒、睡觉，都靠护理人员帮助。长期卧床的人还要给他们做翻身、按摩等护理。他们也做一些比较简单的康复活动。比如早上做早操，器械锻炼等。彭州市康复中心的老师每个月会到这里来对护理人员进行培训，对个别有特殊需要的做一些康复治疗。

成都市也定期或不定期来对残疾人进行评估和制定方案。

除了康复训练，上午还要上课、讲故事、阅读等。下午天气好的情况下，

护理人员就带着他们到外面进行户外活动，陪他们散步、聊天、做游戏、观赏风景。天气不好时就在室内看电视，或者安排一些室内的其他活动。

基本情况介绍完毕，陈秀情院长带我参观了他们的宿舍、康复训练室、多功能文化活动室、手工作坊、计算机教室、阅览室。首先感受到的是无障碍设施的方便，房间的整洁舒适，各个空间漂亮而得体的布置。

康复训练室里有针对不同残疾情况的器械和设备。每天上午有护理人员在康复室陪伴残疾人做康复训练。

计算机教室里整整齐齐地摆放着 10 台电脑，有一个男孩子在一台电脑前艰难地敲击着键盘，练习打字。从他的面容上能看得出来是个唐氏综合症患者。

阅览室宽敞明亮，靠墙的书架比较矮，这是考虑到残疾人取书方便而专门制作的。书架上的书多是一些图文并茂、色彩鲜艳的读物。室内桌凳不多，靠一侧摆放着，收拾得非常整洁，使室内空间特别大，便于轮椅随意转动。

多功能文化活动室里有几位残疾人在看电视，见了我们也都是脸上含笑，点头致意。

最显忙碌的是手工作坊，这是一个大约 50 平方米的房间，四周的墙上挂满了各种绘画、织绣作品。作坊中间有一张大桌子，上面摆放的手工艺作品琳琅满目。有实用品，也有纯艺术作品，都非常精美。这张桌子也是一个大的操作台。靠窗户边有一排条桌，是小型操作台。

房间里有五位残疾人在专注地做自己的活。我仔细看了看，中间大操作台旁有三位在进行着流水线操作：盲人大哥把手中的铁丝剪成不同长短的段，弯成不同大小的花瓣形状，然后递给旁边坐在轮椅上的姑娘；姑娘将彩色半透明丝网包在铁丝做成的花瓣骨架上，将花瓣根部的两端铁丝拧紧，一个美丽的花瓣就出来了；另一位坐轮椅的姑娘将相同颜色的花瓣按内小外大扎成一朵完整的丝网花。

陈秀情院长介绍说，他们做好的花朵，由老师和双手及智力都正常的残疾人按自己的设计绑在枝干上，做成花束。这些花束有些插在花瓶里，有些做成特殊的造型放在台上。平常做花瓣、花束、造型的人很多，但做花瓣骨架的只有盲人大哥一位，而且做得非常标准，速度也快。

"可以说，我们这里的每一个花瓣都凝结了盲人大哥的心血。"陈秀情院长看着盲人大哥深情地对我说。

盲人大哥听了陈秀情院长的话，朝我们仰起头，憨憨地一笑，笑容中还含着几分腼腆。旋即，又低下头去继续操作。

坐在靠窗的三位看起来双脚不方便。他们在用双手粘贴钻石画。每个人面前摆着一些盒子，里面放着不同颜色、形同钻石的小颗粒，他们的任务就是用镊子把小颗粒按图画板上显示的颜色粘贴上去，形成一幅钻石画。

我问陈秀情院长，这些残疾人做这些事是根据什么分工的？陈院长说，根据身体不同情况，发挥他们的优势能力。比如，智力比较弱的就穿珠子，智力比较强的就做钻石画，因为这需要对颜色的辨识、形态的摆布等。

手工课程是从 2015 年开始的。除了学习手工外，中心还为学龄孩子安排了小学和中学的课程学习。主要课程有语文、数学、英语。大部分孩子已经达到了初中毕业的水平。根据孩子的智力水平和身体情况，还可以鼓励一些孩子继续学习高中和大专课程。

中心还开设了国学课、品德课，开展了艺术创作活动、阅读活动、体育比赛、故事会等。

还和成都国际学校对接，开展远程教育，教孩子们学习英语。现在他们可以进行简单的英语对话。也为一些脑子相对灵活，手指可移动的人联系了网络教学老师，对他们进行网络课程教学。

谈及在开展各种活动和课程的目的时，陈秀情院长讲到如下几点：

"第一，用残疾人的健存部位去做事，去学习，本来就是一种康复治疗和训练。保证这些部位的功能不仅不退化，并且更强，从而发挥更好的代偿效果。

第二，利用优势部位去发挥力所能及的作用，这也是一种心理治疗，让他们的自我价值感增强，活得更自信，更有尊严。

第三，他们身体的活动，对防止一些疾病也有好处。比如呼吸道感染、心血管问题、压疮等等。

第四，提高他们的文化和道德修养，丰富他们的内心世界。

第五，在这些活动中也发现了一些人超乎常人的天赋和能力。

有个孩子是严重的智障，叫他什么都没有反应，也不知道他可以干什么。

后来，在一间大教室的地面上叫他们做仰卧起坐，他做得很好，越做越多，后来居然一次能做 500 多个。他曾经得到的所有的信息就是自己是没用的，但是当他发现自己做的事情别人做不到的时候，大家给予他的赞扬、鼓励，他感到自己不再是一个没用的人。

第六，他们学习的知识和技能也有助于自己的生活和工作。中心打算让他们就在中心的企业里就业。"

"你的意思是说，他们可以靠学到的技能去谋生？"我觉得这是一个了不起的想法。

"是的。我们的手工艺品通过义卖和市场销售收回一些成本，还有一些绘画作品也在一些拍卖会上拍卖。现在教他们通过网络去做一些事情，这个对失聪的人特别适合。另外，我们这里有农业，可以养猪、养鸡、种菜，他们也可以去学习。我们最近也跟一个做绿化养护的公司在谈，他们的项目如果在我们这里做，以后也会根据劳动需要和中心残疾人的身体情况培养他们的技能，使他们能够就业。"

"尽量让他们在中心的企业就近就业？"

"对。我们不能提供就业的，就请周边的公司、工厂为我们进行培训，提供就业机会。"

"目前能到外面就业的人不是很多吧？"

"比较少。要完全进入社会还需要时间。但我们未来是要朝这个方向发展的，因为这方面的需要太大了。

我们这里是一个家，无论他们身体情况怎样，首先让他们感到家的温暖，无微不至的照顾。但我们的目的不是为他们提供一个庇护的场所，让他们没有压力，而是希望他们到社会上，受到更多的关爱，让社会上更多的人能够接纳他们，帮助他们、让这个社会变得更加和谐，这需要一步一步去引导。"

"真的很感谢你们所做的这些。"我有些激动，抓住陈秀情院长的手。"因为你们关心的不仅仅是他们的身体，还有他们的心灵，他们的未来。这儿对于他们来说是一个家，也是一个出发地，他们可以在这里感受家的温暖，也可以从这里出发，走向未来，走向远方。"

"对。"陈秀情院长深深地点着头。

"这些年来，你们积累了一些经验。能不能总结几条，说出去对别的类

似机构或个人也有帮助的？"

"一是家的温暖，二是价值感，三是实际本领。"

"简洁而有力量。"我由衷地赞赏。

"其实，开始我们也不知道怎么样提升他们的幸福感。我们首先想到的是每个月搞一次茶话会，院民们坐在一起，买些吃的。我们一对一地去和他们沟通，哪怕是聋哑人，也要用我们的方式去沟通，让他们感受到关爱。因为平常除了护理人员和厨房员工，其他人各在各的部门，不可能随时和他们接触，关注到他们。

我们还有季度生日会，给他们买礼物，唱歌，送祝福语，买个大蛋糕一起分享。

由于他们的身体情况，没有太多的机会走出去见到更多的人和事，我们就邀请外面的爱心人士一同参与活动。几乎每个月都有不同的团队或者个人来这里表示对他们的关心，给他们带来更多的温暖。

每逢重大节日，我们都要举办大型活动，请外面的团队来为他们表演节目。重阳节还邀请周围村里的老人一起过节，表达我们对他们的尊重。

还有，平时过节，我们会加餐，包包子、饺子呀，我们还会搞一些活动，我们的工作人员都是来自全国各地，各自拿出一两个家乡的特色菜和大家分享。用生活来调节，同时也让工作人员不感觉到那么枯燥。因为大家面对的是一个残疾群体，真的需要很大的能量才能把这个事情做好。所以我们用不同的方式来调整，让我们的生活更加有色彩。"

"通过这些活动，他们不仅感受到家的温暖，也体会到家人的亲密。而且使整个大家庭更有活力了。"

"对，主要是让他们感受到他们是被爱的。"

"我知道，你的孩子出生不久就随你们到了这里，在这里上幼儿园，上小学，将来还会在这里上中学。很多人对自己这一代的生活并不是太在意，但是孩子的教育，用世俗的观念来看，就是没有在大城市接受的教育好。这个你怎么看？"

"是。关于孩子教育的问题，也有很多人跟我这么说。我是这样认为的：孩子在初中之前的教育主要是品格的塑造。所以我觉得我们来到这儿，也是帮孩子做了一个很好的选择。孩子从小可以亲眼看到，亲身经历到平常教育

他的，怎样做一个人，人应该具备哪些品格。如果在大城市是很难让孩子亲眼看到，亲耳听到的。

记得有个小孩才两岁多，他看见一个挂着双拐的奶奶准备打水洗脚，他走过去问：奶奶，您在干什么？听说奶奶在准备打水洗脚，他说，我帮你吧。奶奶说，我不要你帮，你太小了。他二话没说就走了。他跑去找他妈妈，他妈妈说你干吗？他说你来嘛，他把妈妈拉到这个奶奶跟前。那个奶奶正在洗脚，当她擦脚时，孩子二话没说，吃力地端起水盆把水端去倒了。奶奶当时就感动得流眼泪了。

我儿子也是这样，记得他还在上幼儿园的时候，有一天回来，天下起了蒙蒙细雨，他就到里面叫我：妈妈妈妈，下雨了。

我说：我知道，晾在外面的衣服已经收了。

他说：不是的，吴娇姐姐还在外面呐。我推不动她。

原来，他是想到吴娇坐着轮椅还在外面，怕她淋雨。

我们平常并没有刻意去教孩子们要这样做。但是我们发现，这些孩子完全懂得别人的需要。孩子心灵的教育比智力教育更重要。我相信他将来长大了，看到需要帮助的人不可能无动于衷，他也不可能去做危害社会的事。

所以，中心对孩子来讲，是一个最好的教育基地。"

"我觉得中心不仅是一个家园，还是一所学校。"我说。

接下来，我和两个下肢瘫痪的女孩的聊天，使我更加深切地感受到这所学校，这个家园对于她们的意义。

"My name is Rose."

在手工作坊里，靠窗户边坐在轮椅上做着钻石花的女孩叫吴娇。我发现她整个身体都是瘫软的，坐着都很费劲，两手也不太灵活。她专心致志地往纸板上贴着彩色的小亮珠，桌上还放了好几本书，都是些图文并茂的故事书和小说，其中有一本还打开着，是带拼音的彩色读本。就见我凑到她身边，她很有礼貌地跟我打招呼。于是，我们很自然地聊了起来：

"你是什么时候到咱们这个家来的？"

"2010 年，有六七年了。"她发音不太清晰，说话时还有些喘气。但她尽量放慢语速，让我听得清楚。

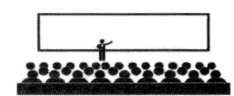

"还记得当时来的时候吗？"

"刚刚来的时候10岁吧。来之前也没有上过学，整天待在家里。因为爸爸为了一家人的生活开支，要去工作。我妈妈担心他一个人弄不过来，就跟着爸爸去打工了。家里就只剩我一个人，每天就是一壶水，一包方便面，一台电视打发日子。爸爸妈妈想到我没人照顾，就把我送到中心来了。因为我从来没出过门，对于我来说这是一个新的环境，我也什么都不懂，连字都不认识。"

"到中心来了后有什么变化呢？"

"到中心来了后我觉得以前那样过好无聊。你看他们都可以读书呀，去上学。上学我是肯定去不了的，因为自理不了，我就想跟他们一样，看书，但我又不认识字，这里的志愿者说有带拼音的书。一位叔叔就给我买了带拼音书，我就开始学习汉语拼音。我认真学，慢慢学会了认字。现在一本书的字我都能认识，也学习了很多其他的知识。"下面是我和她的一段对话：

"读了哪些书还记不记得？"

"看了《西游记》《水浒传》，成语故事、儿童文学之类的。"

"看了觉得什么故事你记得特别清楚？"

"历险故事算吗？"

"算呐，当然算！"

"《神秘岛的荒岛求生》。"

"为什么这个故事你记得这么清楚？"

"因为我觉得里面讲得很好啊！里面讲到五个人，他们离开英国受压迫的地方，从海上出逃，遇到风浪，就飘到一个荒岛上。荒岛上什么东西都没有，他们就靠自己的双手，使荒岛从无到有，变成一个城市。他们自食其力，从什么都没有，变得什么都有，把荒岛变得甚至比我们现代生活的城市还要好。"

"你从中受到什么教育？"

"让我反思自己。他们从一个什么都没有的地方，靠自己动手动脑，去寻找，去发现，找到他们所能够发现的东西，去寻找一些未知的东西，使荒凉的地方变得有生机。我觉得我应该学习他们的那种精神，去发现一些我没有发现的东西。人生要去探索才是人生。"

宁静的家园——成都市谐福残疾人关爱中心

223

"说得太好了。那你现在发现了什么东西呢？"

"发现我自己还有学习能力，现在对我来说，我还要学习一些知识。"

"讲讲你的学习。"

"2015 年，这里建立了一个手工室。做手工艺品我觉得很有趣，就学习做手工。一天过得不那么无聊，不浪费时间。一天不做事也是过，做事情也是过，为什么不去做一点有意义的事呢？"

"做起来觉得辛苦吗？"

"不辛苦。看到自己通过几天努力，做完一件作品，挺开心的，挺有价值感。"

"听说你有一件作品拍卖出很高的价格。"

"去年成都一个拍卖会，那些企业家组织的。里面也有很多别人的作品，也让我感到很新奇。别人画的画，让我开阔眼界。"

"你的作品卖了多少钱？"

"2.61 万元。"

"你听到这个价格时，有什么样的感觉？"

"我自己也乐了，没想到能拍那么高。"

"挺开心？"

"挺惊讶！"

"挺惊讶？你表达得更准确。你是不是觉得自己特有用了？"

"嗯……也不是特有用，觉得可以用自己的双手做出别人喜欢的作品。"

"你以后对做这个事更感兴趣了吧？"

"觉得这些东西挺漂亮的，可供大家欣赏。"

"还想到把它做得更好吗？"

"既然做了，就要把它做好。做了一阵不做好，那不是白做了？尽自己所能吧。"

"说得好。那你以后每天都要继续做这些吗？"

"会。除了这些，我平时还要看看书，做我的作业。"

"什么作业？"

"因为我现在在学英语，有一个国际学校的老师在给我做远程教学，一个星期一次。"

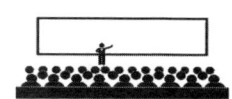
"现在能说多少英语了？"

"还只是一点点，打基础。"

"What's your name,please?"我开始和她用英语聊起来。

"My name is Rose."

"Rose?a kind of beautiful flower."

"Flower？ I like flower."

"Your English name is Rose?"

"Yes. "

"very good!How old are you?"

"I am seventeen years old."

"Do you love this family?"

"这个我就不知道怎么回答了。"

"哈哈！你太可爱了。你爱这儿的家吗？"

"I love. 我不知道怎么回答了。"

"l love this family very much."

"哦。"

"Do you feel happy in this family?"

"嗯……"

"你在这个家觉得很幸福吗？"

"Yes."

"Very good! 说的很不错啊！"

虽然吴娇的英语表达内容还很简单，但是她的语音和流畅度都很不错。

"你还有什么印象很深的故事？比如阿姨们帮助你，老师们帮助你，或者学习遇到哪些困难啊。"

"刚开始学英语的时候，我不知道音标怎么读，志愿者叔叔走很远的路到镇上卖电脑的店去给我下载学习音标的视频，属于动画的那种，让我容易记住，也更有趣。我学起来比我光看书就容易多了。如果只是靠书本，我看不懂，也不知道怎么读，还很枯燥。这个让我感触很深的，因为他是一个人背着电脑去的。"

"现在如果按小学校的水平，你大概是几年级了？"

"二三年级吧？我觉得是这样的。"

"从你说话来看，你不止二三年级。"

"毕竟我所学的知识有限嘛，也没学到其他的什么知识，就觉得是二三年级。"

"将来想学成什么样子呢？"

"将来的话，还要学一些我现在不懂的知识，让自己不要那么迷茫，能够更成熟一点。"

"将来还想做一些什么更多的事情，或是想到外面去看看？"

"想过。但是我现在觉得离这一点还很遥远。现在我主要是想学习更多的知识。"

虽然谈话短暂，但我记住了这个叫"Rose"的坐着轮椅的姑娘。她有着玫瑰花的鲜艳，玫瑰花的芬芳。

"把爱传出去！"

这是"5·12"汶川特大地震以后送来的残疾人。她叫罗小琴，就在做丝网花瓣的时候，她整个身体几乎蜷缩在轮椅上的，非常艰难。

"小琴，你是什么时候到这里来的？"

"我是 2009 年来的。"

"是什么样的情况下到这儿来呢？"

"2008 年地震以后，我家房子塌了。爸爸妈妈搭起一个帐篷，我晚上在帐篷里睡觉，白天就到我家塌了的房子外面。爸爸妈妈不敢把我放在屋里，因为那时候余震频繁。有一天高叔叔（中心以前的院长）来了，就把我接到中心来了。"

"你到中心来以后，觉得跟家里有什么不一样？"

"中心的阿姨都是当地的，对我挺好的。每天早上阿姨把我弄起来，洗漱完后，就去吃早饭，吃完早饭，做早操，然后，下午把我推出去，晒阳光、玩、聊天。"

"你到中心来，除了受到家人般的照顾以外，还学到什么东西呢？"

"小明有时候要上课，我就去跟他学东西。"

她说的小明是一位先天性脑瘫的大学毕业生，他毕业以后就到中心做志

愿者，负责一些文字和教学工作。自己还出了几本诗集。

"小明上什么课呀？"

"读故事。小明经常给我讲故事，我学得挺多的。他叫我不要自卑，要懂得感恩。以前我觉得挺自卑的，现在自信多了。"

"你还学到什么技术呢？"

"学了做花，还学电脑。"

"现在能够用电脑打字吗？"

"正在学。不过打得好慢呀，今天我从8点半打到11点过，才打了一页。"

说着，她不好意思地笑了起来。

"可以自己做一些事情是不是觉得自己有用了？"

"感觉自信了，但我还是需要别人照顾。"

"你看你做的花让那么多人喜欢，给别人带去美感，这就是有用啊。在中心很开心吗？"

"对呀。"

"最开心的事是什么？"

"最开心的事就是和他们一起玩，读书，不认识的字他们就教我。有不懂的，我就问小明，他懂得多。可是他也有别的工作，不是经常可以见到他。"

"到中心来了几年，感受最深的是什么呢？"

"感受最深的就是阿姨们对我的照顾和爱，给我的温暖。"

"那你怎么回报这些爱？"

"我先学打字，然后跟小明学写东西，把这里所有的爱都写成故事，传出去。"

把爱都写成故事，传出去。

这在一个正常人，或许不是难事，可是对于一个双下肢瘫痪、脊柱畸形、双手活动不灵的重度残疾人来说，这就是和命运抗争的宣言，一种掷地有声的力量。这种力量源于温暖，源于爱。

一所幸福的学校，一个和谐的家园。中心不仅是肉体安身的处所，更是灵魂受洗的地方。

延伸到墙外的家

我们的车进入通济镇境内，导航上的指示不太明确。我不抱希望地随便问了一位路人：

"请问知道通济镇有一家福利院在哪里吗？"

没想到那人对福利院十分熟悉，热情地给我们指点路线。当我们道过谢往前开时，他还赶上来补充了一句：

"这里谁都知道福利院，你们随便问就可以。"

在小路上缓慢行驶的过程中，还隐隐约约听到路边几位散步的大妈说：

"又是去看那些残疾人的，这个社会真是好哟。"

"福利院好哇，以后我们动不得了也住进去。"

不久，在一路人的指点下，我们顺利地到达了目的地——成都市谐福残疾人关爱中心。一个被围墙围起来的拥有两栋白墙灰瓦楼房的院落展现在我们眼前。

福利院和外面的村道有一条浅沟相隔，沟上一座窄窄的小桥直通院门。平常院门紧闭着，有人把守，闲人免进。

看起来，这个院子似乎是一个孤岛，与外界隔离。但在与金观然院长和陈秀情院长的交谈中，我们发现，围墙、水沟、大门，并没有隔绝和外面的交往。那座小桥，成了福利院和当地村民连接的纽带。这个家早就延伸到了围墙之外。

金观然院长说，福利院和当地关系非常密切。当地政府对他们很支持和认可。从土地、政策方面开绿灯，还提供专业技术的帮助和支持。福利院除了服务于院内的人，也对当地的老人非常关心和尊重，每年重阳节都会邀请他们参加福利院的活动，给他们送礼品，还要定期去看望院外的残疾人，了解需求，给予帮助。所以，福利院在当地的知晓度和认可度都是很高的。

"有很多人想来福利院，可是我们目前容纳力有限。我们打算在院外，比如村落、社区做一些日间照料。让这个家不仅局限在院墙之内。虽然我们接受不了那么多人住进来，但我们的爱是可以延伸到外面的。"

金观然院长告诉我，他们同时还在院外设了点关注留守儿童，引导他们

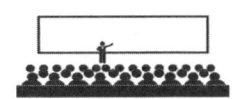

健康成长。

　　"这个镇一共有 3 万多人，有 1.4 万多人在外打工，留守儿童是个不小的数目。关注他们的成长，也是我们的一份责任。"

　　"我知道，目前你们一方面依靠募捐维持福利院的生存，另一方面也自己搞一些种植和养殖业自给自足补助一些生活上的需求。但是，福利院要持久生存和进一步发展，也是需要不小的资金去支撑的。关于可持续发展，你们有什么打算？"我问。

　　"我们从可持续发展方面也有一些想法。从搭建板房，到过渡性租房，到现在的永久性院落，从自养的角度有一些拓展。但是，公益慈善不能仅仅靠别人的捐赠，一定要自己产生造血的功能。所以我们一方面准备成立一家农业公司，也就是一家小型的农场，搞种植养殖业，重点是走生态之路。另一方面准备在成都增设院点，拓展服务范围，下一步养老助残是我们的重点，这个需求量很大。我们要从产业链和商业方面的发展去保证可持续发展。"

　　"金院长，我听了你前面的讲述，看可不可以这样来总结一下你们的发展历程？首先，从房屋来讲，从板房，到租房，到自己的院子；从物资方面，从完全输入，到自产自给自足，再到外销获得一部分收益；从服务的范围，从助残扩展到养老，留守儿童关怀；活动方面，从院内到院外。"

　　"是的。从另一个层面上讲，我们希望从这里开始，到更多的地方，感化到更多的人，付出爱心，构建和谐的社会，而不是一个争夺的社会。"

　　"怎样理解你说的'和谐'和'争夺'？"我问金观然院长。

　　"想方设法把别人的变成自己的，就是争夺，把自己的变成别人的、共享的，就是和谐的了。"金观然院长解释说。

　　"这样一个互惠互利的理念和感受会影响到周围的人吗？"

　　"会的。我们希望带动更多的机构，一起朝这个方向发展，让社会变得更美好。要把这种爱的理念传播出去，把这样的精神和物质的家园复制出去。"

　　在和金观然院长的交谈中，还了解到他们不仅把一般的服务延伸到院外，还把一些课程也送给外面的残疾朋友。

　　"金院长，刚才陈院长给我介绍了你们对残疾家人的教育培训，并带我参观了你们的课堂。真的太棒了！你们会把这里做成一个训练基地，接受院

外的残疾朋友来学习吗？"

"我们现在已经在做了。但是不是让院外的残疾朋友到院内上课，而是培训更多的教师，到院外上课，把教育培训送到需要的残疾朋友的身边。"

"是你们的志愿者去上课，还是有别的人参与？"

"不单是我们的志愿者，我们整合了其他资源。我们有一个'纵横'的模式。纵向，是我这个点的教育培训和发展，横向就是和其他机构进行合作，搭建一个更大的平台。我们已经在成都成立了一个助残联盟。是成都市残联基金会做平台，联合了成都 50 多家与助残有关的公益机构。这样资源才不会浪费，也能各尽其能，互相学习，发挥强项。"

"让更多的人参与进来，从助人到受助，从受助到助人，互利互惠，共创和谐和幸福？"

"对。让更多的人参与进来，让更浓的爱传递出去，建立一个内外交融、和谐幸福的大家园。"

说到这里，金观然院长的眼睛里闪耀着幸福的光芒。

五、永远的精神家园

在福利院，我采访了几位主要的负责人和志愿者。从他们的讲述中，我感到这里不竟是残疾朋友的家，也是在这里服务的志愿者们的精神家园。

"我会一直做下去。"

金观然，1957 年出生在浙江一个著名的侨乡。改革开放以前做一点小生意，改革开放以后因为抓住了社会给予的机遇，成为中国最早的"万元户"。挣到钱后，他首先想到的是回报社会，就尝试着做一些社会工作，以后就完全做慈善。

"什么时候完全放下生意？"

"1995 年。其实从 1988 年就陆陆续续开始参与慈善了。1997 年，在云南也做过一些救灾，1998 年长江洪水，便投入了灾难的救援。花了许多时间，也做了许多事情。"

"中国的灾难心理援助也是从那个时候开始的，'5·12'特大地震以后

发展壮大了。因为我在'5·12'地震时招募的第一个心理志愿者就是在1998年在九江做过心理辅导的。你们当时做慈善是有组织的？还是自己做？"

"个人行为，和一帮朋友一起做。"

"你们主要做的是什么工作？"

"1998年开始是救灾。后来我们就做扶贫。扶贫是最重要的项目。"

"扶贫涵盖的范围很广，你们主要做哪一块？"

"我们先找到一个边远山区少数民族失学儿童扶助项目，从这里入手。开始，我们除了亲自到山区，深入生活，了解孩子们生活上的需求，帮他们解决问题。后来我们进行捐助，支持他们的教育工作。"

"像你们这个福利院的形式，还有没有？"

"我们家乡有个福利院，这里是第二个福利院。"

"你现在主要的工作就是管理这些福利院吗？"

"前几年大多数是在建筑上面花了很大的精力。比如筹集资金，建设过程等。因为我们资金比较缺，还要和一些企业联络，因为是正规报建的项目，也要和政府协调等等。所以前几年的大部分精力放在建设上。后来做院内管理，现在年轻人都起来了，院里的管理就少一些了，主要经历是在外联，把我们的理念进一步进行传递。"

"你后来没做生意了，善款从哪里来？募集吗？"

"先是把个人挣的钱捐出来，后来带动社会一起筹集。我们成立了志愿者组织，一起去做。"

"都是私募的？"

"私募。没有公募。"

"参加募捐的都有哪些个人和组织？"

"各个方面的都有，比如企业、宗教组织、个人等等。得到了社会广泛的支持。"

"捐助只是输入，你们还要造血，自己要准备做一个大的农业产业。这个产业除了在彭州做，还准备在哪些地方做？"

"刚才说到'纵横'的概念也包括这个。纵向是把我们这个地方的发展好。横向就是和其他一些机构合作，把理念传给他们，在技术上给予指导，由他们来具体做。整合资源。我们不仅要做农业，还要从商业方面去做，因

为现在福利院扩大了，一定要做规范，费用高了很多。"

"现在福利院里有多少人？包括员工和受助对象。"

"在福利院里生活的有 80 ~ 90 人。我家乡那边还有 210 人左右。这里刚新建，人要慢慢增多，让合适的人进来。"

"什么是合适的？你们有什么条件？"

"从受助者来讲，就是严重残疾，失去自理能力，家庭贫困，无力照顾；从员工来讲，首先要有一份爱心，其次就是需要技能。比如护理、管理、财务、医疗等方面的。医疗方面我们很缺。"

"建院以来，你们福利院一共有多少志愿者？"

"在九年里，参与援助的志愿者人数有几千人。川内有一部分，更多的是川外的。这么多年走过来，全靠爱心人士的付出和各级政府部门对我们的认可和支持。"

"长期在福利院里工作的志愿者大约有多少人？"

"前后有 27 人。福利院里这些志愿者，都是带着家庭来的，扎根在这里。其实，从定义上来讲，他们已经不是志愿者了，应该说是正式员工。但是又没拿正式员工的待遇。除了在这里吃住，我们每个月给每位志愿者 500 元的生活补贴。这又算不上是员工了。但做的事情，的确是按员工进行分工、划责的。"

"你们的初心是要为‘5·12’地震的孤残建立一个家，但是现在‘5·12’已经过去那么久了，你们这个家还有什么更长久的打算？发挥哪些更大的社会价值？未来发展的规划是什么？"

"这个问题非常好。因为我们要做一个长久的福利院。公益慈善事业是每一个公民的责任。作为一个公民，应该负起一个公民应有的责任。所以我们到了这里就找了一部分志同道合的人一起来做这个事情，搭建这样一个平台。但是我们做这样一个事情的目的是要带动一方的爱心人士，一起来做事。每个人都希望做一些事情来证明自己。但是没有平台不一定能够找到要做的事。其实我们的初心是这样的。"

"那我可以这样理解吗？这个福利院不仅是为了帮助受助人，也是为了去帮助受助人的人自己搭建的一个平台。"

"对，把一些有爱心的人士联络在一起。就是搭建一个小舞台吧，让每

个'演员'在上面表演人生最精彩的一曲。于是，我们就想到要建这样一个福利院。"

"要把这样一件公益事情坚持下来，并且一干就是10年，一定有许多困难和感人的故事吧？"

"是的。我们经受的困难是难以想象的。但我们坚持下来了。也发生了很多美妙的故事。"

"以后有时间一定要仔细聆听你们的故事。"

"欢迎欢迎，有时间我讲给你听。"金观然院长十分开心。

"有些员工干一段时间后，希望出去发展，你们怎样看待他们？"

"可以的，我们也鼓励。但不管你出去做什么？去哪里？福利院都是他们的家。尽量让他们想到这里就是一个家，可以随时回来，虽然不是这里的员工了，但永远是这里的家人。"

"从这儿出发，去工作，去打拼，累了回家歇歇，想家了回家看看？"

"对。有些志愿者出去几年了，一直想着这个家，经常回来看看，打电话，一打电话就哭。但是由于具体的原因，他不得不在外面。有位志愿者原来在这里待了两年，出去干了两年，现在又回来了。回来时，我问他：你是回来住几天吗？他说回来就不走了。那我们也是非常欢迎的。"

"对他们的去留，你们完全是采取一种尊重、接纳、包容的态度？"

"对。这里对于他们来讲，是自由的、体谅的、幸福的。"

"金院长，你今年已60岁了，从做事来讲，是一个年富力强的年龄。但是在孩子们的眼里，你已经是个老人了。你的子女都在什么地方？"

"我有三个子女。两女一男。最小的是儿子，在家乡义乌。老二在苏州，老大在欧洲。"

"你现在四处奔波，他们对你肯定是很牵挂。他们支持你还那么奔忙吗？"

"非常支持。因为我们这么多年走过来，孩子们也受到潜移默化的影响，都在公益慈善的路上。"

"他们现在也在参与你们的活动吗？怎么参与呢？"

"因为我们夫妻都在这里，他们时常会过来住一段时间，一方面看望我们，另一方面陪伴一下这里的家人。参与做一些工作。我小女儿是做财务的，

以前我们这里没有正规的财务，她就过来帮我们做财务，规范财务工作。我儿子也会去做一些农活、护理等，反正有什么活，就做什么。有时候也会给予一些资金的帮助。"

"你太太是什么时候到这里来的？"

"从2008年5月12号一起到四川来，就没有离开。刚到四川抗震救灾的时候，需要大量采购、运送物资，采购、管理仓库、记账全是她一个人。她以前并没做过这些工作，只能一边做一边摸索，常常熬夜到天亮。"

"将来怎么打算的？如果活100岁，还有40年，怎么打算？"

金观然院长愉快地笑了：

"只要能够走得动，讲得动，做得动，我会一直做下去。一方面这里是家，除了照看家，在外面会走动得多一点。在不同的地方去复制这样的模式。"

"这就是一个永久的家，要坚守到最后？"

"坚持到最后。至于坚持多久，不是我说了算。"说完，金观然院长又开朗地笑起来。

"能坚持多久就坚持多久。"我若有所思地重复着这句话。

"对。"金观然院长坚定地说。

"如果年龄再大一些，走不动了，讲不动了，做不动了，身体也需要医疗关怀了，可是这里的医疗条件还不是太好。你会到别处去？"

"目前还没有考虑。即使哪一天我们不住在这里了，这里也是我们永远的精神家园。"

为爱而坚持

陈秀情，来自湖北武汉，福利院成立以后，就担任副院长，管理日常工作。

"在帮助这些残疾家人的过程中，我自己得到的更多，他们给我力量，鞭策我成长，给我幸福。"陈秀情院长在讲述她的工作时这样说。这也是我所接触的所有做公益的人的共同感受。

"你们用日常的管理、护理去关爱这些家人，也召唤外界的爱心人士参与到关爱中。同时，你们也注意到了自己员工的精神状态，使他们有幸福感

和热情，更好地去帮助家人们。

　　我知道，在这里员工们的生活是很清苦的，除了分享快乐和幸福外，还有什么让他们能够坚持下来？"

　　"其实能够让大家坚持下来的，是我们也有我们的理念，我们的文化。我们的文化，也就是我们的愿景。我们的愿景就是希望将来我们能够成为一个和谐人生村。和谐人生村的理念就是让所有的人能够和谐共处，大家彼此之间不是为了名、为了利。无论你是什么样的地位，什么样的身份，大家彼此之间是尊重的、关爱的。我们这群人先走出来，让能够出钱的出钱，出力的出力，让有缺乏的人感到不缺乏，无论是生理的需要还是心理的需要。我们尽可能地去满足精神和物质的双重需要。当我们去帮助其他人时，同时自己也得到了帮助。而我们得到的更多，真正体会到什么是爱。爱不仅仅是不求回报，我们给予的是其他人所需要的，而不是我想要给的。今天有许多去帮助别人、爱别人，是自己所认为的爱，但不一定是适合对方的。在服务工作中，我们经常发现这样的情况，我们就不断地去调整，这个爱要怎么样去落实到他需要的点上，这才是真正的爱。"

　　"陈院长，我知道你到福利院来之前，自己的条件挺好的。你当初为什么要到福利院来，并且坚持下来的？"

　　"2008年地震以后，金观然老师让我过来看一看。我6月初去了灾区发放救灾物资。当时去了绵阳、德阳、安县等。我们开了一个车，拉了米和蚊帐，当时灾区比较缺乏这两样东西。那时候灾情已经基本控制住了，但是还有一些小范围没有顾及。我就到那些边缘地区。有些地方的米是要靠背过去的。我们有人在那边联系，我们就按需要去送物资。但没干多久发现怀孕了，就回去生完孩子再过来的。"

　　"看到安置点的现状，对你们的心灵有什么样的冲击？"

　　"看到一片片的废墟，一张张没有笑容的脸，我心里有一种说不出的凉和痛。房子倒塌了倒不是最重要的，最关键是看到他们失去亲人的那种痛。我记得当时走在路上，看见许多人坐在路边不说话。我们来之前，去过灾区的朋友们告诉我，看到这样的人，你不要问为什么，如果可以的话，就给他们一个拥抱。因为我的朋友是在'5·12'特大地震第二天就去了灾区，6月份才离开，经历了很多这样的场面。我当时去了以后，我不敢，不敢拥抱他

们。我看到他们在那里伤心，在那里哭泣，其实我心里面也是很难过的。我能体会到失去亲人失去家园的那种痛，他们是需要有人陪伴的。于是，我下决心来到这里。"

"你是什么时候又到的四川？"

"2009 年 11 月。"

"你当时回去怎样说服先生的？"

"我回去后就跟老公商量，说那里的残疾孩子比较多，他们真的需要我们。如果我们去赚钱，会生活得很好，物质生活会更丰富。但是如果每个人都站在自己的立场上考虑问题，那些残疾孩子的状况就在反映着我们的自私。我对老公讲，我们可不可以去做一点更有意义的事，让那些跟我们同样的生命受到关爱，受到尊重。如果残疾孩子们流落到社会上，有可能得不到关爱和尊重，甚至被歧视，会给社会带来很大问题，我们是不是可以伸出我们的手，尽一点点的力量，帮助他们一下？如果每个人都用这么一点点力量去帮助残疾孩子们，我相信这个社会会变得更美好。

老公被我说服了。他说，只要我们过得开心幸福，物质的东西并不重要。他毅然决然地辞了职。"

"全家迁到这里来？武汉那边还有其他的亲人吗？"

"我的父母、姐姐都在武汉。"

"他们对你的行为理解吗？"

"刚开始都不能理解。但我有这样一个意愿，他们也尊重。"

"现在家里面老人有人照顾吗？"

"今年我父母也过来了。之前我父母倒不是太反对，我姐姐她们是真的很强烈地反对。觉得我们这样的选择，将来的路怎么办啊？但后来我们说服了他们，现在他们也很理解和支持我们。"

"得到全家人的支持，你也就踏实了？"

"是的，尤其是父母到了这里，他们生活得也很安宁幸福，我们就更坚定了自己的选择和坚持。"

"付出，其实就是获得成长的机会。"

陈苏静，现福利院的后勤工作人员，也是 2008 年首批来四川进行援助的

志愿者。这是一位 30 多岁瘦弱而文静的女性。坐在我的面前的她给我十分沉稳而谦和的印象。

"你好！小陈，我就是想听一听你来这里前后的故事。"

"我是受金观然老师的影响开始做慈善的。最早是收集一些衣服帮助灾区的人，以后就慢慢走得更近。进一步接触以后，发现这也是我们所要追求的。于是，我就放下工作，跟他们一起在外面四处走动，主要做扶贫工作。直到 2008 年地震以后，我就和他们一起在四川工作了。"

"以前来过四川吗？"我笑着问。

"之前没有来过四川，我们是 2008 年 3 月份到了云南，计划长住昆明。金老师他们在地震前 3 月份到过四川、云南，主要来考察如何在西南地区定点做扶贫救灾，4 月份又一次来四川、云南考察，我也跟着一起到处跑。'5·12'地震那天，金老师带着一批人又到四川是要商量在西南地区的扶贫点的落实，准备在西南地区有序地开展这项工作。这次没安排我去。但飞机刚落地，就遇上地震了。金老师当天跟我联系叫我们先等待信息，过了几天金老师看到这边的灾情严重，就建议我们把那边的工作安排了准备到四川。我和我先生就一起过来了。"

"你们以前是做什么工作的？"

"在我没有加入团队之前我是个体户，先生是做装修的。"

"在那边条件怎样？"

"还可以吧？"

"你们俩说走就走？放弃生意？"

"是。"

"是什么时候来的呢？"

"2008 年 5 月 26 号。"

小陈回答问题很简短，而且脸上始终带着一种腼腆的笑。

"到地震灾区后，你主要是做什么工作？"

"救灾早期人手缺乏，什么都做。但我的任务还是负责物资采购，老公就到灾区前方。我和一些志愿者住在成都的蓝天宾馆，每天按照前方收集来的需要信息进行采购。紧急救援阶段结束以后，我们决定建立福利院，就找房子、建房子，我一直做着后勤的工作。直到 2009 年福利院建成，我们就驻

扎在这里。"

"你和先生一起住进来的？那时候你们有没有孩子？"

"没有，现在有三个。"

"三个孩子都在这里生的？"

"不是。说来也挺巧的，我 2007 年结婚，到 2008 年一年都没有怀上孩子。到这里很累，每天几乎都是工作到凌晨，有时候一大早就到市场采购，等采购完都到下午一点，有时就在市场门口喝一碗稀饭。到 6 月份觉得身体开始不太舒服，很疲惫。直到在成都租好房子、搬好家后，去医院一检查，怀孕了。因为反应特别大，就回老家休养，生完孩子又过来了。后面两个孩子是在这里生的。"

"10 年了，老大也快 10 岁了？"

"是的，老大上小学三年级。老二老三都上幼儿园。"

"他们都在附近上学吗？"

"是。"

"他们都是自己去上学？"

"我们福利院里有七个孩子上小学，他们吃完早饭一起去学校，晚上自己回来，我们不接他们。"

"他们现在的学习情况怎样？"

"还是比较自觉，我们几乎不管他们的作业。总的情况还可以，不算太差，也不算最好的，中等偏上。"

"刚才听陈院长说，这些孩子看到你们去帮助别人，自己也挺有爱心。"

"是的。在这个环境中长大，他们懂得关爱。比如说有零食，一定会主动去分享。"

"你现在还是什么工作都做？"

"现在人手多一些，工作细化一些，今年我就把出纳的工作交出去了，只做后勤。后勤也涉及各个部门。"

"你到这里来的时候，多大年龄？"

"30 岁。"

"那时很年轻，一晃快 10 年了，生了 3 个孩子，当然是最大的收获了，其他方面还有什么样的成长？"

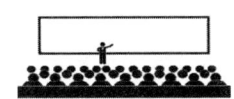
"一是在专业方面，在财务方面进步太多，以前完全不懂什么是财务，只知道记流水账，而且记得不清楚。可是现在不仅懂得怎么做账，怎么处理票据，怎么跟银行对接，还能发现很多问题。所以，领导就说，我特别适合做审计。我和陈秀情报了会计自学大专进行专业学习。"

"在心灵成长上有些什么？"

"开始，对这个工作认识不深刻，觉得受助者应该感恩回报。后来通过在帮助别人的过程中，感受到自己也在获得。自己的内心也得到了历练，所以懂得爱是不求回报的。付出，其实就是获得成长的机会。

这真的是学习一门功课。刚来的时候，你去帮助了别人，他不懂得感恩的时候，我觉得内心特别难过，特别痛苦。为什么我们那么去爱他们，却不被他们理解呢？还有人认为，反正你们有钱嘛，你们也无所谓，反正是募捐来的。我们募捐的每一块钱，都是用在需要帮助的人身上的。可是他们对我们完全不理解。现在，就不一样了，首先我们不求回报，同时，我们也很理解他们，这也是他们的正常反应。我们也会遇到很多感恩的人，他们让我们感受到付出是值得的。同时，我们的付出也在慢慢地影响到周围的人，改变着他们。有很多人参与到我们的工作中来，是很幸福的感觉。"

"一直要干下去吗？"我几乎对这里的每位志愿者都问过这样的问题。因为他们在这里做出了许多牺牲。

"会一直干，但不一定在这里。这里是一个基础，如果有别的地方需要，我们就会去别的地方开辟更多的点。"

"那你的三个孩子呢？也跟你流动吗？"

"肯定跟着我的。我们到哪里，他们也会到哪里。"小陈幸福地笑着。

"那学习呢？"

"跟我们走，在当地上学。"

"孩子小时候有一个稳定的学习环境对他们是很重要的，你们有没有考虑给孩子一个相对稳定的环境，在小学这几年尽量地不流动？"

"目前我们也没有考虑流动。如果真的有新的地方需要我们去工作的话，我相信孩子们也有能力去适应新的环境。"

"真不简单。"我从内心里发出赞叹。

"你先生在这里做什么？"

"最先是做司机，后来去做养殖，现在又调回来做司机。但没开车的时候，也做别的事。今天就在做护栏。"

"也是什么都做？"

"对。就像建筑这一方面，为了减少成本，能做的他们就尽量自己做。"

陈苏静，作为"谐福关爱中心"一名普通的志愿者，从她那里，我听到的是平凡的故事，感受到的是崇高的精神境界。

我的志愿者生涯

徐小明，四川资阳人，先天脑瘫，大学学习药学专业，是我的学生。在学校读书时是品学兼优、励志奋进的好学生。由于他的乐观积极，成绩优秀，喜爱文学，又热心于公益事业，在校期间和我有许多的接触和交流。他入学后还经常带领同学去关爱和帮助临近学校在"5·12"特大地震中受伤的学生。毕业以后我和他一直保持联系。记得刚毕业时，他告诉我他已经和一家医院签订了就业合同。我打心眼里高兴，因为像他那样的残疾人，尽管各方面都很优秀，但要找到一份工作也不是那么容易的。

过了一段时间，他给我打电话说，他决定去彭州的一家福利院工作。作为老师，我是有点遗憾和担心的。但是，他已经决定了，我也没多说什么，默默为他祝福。

他是以志愿者的身份进了彭州和谐新家园福利院，是福利院唯一一个具有严重身体残疾的志愿者。他在福利院的主要工作是担任残疾朋友的文化课老师和心理辅导员，同时还潜心文学创作，写出了《白鸟集》《复活的生命》《奔放的生命》等五本诗集，目前已出版了《白鸟集》和《复活的生命》。我和福利院的关系也是在他的引介下建立的。

作为一位高度残疾的人，他不仅自己生活不依赖别人，还要做那么多为他人服务的工作，并且在文学创作上做出了成就，可以想象，他遇到的困难有多大，付出的心血有多少。

可是，每当我向他提出，请他写一下他在福利院所做的工作和故事时，他总是十分低调地"应付"着我：或说没什么写的，或者拖延。

我很理解他的低调和推诿，但是我觉得像他这样带残助残的行为和精神，应该让更多的人了解，给人带去更大的生活动力，带去对生命更深刻的思考。

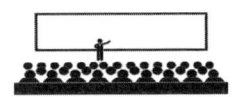

在我再三催促下，他终于写下了一段文字：

时间总是那样快速地流逝，我从大学毕业已经将近四年了。在这四年里，我走了一条与一般人不同的道路，那就是全部的时间都投入到公益慈善里。让我对于自己，对于残疾人群体以及公益慈善的道路都有深刻的认识。

因为我自己本身是一位残疾人，在社会上找工作面临着许多的压力与挑战。在老师的推荐下，2014年12月，我来到了和谐新家园福利院做志愿者。

原本只是想来看一下，来了之后，却发现这里有一群像我一样的残疾人，但他们没有机会接受教育。一到福利院，和大家接触就感觉特别亲切。因为我能深深地感觉到他们心里的那种渴望，那种勇敢，那种自卑等。因为我是从这条路上走过来的人。

在我快要离开的时候，大家都拉着我的手说："小明哥哥，不要走，我要等你来教我们学习。"当时我的心像被电击了一下一样，心灵终于觉醒。我觉得这就是我所要走的路。人生是那样的短暂，如果有这样的机会一定要好好地去珍惜。所以我赶紧回去把医院的辞职手续办了，回到了和谐新家园福利院。

刚刚来到福利院的时候，我确实不知道该如何下手，因为一切都不是我自己想象中那么简单。我最初的想法是只要按时上课、下课就行了。其实，这群残疾家人们认知程度不同，经历和内心感受也不同。要想教给他们更多的知识，是非常困难的。对于他们，不仅仅是进行外在的帮助，更多的是需要一种心理上的辅导。所以，必须花费更多的时间去陪伴他们，甚至有些人还需要长期的交流，取得他们信任之后，才愿意把心扉一点点地向你敞开，让你走进他的内心世界。这样才能慢慢地帮助对方从过去的阴霾中走出来，从而更加自信地去面对每一天。

在这条公益慈善的路上，真正支撑我走下去的是心里那份单纯的爱。因为我尝过爱的滋味，知道爱所带给人的力量。还有就是在这条公益慈善的道路上让我找到了生命的价值和意义。在这个世界上，即使我活上100岁，也不过36 500天。人生来一趟世界，难道仅仅是按照传统的生活模式生活？小时候努力读书，长大了努力工作赚钱养家糊口过日子，然后再慢慢地老去？

我想到这些的时候，问自己，难道这样按照传统模式过一生就是我所想

要的生活吗？内心深处告诉我，我所寻找的生活应该是一种更有意义、更充实自己灵魂的生活。表面上是去帮助别人，其实，在这个帮助别人的过程中，让我更加深刻地认识到了自己，也让我的人生在帮助别人的过程中更加完善与升华。

如果一定要说"慈善"是什么？我个人觉得这是一个非常宽泛的概念，我只能从自己的经历与体验中来回答这个问题。"慈善"就是把"人之初性本善"中的最初之爱找一个机会"施"出去，让真正有需要的人获得帮助，更让自己领悟到"施比受更为有福"的奥秘，让自己在这短暂的人生之旅中，通过各种各样的公益活动、慈善平台，或者是身边的一些助人益人的事，助人的同时，让自己重新获得人生的高度与宽度，从而让自己在这个世界上短暂的人生活出无限的生命。

小明仍然没讲他自己的故事，更谈不上生涯，因为他还年轻，"生涯"一词是有长久含义的。但我还是用了他的题目。因为，他已经把公益事业当作了他的人生主题。

由于时间和空间的限制，还有许多为这所福利院做出重要贡献的爱心人士没能采访到。但这个群体，这个家园，给我的影响已经非常厚重。为了表达一份深深的敬意，也为了他们精神能够更广泛的传播，征得金观然理事长和陈秀情副院长的同意，在这里列出部分长期在福利院工作，又没有在书里呈现他们的故事的志愿者的名单：

林照云、周明虎、金永春、金光芬、王小灵、……

六、和谐之歌

写作过程中，收集成都市谐福残疾人关爱中心有关资料时，发现许多内容非常切合我要表现和倡导的"科学慈善""大爱有道"的精神。所以，在这里也引用一部分。

我们的扶助对象： 我们主要服务于孤寡老人、重度残疾、生活不能自理、

无生活来源、迫切需要社会关爱和资助的弱势群体。

我们的办院目的：让每个入住人员无偿享受绿色安全食品、整洁宽敞居所和充满爱心的护理，帮助一个人，就释放了一个家。

我们的服务团队：由来自全国各地的志愿者组成，他们都有着爱心和无私奉献的精神，甚至不少志愿者家庭在福利院中心长期做志愿服务，有些志愿者还具备专业的护理经验。

我们的目标：逐步形成"兴农养慈，慈农共进"的格局，兴办生态猪、鸡养殖业，建立蔬菜基地，发展自然农业，使我们院的财力支撑，由爱心人士捐赠、政府政策扶持转到依靠自己的造血功能。

我们的管理：入住的孤残人员免费享用福利院中心提供的安全食品、阳光住处和特别护理。食品主要是爱心团队自产的有机大米，生态猪、鸡、蔬菜等；饮用水是经过国内先进设备特别处理过的小分子水；住房通风向阳，床铺坚固、被子干净，卫生间、洗浴盆等设施配置合理。

志愿者像待亲人一样为服务对象提供日常照料，并引导他们进行身体、心理等方面的康复锻炼，提高自理能力。

管理人性化、财务透明化、服务规范化是我们的工作标准。我们的心愿是让成都市谐福残疾人关爱中心这块小小的"爱心石"发挥应有的光和热，引导人们把更多的爱心倾注到需要关怀的群体。

我们的特色：

1.完全免费：任何的院民不需要交一分钱，免费吃、免费住、免费护理，还有不定期的身体检查。志愿者没有工资，每月只有512元的生活补贴，主要用于手机充值等。

2.完全自愿：没有一个义工是聘请的，都是自愿到福利院做义工，如果说是志愿者，倒不如说是志愿者。

3.全家行动：福利院最具特色的是"志愿者家庭"，爱心的路上，全家总动员。

4.人人第一：唱歌第一、跳舞第一、开心第一……人人都是第一名！

5.五子登科：这是一个取长补短的方法，院民之间可以互帮互助。

6.同吃同住：不论是院民还是义工，在福利院里，是一家人！一起吃、一起住、一起生活；"路遥知马力，日久见人心"，是真爱是虚假，都不能

掩盖；你的一言一行都在大家的眼里！

7. 自供自给：种植、养殖，不愁菜和肉．

8. 造血系统：传统福利院依靠社会捐助、政府救助；成都市谐福残疾人关爱中心走"以农养慈，农慈共生"，用农业促进福利事业；农业专家指导种植和养殖，为自己和社会带来健康食品，在保障自己够用的情况下，提供给社会，自己健康，别人健康。

9. 带动周边：爱心投入社会，行动建立和谐；种植、养殖为周边做出榜样，免费提供技术指导，带动周边百姓共同致富，给社会提供更多的健康食品；让爱心不限制在福利院，让和谐传播得更远。

我们的发展：开办爱心食堂。接纳（日间照料）通济镇周边 70 岁以上的空巢老人和残疾老人。接待量为 100 人，免费提供中、晚餐和茶水及文化娱乐设施，为更多家庭和社区分担压力，更好地落实四川省残联倡导的"残老是一家"的观点，促进社会福利事业向更优目标迈进。

我们的院歌——《和谐之歌》

不论是白发苍苍的老人，

不论是天真活泼的孩子，

不论是健康人还是残疾人，

不论是先生还是女士，

不论是工人还是农夫，

不论是官员还是百姓，

在新家园我们是一家，是一个大家庭。

同一个信念，同因真爱和谐；

同有一个指望，同一个地球；

合而为一，爱中联络。

不论是教师还是学生，

不论是军人还是商人，

不论是哪个地区哪个国家，

不论是言语肤色不同，

虽然相隔遥远，真爱使我们相遇，

在新家园我们是一家，是一个大家庭。

同一个信念，同因真爱和谐，

同有一个指望，同一个地球，

合而为一，爱中联络。

2016年的一个冬日，四川省教授合唱团来到成都市谐福残疾人关爱中心捐赠物品，和福利院的家人们联欢。那些残疾朋友用他们模糊的口齿吟唱出最清晰的向往；用他们僵硬的身体舞动出最柔软的情感；用他们单纯的笑容表达了对我们最热忱的欢迎。教授们深受感动和感染，和家人们一起抒发着内心的愉悦和畅快，享受着冬日的阳光和温暖。

最后，教授们和福利院的残疾朋友、志愿者一起演唱了《和谐之歌》。大家满腔激情，满眼泪花，内心被一种圣洁的和谐之光照耀。这是我听到最和谐的声音，最动人的合唱。

7. 跟随父母做公益

我叫胡波儿,我的父亲胡宪生,母亲王洁玉,他们因"5·12"汶川特大地震与公益结缘,一干就是 10 年,并且还在继续。10 年来,他们对地震小伤员的帮助和牵挂,对震后援助的记录和总结,对抗震精神和社会大爱的传播,对我的人生观、价值观产生了极大的影响。

父母在震后所做的事情我并没有全部看见,有的是通过媒体看见的,有些是从他们写的《灵与肉的守护——一个心理志愿者的震后援助手记》和《爬出废墟的孩子们——20 位汶川特大地震小伤员的 10 年成长》两本书里了解的,有的是他们给我讲述的,有的是从别人那里听说的,有些是我自己经历的。

此时,我只把我的所见所闻,所感所想写在这里,以表达对我的父母,以及他们这一辈人对爱的理解,对公益的作为,对工作的态度的深深敬意。

一、父母的公益之旅

我的父亲母亲都是教师,父亲从事语言文学教学和研究,母亲从事医学和心理学教育及研究。他们也都是中国较早的一批心理咨询师。青少年心理健康教育是他们近 20 年重要的工作之一。

2008 年"5·12"汶川特大地震以后,他们俩同时加入了教育部的"中小学震后心理辅导队",父亲分到成人组,母亲分到儿童组。5 月中旬,他们便进入灾区进行心理援助。父亲去了都江堰聚源中学和救援官兵驻地及救援现场,为学校师生、家长和救援官兵做心理辅导。母亲在绵阳九州体育馆灾民安置点和八一帐篷学校,为小学生做心理辅导。他们每天一大早从成都出发,下午回到成都。晚上则组织志愿者讨论案例,分享学习,或者参加全世界各地到成都举办的心理危机干预培训。从 5 月中旬到 6 月中旬,他们参加

了心理危机干预培训 30 多场，包括教育部组织的北京大学、清华大学、北京师范大学、华东师范大学的震后心理危机干预培训课程，香港、澳门、台湾地区及美国、澳大利亚、德国、法国等开展的各种心理治疗技术培训班。那段时间，全世界各地的心理学专家齐聚四川，给灾后心理救援注入了一股强大的力量，支撑、推动着灾区的救援工作。

2008 年，6 月初，母亲接到卫生部"震后心理危机干预治疗队"的通知，到四川大学华西医院进行儿童伤员心理辅导，父亲也从前线转到了华西医院，和母亲一同工作。在给孩子们做绘画团体心理辅导时，大家画的都是学校、同学和课桌椅，孩子们渴望回到熟悉的校园生活。在父亲的提议下，他们在华西医院儿童外科病房和地震伤员康复医疗中心建立了"绿丝带病房学校"。这样一来，学生们既能够重温学校的生活，又能接受正规系统的心理辅导，减轻了他们心灵的痛苦，又增强了他们的内心力量，这对他们的康复起到了重要的促进作用。

在历时七个多月的辅导中，父母亲带领志愿者进行了包括各种教学活动、文体活动和职业生涯规划、心理减压在内的团体辅导数百场，个别心理辅导近百人次，直接受益数千人，涉及的对象有学生、伤员及其家属、医务工作者、志愿者等。

在华西医院，他们一直工作到 2008 年 12 月 31 日，地震伤员康复医疗中心的患者全部出院。在华西医院的整个辅导过程中，他们的辅导对象没有出现一例严重的心理危机。

结束了在华西医院的心理辅导后，父母亲一直保持着和孩子们的联系，除了关心孩子们的心理健康，也关心他们的生活和家园的重建。母亲时常回想起心理救援那段艰难却又意义非凡的时光，想着想着，又觉出些温暖和发人奋进的力量，自然地一边想一边记录，于是就有了《灵与肉的守护——一个心理志愿者的震后援助手记》这本震后心理辅导手记。2010 年 6 月，《灵与肉的守护——一个心理志愿者的震后援助手记》出版，7 月份，他们便带着书去灾区看望和回访他们曾经辅导过的那些孩子们。走访中，没有发现一个孩子出现严重的心理障碍，这让他们感到十分宽慰，意识到自己阶段性使命的完成，他们便渐渐淡出了孩子们的视野，投身于其他的公益事业。自2011 年 9 月至 2018 年 7 月，母亲一直在希望工程的定点公益学校百年职校做

志愿者。2014年，父亲退休以后，也到那里做了志愿者。两人在那儿，陪伴着来自全国各地的贫困家庭孩子的学习和心灵成长。百年职校的情况见本书2.不灭的太阳灯——百年农工子弟职业学校。

转眼间快10年了，当初在华西医院心理辅导过的那些孩子们现在过得怎么样了？一直让父母亲牵挂着。2017年秋天至2018年春天，他们两位退休教授带着浓浓的思念和牵挂，再次背起行囊，踏上那一片片曾经满目疮痍而今却焕发出勃勃生机的土地，看望曾经在"绿丝带病房学校"接受过震后心理辅导的孩子们。寻访的途中，又收获了一个个温情和振奋人心的故事，于是他们想要把这些故事分享出来，让更多的人获得力量。半年的时间，他们共同完成了30多万字的报告文学《爬出废墟的孩子们——20位汶川特大地震小伤员的10年成长》，并于2018年5月由四川科学技术出版社和香港三联书店同步出版简体字版本和繁体字版，分别在中国内地、和香港、澳门、台湾以及海外华人地区上市。该书出版后，他们通过或邮寄或亲自登门将书一一送到书中涉及的孩子、志愿者、医护人员、爱心机构手上，并到四川北川县、清华大学，成都的高校、中小学、教育培训机构等进行公益讲座，分享地震伤员10年的励志故事，让大爱得以传播，让更多的人获取力量。

《爬出废墟的孩子们——20位汶川特大地震小伤员的10年成长》不仅仅讲述了20个地震小伤员的10年成长历程，更重要的是，它引发了人们对灾难科学、心理科学、生命科学、医学科学、教育科学等问题的思考。这本书被四川省委宣传部、四川省文明办、四川省新闻出版广电局、四川团省委、四川省少工委等部门推荐为青少年优秀读物。在这之前，《灵与肉的守护——一个心理志愿者的震后援助手记》获得2011年"中国西部优秀图书奖"，2012年获得四川省"五个一优秀图书奖"。

2018年6月，母亲又开始着手《大道之爱——汶川地震后公益人的十年行走》的写作，同父亲一起，对那些"5·12"汶川特大地震以后10年一直坚持公益慈善的，并在公益援助事业中注重科学慈善和受助者精神成长的个人和机构进行采访。

2018年11月29日，母亲专程赶往南京陪同当年辅导过的高位截瘫的刘芳参加第三届中国康复马拉松，并给参赛的轮椅朋友和慢性病患者送去了《爬出废墟的孩子们——20位汶川特大地震小伤员的10年成长》一书，以此共

勉。同时，母亲还采访了当年来四川援助过的江苏医疗队的专家和参赛的患者李涛、邵海朋。（见本书 9. 奔跑吧，轮椅！）

《大道之爱——汶川地震后公益人的十年行走》中"爱有道，方为大爱"的主张打动了我，回顾他们 10 年的公益之旅，看到他们写的书，深刻地认识和体会到他们所做的事就是大道之爱。

二、我对地震的认识

2008 年 5 月 12 日，我还是西南石油大学一名大一的学生。当时，我们正在学校的四号教学楼准备上课。下午 2 点 28 分，离开始上课还有 2 分钟，我刚从书包里拿出课本埋头翻书，突然感觉身子和桌椅摇晃起来，我心里嘀咕：又是哪个在抖腿嘛。晃动持续数秒后，我很不耐烦地抬起头准备质问：哪个在摇桌子？却看到大家都在往外跑。我心想：换个教室也不用这么激动吧。大学时期上课临时换教室是件常见的事情。我正准备收拾书包跟着出去，只听见已经跑出座位的幺妹儿（寝室里年龄最小的妹子）朝我大喊："波儿，快走！快走！"还不停地向我招手。我见状使劲点头回应道："要得要得！走！抢位置！"

刚起身，就感觉不对，身体完全不受控制地晃动，站不稳了，这才听见有人在喊 "地震了！"

反应迟钝的我最后一个跑出教室。余光扫到的地方石膏灰从天花板上落下来。我和幺妹儿一前一后跑下了教学楼。此时空地上已经聚集了很多同学。

那时候，我们对地震几乎没有什么具体概念，以至于大家都在七嘴八舌地讨论一定是四号教学楼的结构出了问题：四号教学楼的底层是架空层，有很多根大柱子把上面的建筑体支撑着，晃得这么厉害肯定是哪根柱子裂了。接着又看见有同学穿着拖鞋一脸茫然地从寝室那边过来，我急切地迎上去跟她说：

"幸好你没来哦，刚刚教学楼差点垮了。"

"唔？寝室那边也是，他们说地震了，手机一直打不通。"

后来我们才知道，发生地震的不仅仅是我们学校，整个四川都地震了。成都、都江堰、北川、绵竹、什邡、青川……汶川是震中。

"成都？"我顿时一惊。父母亲、奶奶、外公、表弟一家、亲戚朋友都在成都啊！成都怎么样了？严不严重？接下来的几个小时，我一直在打电话，可是一个都不通，急得要命。我家住在高楼层，家里还有两位老人，那几个小时的煎熬恐惧，至今想起来都全身发紧。大约晚上七八点钟，我终于打通了父母的电话。得知成都并无大恙，家人都很安全，心中的一块石头才落了地。

当天晚上，我们都在学校的操场上避难，看不了电视。实际上，就是在室内也看不到灾区的情况。听年长一点的老师说，肯定是灾区情况严重，通讯被破坏了。他们是知道30多年前的唐山大地震的。大家各种担心、各种猜疑、各种心情。后来从广播里得知"四川汶川发生7.8级大地震，震中映秀"。

7.8级？我又是一阵心紧，我知道唐山大地震就是7.8级，整个城市夷为平地，24万多人遇难！我们家有一本钱钢写的报告文学《唐山大地震》，我很小的时候，妈妈就推荐给我和我的小伙伴，说这本书里揭示了许多关于地震、人性、生命、医学、建筑等方面的问题，也反映出那个特殊时代的特殊政治环境对人们抗震救灾态度和行为的影响。当时我对母亲说的这些是没有印象的，或者说根本不可能理解。有些许记忆的也就是那些"大自然的警告"（《唐山大地震》中的一章"大自然警告过"）。

在汶川特大地震发生以后，再次看到母亲拿出这本书阅读，我也就趁机"复习"了一下。这一次的复习，使我对地震有了更多的认识。因为受父母的影响，思考的问题也不仅仅是地震本身。

地震那个晚上，我躺在学校的操场上，时睡时醒，反反复复地被一阵阵余震引起的骚动惊扰；还有一些老家在重灾区的同学，因为跟家里联系不上，整夜坐立不安，时而高声催问，时而低声啜泣，我们也不知道怎么安慰他们，只觉得心里像堵了一团烂布。

距离灾区几百公里尚且如此，灾区怎样？我无法想象，也无从知道。我第一次体会到了什么叫"无能为力""无可奈何"，也想起了经常有人在无奈时说的一句话"能怎么样呢，搬起石头打天？"这句话后来在我父母的心理辅导课上也听到伤员的家长说过。母亲说，那既是一种无奈的情绪，也是一种达观和接纳的表达。

震后的几天，我从电视上看到了很多关于地震的报道：

成都市区上千辆出租车带着救灾物资自发奔赴都江堰灾区。

成都因献血队伍人数太多而发生交通阻塞。

各地紧急抽调联合应急医疗队赶赴地震灾区。

空军两架伊尔 76 军用运输机携国家地震救援队从北京起飞空降灾区。

公安部消防局调派重庆等 10 个消防总队数千名消防官兵奔赴灾区。

武警部队出动 1.3 万余名官兵急赴灾区抗震救灾。

成都军区空军派赴汶川查看灾情的 4 架军用直升机遭遇恶劣天气被迫返航。

……

揪心、惨烈、众志成城，万众一心。

地震震级最终确定为里氏 8.0 级。

我终于知道：原来，地震是这样的。

当然，那时，我对地震的认识才刚开始。地震带给灾区人民的巨大伤害，地震后发生的许多震撼人心的故事，我是后来才慢慢知道的。

三、永远难忘的"家"

地震第二天我就开始买回家的票，但是买不到，直到 5 月 15 日，我才回到成都。楼上的家已经回不去了，不敢上去。

奶奶把我领到小区旁边别墅区的一栋清水房里，那里就是我们临时的家：四面漏风的房子，一张床和一个破旧的沙发，几个小凳子，一张五层板铺在上面。奶奶说，晚上她和外公分别睡在沙发和床上，我爸妈在客厅里各自将几个高低不一的凳子拼在一起，上面放一块层板，铺一床棉被就是床。

看到我愁眉不展的样子，守门的大爷以为我不情愿住在那里，连忙说道：这是个避震的好地方。房子是框架结构，震不垮。在一楼，逃跑也很方便。

我的确怀疑这破败的地方可以住人。不是不情愿，我只是心疼两位老人和父母，这些日子，他们就住在这里啊。沉默中我来来回回地走着，四周打量。里面的锅碗瓢盆、棉被床单告诉我，这就是我们临时的家，我接受了它，并且感到幸运。

父母到一些临时安置点去看望受灾者了，晚上回到家里，一家人终于团圆。虽不是生离死别，但见到以后总有些"劫后余生"的酸楚和珍惜。

　　小区的门卫叫杨大爷，门口的这栋别墅，主人委托他照看。那里便成了他的仓库和休闲场所。平常他把收集来的一些破旧家具放在里面，就成了我们那段时间避难的必备之物。

　　我们一家和杨大爷一起做饭。房子周围都是菜地和花园，晚上蚊子成群，不断骚扰。这对于我这个特别怕蚊子的人，是一种难以忍受的煎熬。我和父母睡的那些所谓的"床"连翻身的余地都没有，而且两头坚硬硌人，中间往下陷着，睡在上面只能蜷缩着身子不能动弹，否则，会床塌人漏。破门烂窗被风一吹"哐当"作响，假余震或者是真余震，使我们无数次从床上弹起，冲出门外，然后又回来搭床。

　　杨大爷一如既往地恪尽职守，一如既往地管理菜园。不同的是因为有了我们这群人，他多了一份牵挂和工作。白天要多烧一壶开水供大家喝，晚上睡觉前要看看灯是否关好，问问老人有没有问题。余震发生时，他还要来叫大家，帮助老人撤离。

　　那几天，父母一直是早出晚归，回来后还要到小区的居民集中点给小区的居民做心理疏导，半夜和杨大爷一样，组织大家在余震时撤离。我就留在"家"里陪伴两位老人。

　　在那个临时避难所里待了几天，感受到了前所未有的辛苦和温暖。那是我永远难忘的家。平日里见面招呼都不打的人在那段时间里就像亲人一样彼此相互关照。特别是杨大爷，一位普通的农民工，表现出来的善良和责任感让我对他肃然起敬。

　　"别墅里的世界虽然狭小，避震的生活虽然辛苦，但它就像旅途中的一个驿站，荒原里的一堆篝火，使我们感到温馨、和平与宁静。这狭小的空间让我看到了宽广，短暂的日子给我留下了永恒。"

　　这是我母亲在《灵与肉的守护——一个心理志愿者的震后援助手记》中的描写，它也是我的真实感受。

　　我从小生活在一个和睦幸福、充满书香气息的家庭。外公、外婆、爸爸、妈妈都是教师，注重对我品行的培养，引导我努力学习，鼓励我发展才艺。奶奶开朗仁厚、乐于助人，是小区出名的"外交家"。我从小受到家人的影

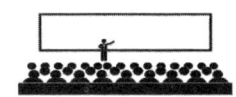

响，谈不上学富五车，但也算知书达理，待人真诚友善。

外婆已经去世很久了，家里就是外公和奶奶两位老人。地震当天，爸妈都不在家，我们家住在高楼层，下来以后没有地方住，奶奶就利用她出色的外交才能，首先安排好了外公，接着又安排好自己，并且为父母找到了栖身之地。第二天，奶奶找到了杨大爷，一家人便在别墅里驻扎下来。

地震以后的大半年，父母白天在单位上班，晚上为地震的孩子工作到深夜才回家，每天如此。外公和奶奶非常支持父母的工作，家里所有的家务几乎都是老人打理。父母常常为不能陪伴老人，还要给他们增添负担而感到内疚。但老人却对父母说：

"你们放心地去工作，那些孩子们更需要你们。家里有我们，你们放心。"

老人的支持，也是父母能够把震后援助工作做得那么好的一个重要原因。

如今，外公和奶奶也离开了我们，但是，这个大家庭的每一位成员一直都在我人生的道路上给我力量。

四、随父母走进公益

在家陪伴了几天老人，看来无什么大问题，我就返回学校上课了，父母去了地震灾区进行心理援助。

6月的一天，我回成都参加香港心理治疗师李中莹的神经语言程序学（Neuro-Linguistic Programming NLP）心理治疗培训，那是我第一次参加心理治疗培训。李老师讲的是NLP的简快疗法，易学易懂，用起来效果显著，非常适合震后心理危机干预。

会场上的气氛深深地打动和感染了我：在成都的喜来登酒店，大约有1 000人把酒店的大会议厅挤得满满的，过道上还站了不少人。来听课的都是志愿者，正在灾区前线或成都做心理援助。这当中有许多本身就是灾区的干部和群众，他们带着极大的伤痛，怀着强烈的为父老乡亲修复心理创伤的愿望走进了各种各样的心理课堂。

李老师一边讲解示范，一边请听众中的一部分心理压力特别大的，又愿意接受辅导的人走上讲台，在不暴露隐私的情况下，为他们进行心理危机干预。一些人一上去刚开口便泣不成声，号啕大哭起来；一些人却始终是面部

表情木然，沉默不语。他们的痛苦和哀伤看着让人心疼。对那些痛哭的人，李老师静静地守候在他们身旁，等他们情绪稍微平静后，再进行治疗；而对那些沉默的人，李老师首先是用一些技巧打破僵局。神奇的是，短短 10 来分钟，那些人的痛苦指数从 10 分降到 3～4 分。李老师说，3～4 分是一个合适的指数，带着几分痛苦回去工作、生活，去帮助别人，那几分自然会迎刃而解。

三天的培训结束后我又回到了学校。尽管并没有马上在别人身上用到这些技巧，但这些技巧对于我自己的心理调节有了很大的帮助。我开始关注起父母的工作来，对心理学产生了浓厚的兴趣，也特别想去当一名志愿者，陪伴那些小伤员。

7 月份，学校放了暑假，我就在四川大学华西医院地震伤员康复医疗中心做了父母手下的一名兵，这也是我震后公益援助的开始。我的任务是在父亲创立的"绿丝带病房学校"里陪伴小伤员，同时做他们的小老师。当时的"老师"们，大多是在校大学生。父母对我们做了一系列的培训，告诉我们和地震伤员接触沟通的方法和注意事项。然后叫我们去病房里走一圈，了解伤员的情况，和他们聊聊天，看看他们有什么学习需求，然后确定去帮助谁。

地震康复医疗中心的病房分为两层，一楼是下肢截肢和截瘫的伤员，二楼是上肢截肢和一些伤势相对较轻的伤员。进病房之前，我非常忐忑，生怕哪里不慎，触碰到那些受伤的弟弟妹妹的痛处。但很快，我的担心消除了，那些小伤员和家长们并没有表现出任何的悲伤和痛苦，个个都是阳光灿烂的。只要我们走进病房，迎来的都是笑脸和热情的招呼声。他们就像生活在一个大院儿里的邻居，互相问候打趣儿，我也很快融入了进去。时常和他们闲聊两句，谈谈大院儿里的人和事，认识了很多的新朋友。我被他们的乐观所感动和感染，也认识到了父母工作的意义。

在二楼的一个病房里，一个大约十三四岁的女孩子，发型有些奇怪，头发大部分剪得很短，但左边却有小小一溜长长地齐了肩，左袖管里空空的。要不是我事先在登记表上了解到她的信息，我真不知道是男孩还是女孩。她叫贾佳，14 岁，都江堰向峨中学初二的学生。左手臂高位截肢。

我走到贾佳的床边，做了自我介绍，她在旁边，一双笑盈盈的眼睛腼腆地看着我不说话，只顾咧着小嘴傻笑。我介绍完后，她居然一下子抱住了我。

一只手臂，抱得挺有力。接着就是哆哆的一句"姐姐，我好喜欢你哟！"，然后又是一阵腼腆地傻笑。

就是这一抱、一哆、一笑，让我立刻喜欢上了这个可爱的妹妹，我便成了她的小老师。她喜欢古文，正好这也是我的所爱。我在初中的语文课本上选了一些篇目，晚上回家备好课，再复印一份，第二天边给她讲课边让她做笔记。我起初还担心，她能不能听懂，能不能理解，有没有兴趣？结果完全是我多虑了。她对那些文章很感兴趣，也很喜欢我给她上课，而且她非常聪明，还懂得融会贯通、举一反三呢。

那时候，学习知识并不是重要的目的，而是在这个过程中，感受到快乐、关爱和价值。除了给她上课，我每天也陪她治疗、散步、闲聊……熟悉之后，才发现这个初见腼腆的小女孩原来是个男孩儿性格，我们开始追追闹闹、唱唱跳跳。我还知道了她的小秘密：原来那个丑萌丑萌的发型，是因为她特别喜欢长头发，但又因为治疗不得不剪短，所以才让医生尽可能地保留了一小撮长发。每次说起这个发型，她都毫不掩饰地吐槽："太影响我形象了！"

贾佳还特别喜欢唱歌，我是她忠实的听众。她最喜欢唱《隐形的翅膀》：

> 我知道我一直有双隐形的翅膀
> 带我飞 飞过绝望
> 我知道我一直有双隐形的翅膀
> 带我飞 给我希望
> 我终于看到所有梦想都开花
> 追逐的年轻歌声多嘹亮
> 我终于翱翔用心凝望不害怕
> 哪里会有风就飞多远吧
> 隐形的翅膀让梦恒久比天长
> 留一个愿望让自己想象

《隐形的翅膀》虽然不是为残障人士写的，但歌词所表达的愿望和情感却非常切合他们的内心世界，所以，这首歌在当时非常流行，成了伤员和志愿者常唱的励志歌曲。

贾佳唱这首歌时，并没有丝毫的伤感和悲壮，而是轻松快乐。她还经常在唱的时候即兴加一些舞蹈动作，做出飞翔的样子，像个灵动的精。那一刻，我仿佛看到了她的"翅膀"。

不得不说的是，这首歌还是我们高中班级的班歌。每次听到这首歌，就会想起那些年的奋斗和同学间的情谊，再加上在华西医院这段时间赋予了它新的意义，听着这首歌，觉得更加温暖更有力量了。

陪伴贾佳的主要是她妈妈，她对贾佳很严格，能够自己做的事，妈妈绝不代劳。在病房里，我就经常看见贾佳自己用一只手臂洗头、洗衣、系鞋带。有时候，别人要帮忙，妈妈也要阻止。这也是后来贾佳十分独立能干的一个重要原因。

贾佳的爸爸因为要工作养家，偶尔到医院来看她。她爸爸不太爱说话，对女儿的态度倒是倍加呵护。

贾佳有个哥哥叫贾孝龙，是抗震救灾英雄少年，救了好几个老师和学生，贾佳也是被哥哥救出来的。平时兄妹俩感情就很好，有了这样一段经历，他们就更"铁"了。

贾佳一家人在那种困难的日子里，表现出来的达观、和睦、快乐在当时的病房里并不少见。这给了我许多人生的感悟，让我学习成长了很多。

我们能够恰到好处地运用自己的知识，同时学会了和小伤员像朋友一样沟通相处。说真的，那时候我们都还是孩子，一群大孩子陪伴着小孩子，病房里的气氛渐渐温暖了起来，真的成了一所学校。上课的同时，大家还参与了各种心理辅导活动，志愿者、医务工作者、伤员及其家属也参与其中，并且接受了各种必要的培训。

九月初，我和其他大学生志愿者们就返校上课了，还有一些志愿者陆续的来，一些又陆续的奔赴下一站。

回到学校，我仍然和贾佳保持着电话和QQ联系，她一直在读我给她的那些文章。后来她想继续学习一些新篇目，我爸爸就给她复印好带过去。

国庆节我放假回家，买了一件小礼物准备去看贾佳，可电话没联系上。因为要急着回学校，就只有托我母亲转交礼物。

后来我在母亲写的《灵与肉的守护——一个心理志愿者的震后援助手记》中看到这样一段描述：

我把礼物交给她时，告诉她电话不通姐姐就没能见到她。她的脸色一下沉了下来，对着她妈妈直嚷嚷：

"看嘛，就是你，叫你给我充电，你不充。"说着哭了起来。

接下来，闷在那里半天没有说话。遗憾、惆怅写满了那张稚嫩的圆脸。

没想到，这样一个无忧无虑、快乐活泼的孩子，竟然也有郁闷和生气的时候，也那样感情细腻。

有一天，我看她坐在阅览室很认真地摆弄着手机，十分专注，问她干什么，她说在往手机里输最近学的英语词汇和短语。她告诉我，这样就可以随时随地方便地背英语了。那执着劲，真让人佩服，差不多一个小时，动都没动一下。直到全部输完，才甩甩手腕，长舒一口气。

过了几天，又看见她在输英语。我问：

"佳佳，你上次输的都背完了？"

"咳，别提了，手机丢了，一切洗白，现在重输。"看了我一眼，继续埋头苦干。又是一个小时没动。

倔丫头。

开朗、顽皮、聪明、好学、柔情、倔强。

一个鲜活明朗的贾佳，一个多姿多彩的贾佳。

她用那双隐形的翅膀，带我飞，飞向梦想开花的远方。

这是母亲笔下的贾佳，也是我心中的贾佳。

贾佳出院不久，就考上了幼儿师范学校，学习她喜爱的幼儿教育专业。毕业后也如愿成了一名幼儿教师。

如今，贾佳已是成都高新桃花源文化活动中心的一名社区工作者，更是以她阳光自信的感染力，成为成都公益界的竞标达人。她还参加了社区义务工作者的资格考试，为自己的梦想不断努力着。

"我要回报社会，回报曾经帮助过我的所有人，我想当一名社区义务工作者，去帮助更多需要帮助的人。"贾佳说完又是一阵爽朗的笑声。

我随父母参与了震后援助的公益活动，又因公益结识了贾佳、唐仪君、宋馨懿、任思雨、薛枭等地震伤员。他们的坚强乐观给了我许多启示和力量。

父母的公益仍在继续，这也在持续地影响着我。虽然直接参与他们的工作很少，但从大学到后来的工作，我一直都是公益活动的积极分子。当年在和地震伤员沟通中学到的技能技巧和同理心也运用在我工作中和人的交往。

五、两个不同的案例

都说，仆人眼里无英雄，我以前对父母也是这样的认知。在华西医院做志愿者的那段时间，我亲眼看见和亲身感受到父母的大爱情怀、敬业精神、工作效率，以及患者和家属们对他们的喜爱，医护人员和志愿者对他们的尊敬。我开始从另一个角度去看待他们，去审视人与人之间的关系。一次，亲眼看见母亲在华西医院对一位从都江堰来的患者进行心理辅导的过程和效果，便对她有了些崇拜。

那位患者叫红梅，40来岁，是从都江堰用救护车载来的。据他家人说，地震后，红梅躺在床上不吃不喝，送到医院诊断为抑郁症、糖尿病等。治疗了一个多月，情况好转后回到家里休养。回家后不吃不喝又是好几天了。经别人介绍，红梅弟弟联系到我母亲。母亲当时正在华西医院地震康复医疗中心做儿童伤员辅导工作，我也在那里。

救护车停在地震康复医疗中心外面的停车场。红梅的弟弟下车和我母亲打招呼。母亲说：

"请患者下来，我们到里面的会谈室。"

红梅的弟弟说："您去车上看看吧。"

母亲便上了救护车，我和另一位志愿者袁阿姨，还有红梅的弟弟也上了车。上车后首先闻到一股很怪的臭味，我不知道是什么味。只听母亲说："酮症酸中毒了。"

我不懂，母亲解释说："患者一周没吃东西，极度饥饿可以引起酮症酸中毒。"

红梅的弟弟是一名医生，他对我母亲说，是糖尿病。母亲对我说，糖尿病也可以引起酸中毒。

只见红梅一动不动地躺在担架上，两眼无光，嘴唇干裂，极度衰竭。我们蹲在担架旁边，红梅见到我们，吃力地抬起眼皮，向我们示意。母亲向她

伸出手，红梅迫不及待地抓住她，一脸求救的表情。

母亲刚说出"地震"两个字，红梅立即尖声喝止："你不要提那两个字！"

同时使劲摆手摇头，身子还往被单里缩。表情、动作、语气就像一个孩子。母亲安抚着她，待她平静后，叫她喝点水，她说她吞不下去，喝了会吐。

妈妈问红梅地震当时的情况，她说当时在睡午觉，地震发生了，她往外面跑，但感觉全身无力，跑不动。后来不记得是怎样被送进医院的。红梅的弟弟补充说："地震后好几天的事情她都记不清了。"

母亲马上作出判断：这是极度恐惧造成的心理应激失调，表现为人格退行，分离转换。

我虽然没听过这些专业术语，但大概知道是怎么会事儿。接下来，母亲在浅催眠状态下给红梅做了 NLP 的简快情绪处理，又进行了一些暗示和引导。她脸上的表情轻松起来，可以和母亲流畅地对话。更为神奇的是，母亲拿来一瓶矿泉水，她一下抓过去，咕噜咕噜地喝了起来，整瓶水都喝得快完了。然后，紧紧抓住母亲的手，激动地说：

"哎呀，谢谢你救了我的命。你是我的救命恩人啊！"

接着，母亲把守候在车外的红梅的儿子叫上车，儿子大约十六七岁，正在上高中。他说自从地震后，妈妈就不理他了，叫她也不答应。母亲示意红梅的儿子握住妈妈的手，说出自己最想说的心里话。他说"妈妈，我好爱你，你别不理我。"红梅的眼泪扑簌簌地掉了下来。

母亲又引导她们母子说了些相互鼓励和期望的话，红梅的精神状态完全正常了。脸上也露出了笑容。我们下车时，她还试着撑起身子坐起来，因为考虑到她身体虚弱，母亲叫她躺着休息。离开时，她还对我母亲说：

"你下次到都江堰来耍（玩）哈。"

后来，红梅的弟弟给我母亲发来短信，说他姐姐的情况很好，表示对我母亲的感谢。一个月以后，我和母亲去了都江堰看红梅，刚走到她家小区门口，就见一位妇女拿着一个装满了塑料瓶的大袋子，正准备去卖废品。妈妈一下认出来：这不就是红梅吗！

红梅脸色红润饱满了许多，精神状态良好，完全是一个正常人。看到母亲脸上的兴奋，我没有说话，默默地点着头，感觉这一趟真是来得值了，更是由衷地为红梅感到高兴。

虽然，我看见父母的心理辅导工作许多都起到了显著的效果，但有一件事让我难忘，也让我认识到心理援助并不是一帆风顺、能解决所有的问题的。

2008 年 7 月 20 日晚上，"绿丝带病房学校"和香港的"光爱中心"一起给孩子们开联欢会，也是我们在地震康复医疗中心给伤员们上的第一堂音乐课。我在会场帮忙组织。大家表演节目后，便成立口琴班，给每个孩子发了口琴。大家拿到口琴后，兴奋不已，顿时跃跃欲试，琴声此起彼伏，好不热闹。虽然这琴声参差不齐，毫无章法，但却能从旋律里听出孩子们的欢乐和兴奋。

遗憾的是，小玉没来。小玉的妈妈是灾区的一名教师，丈夫遇难，女儿左前臂截肢。我母亲是 6 月份在儿童外科病房认识她们母女的。母亲他们负责的是二楼病房，小玉住在三楼，很少参加"绿丝带病房学校"的活动。因为二楼有几位小玉的同班同学，她有时会和他们一起玩。上音乐课之前，母亲通过小玉的同学邀请了她参加联欢会。

正当大家玩得高兴时，曾经陪伴小玉的志愿者刘思蓉过来告诉我们说小玉已经来了，但听见打雷，惊叫哭闹，现在护士正在安慰她。我们这才知道外面雷雨交加。

母亲给志愿者和伤员交代了几句，便跑了出去，我也随后跟了出去。小玉已经安静下来，母女俩正准备回住地。

母亲问小玉愿不愿意去跟小朋友们玩一会儿，她没吭声，眼里充满了惊恐。两只耳朵并没听母亲在说什么，而是在警惕地捕捉着雷声。小玉妈妈站在一旁，无精打采，像是刚经历了一场疾风骤雨的磨难。

母亲拍拍小玉妈妈的肩膀，示意她抱抱女儿，可小玉却甩开妈妈的手，僵在那里不动。妈妈立即显得焦躁不安，不知如何是好。母亲在小玉面前蹲了下来，轻柔地对她说：

"小玉，阿姨抱抱你好吗？"

小玉摇摇头，仍不接受。

这时候，我说了声："我来。"然后在小玉的耳边说了句"你带姐姐走，好吗？"便一手为小玉打着伞，一只手牵着她的右手，跟着她走向医院外的马路。

说来也怪，小玉一点也没反抗，乖乖地走在我的旁边。我边走边跟她讲着话，小玉认真地听着，还不时地点点头。我们都松了一口气。

刚走到篮球场的中央，突然一个炸雷响起，闪电的强光迅速掠过头顶。

小玉立刻尖叫起来，挣脱我的手，狂奔乱跑，惊恐万状。

我忽然愣住了，又急忙追上去。母亲也立即跑上前去抱住小玉，她蜷缩着身体，紧紧地贴着我母亲，瘦弱的身躯瑟瑟抖动。一股强烈的心疼感攫噬着我们的内心。我母亲紧紧地抱着她，嘴里不停地说：

"乖乖别怕，我们大家都在这儿。"

可是，炸雷不停地咆哮着，小玉不停地尖叫，不停地奔跑，还抱头哭喊着：

"我要死了！"

小玉妈妈也急得哭了起来。我们都知道，对于一个孩子，没有什么比恐惧更难受；作为一个妈妈，看到孩子经受煎熬，内心是怎样的痛苦。我看着她们母女，心疼、难受，想到在那比雷雨可怕千万倍的地震里，她们都经历了什么。我想要做点什么，但我无能为力。

母亲准备请她们母女俩回病房，为她们做一个简快情绪处理。

这时，过来一辆出租车，小玉妈妈不由分说，拉开车门，把小玉和自己塞进车内，跟我们匆匆说了声"再见！"便消失在风里雨里雷声里。

看着远去的出租车，我们一家人在风雨中紧靠在一起。仿佛我们的相拥能给她们带去安全、温暖、和力量。

那一夜，我们一直在为小玉祈祷。那一夜，天气报道说，雷响了两万多次。

不久，我母亲收到小玉妈妈发来的短信，说是为小玉开了个博客，并表示她深深的谢意。

我母亲没有回信。她说，她不能承受这个谢意，对小玉，她怀有深深的愧疚。这是唯一一个她眼睁睁地看着带着流血的伤口远去的孩子，她没能替她包扎。

亲眼看到这样一个案例，我再一次感受到心理援助的艰难和任重道远。我对父母选择在这里坚守更加理解和崇敬了。

六、10 年后的跟随

2017 年 9 月底，父母开始了对 10 年前辅导的地震小伤员们回访，我也再一次跟随他们续接着 2008 年的那些事。

我无法直接在他们身边工作，主要负责几个方面的工作：1. 在他们采访时，为他们订车票、机票、酒店，查找路线。2. 为他们的写作提出一些建议，业余时间帮忙整理资料，翻译录音，校对稿件，周末回到成都参加他们的采访工作。3. 他们在家时，我在网上给他们购买生活用品，包括水果蔬菜、柴米油盐，尽量为他们腾出时间和精力专心写作。4. 随时提醒他们不要过度劳累，要保重身体。

这虽然是很平常的一些事，但二老却十分感动，他们说：家庭的温暖和幸福是他们写作的强大力量，他们充满激情，不知疲倦。同时，良好的家庭氛围和精神面貌在他们回访过程中对一些家庭和个人的心理辅导时，也起到了一个良好的示范作用。我想，这些也算是我跟随父母所做的公益吧。

在听那些采访录音和阅读文字时，我一次又一次地被感动打湿了双眼，为那些弟弟妹妹们，也为我的父母亲。尤其是从《寻觅》中看到"傍晚惊魂"，我屏着呼吸，手托着脑袋，眉头紧锁着审视一字一句。看完，揉着额头沉默着哭了很久。紧张、心疼、担心、害怕，五味杂陈一拥而上。这才想起 11 月 18 日他们开车去北川回访任思雨和贾强，两位都是他们在华西医院辅导过的小伤员，都是《灵与肉的守护——一个心理志愿者的震后援助手记》和《爬出废墟的孩子们——20 位汶川特大地震小伤员的 10 年成长》的主人公。他们计划 19 日返回成都，所以只叫我订了 18 日晚上北川的酒店。19 日晚上都快 10 点了，我打电话问父母到家没有，他们说在江油和同学聚会。20 号晚上我又打电话问他们回家没有，他们说还在江油，说是同学挽留再玩一天。我也就没有在意，叫他们好好玩。直到看到这本书时，我才知道他们在去北川的大山里看望贾强回来的路上，在江油出了车祸。那两天他们是在那里处理交通事故。虽然问题不是很严重，但想起来非常后怕。

从那以后，我也更加明白，父母的这一路艰辛，远不是几本文字能够说出，也无须表达。我本想劝他们别再出去了，可我也知道，他们更需要的是支持和保护。后来，父母只要外出，我必定是千叮咛万嘱咐，细细盘问，精心规划路线，准备物资，做好安全提示。

2017 年 10 月下旬的一天，我和母亲一同去看望地震伤员唐仪君和他的女朋友。双下肢高位截肢的唐仪君坐在轮椅上，动作轻松自在，谈吐风趣幽默，惹得我们连连发笑。他的女朋友甜蜜幸福地依偎在他身旁，让我立即想

到了一个用得很虚泛，但此时感觉特别真实的词：小鸟依人。我看到：一个强大的心灵，正是一位姑娘最踏实的依靠。

2018年4月23日，我随父母陪伴 "总理让路女孩" 宋馨懿到成都郊外植树，度过她的13岁生日。10年前，宋馨懿的父母用自己的血肉之躯为她搭筑生命之墙，温总理为她让路。

10年来，宋馨懿在爱的包围中快乐地成长。

陪伴宋馨懿的是"爱馨家庭"的成员，也都是一些在震后一直关心她成长的爱心人士和她的幺爸、幺妈、爷爷、奶奶。在爱心人士中最重要的两位是宋馨懿的义父母：赵超和张玉洁。他们在地震后不久认养宋馨懿为义女，并为她提供了18岁以前的学习和生活的资助。赵超是西安步长集团的总裁，也是第十一届、第十二届、第十三届全国人大代表。我从《爬出废墟的孩子们——20位汶川特大地震小伤员的10年成长》中了解到他们对宋馨懿的关爱。以前知道宋馨懿是受一位爱心人士的资助，但了解并不多，从书里我知道了赵氏夫妇对馨懿的帮助远远超越了物质的层面。他们不仅关心馨懿的生活和学习，还十分注重她的心灵的健康、才艺的增长、品行的培养。那天馨懿过生日，我亲身感受到了这一点。赵超和张玉洁夫妇要求馨懿礼貌待人，为别人服务。他们安排馨懿每年生日到成都郊外亲手种一棵辛夷树，一方面因为馨懿的名字和"辛夷"谐音，代表她年年岁岁健康成长；另一方面，他们也希望馨懿从小树立保护环境的意识。我对赵超这样的爱心人士非常敬佩，也庆幸馨懿的幸运和幸福。

午饭时，我拿出自己写的一幅书法小品《长歌行》送给宋馨懿。

> 青青园中葵，朝露待日晞。
> 阳春布德泽，万物生光辉。
> 常恐秋节至，焜黄华叶衰。
> 百川东到海，何时复西归？
> 少壮不努力，老大徒伤悲。

宋馨懿正如园中葵一样，娇弱却充满生命力，大家的爱就像阳光一样，陪伴着她茁壮成长。但是，人的成长过程中，难免会遇到风浪和坎坷。我希望宋馨懿坚强勇敢，珍惜每一天，用自己的努力，创造出更美好的生活。我

们也会一直守候着她。

《爬出废墟的孩子们——20位汶川特大地震小伤员的10年成长》出版以后，我和父母首先去了彭州的一家福利院——成都市谐福残疾人关爱中心，看望那里的残疾朋友们，并给他们送去新书和生活必需品。在那里，我被他们自强不息的精神和他们身上迸发出来的潜能所震撼。在福利院，他们彼此称呼为"家人"。"家人们"许多都是脑瘫，还有盲人和智障患者，但是他们亲手做的艺术品放满了整整一间大屋子，有挂在墙上的水晶画，有摆在架子上的绢花，还有各种造型的人物和动物卡通。院子里、楼道里随处可见他们亲手制作的装饰品，让人很自然地感受到这里满溢的爱和温情。

福利院来迎接我们的是一位先天性脑瘫患者，我以为是这里的受助对象，听母亲介绍，才知道他是母亲的学生，叫徐小明，学药学的。在大学期间他就热心公益活动，经常带着同学去一些学校看望我母亲曾经辅导过的地震伤员，和他们开展联谊活动。2009年1月2日，我母亲到什邡去看望一名家里受灾严重的伤员，徐小明还将和同学们一起捡矿泉水瓶子挣的1 000元钱托我母亲送给那个孩子，作为他的助学款。大学毕业后，徐小明本来有机会进入公立医院，但他却选择到福利院当了一名志愿者，专门负责残疾朋友的文化教育和心理疏导。他喜爱写作，写了五本诗集，目前已出版三本。徐小明走路不稳，说话费力而不清晰，但他的脸上始终露着开心的笑容，讲话也是一说一笑，像孩子一样纯真可爱。我很喜欢小明弟弟，我问他为什么放弃自己的专业到福利院工作，他说他和这里的"家人"有共同的经历和感受，能理解他们，更好地为他们提供帮助。这份工作很适合自己，在这个大家庭里他感到很幸福。

虽然身患残疾，但徐小明对生命的热忱和对生活的无限热爱，让人感觉不出来他是一位"残疾人"，在精神上他已经超过了很多身体健全的人，让我不得不敬佩。

离开福利院的第二天，我们去了位于新都的可口可乐成都博物馆，看望"可乐男孩"薛枭。薛枭带着我们参观了可口可乐罐装生产线，讲述了他们的公益故事。薛枭的乐观和自信给人一种很酷的感觉：空着一只衣袖，昂首挺胸，气宇轩昂，像个独臂将军。

5月9日，我们去了北川。先去看望了《爬出废墟的孩子们——20位汶

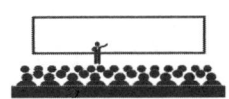

川特大地震小伤员的 10 年成长》中"种子开花的铿锵"的主人公任思雨。她是 2008 年汶川特大地震中北川曲山小学幸存下来的一名小学生。她的同班同学全部遇难，语文老师胡蓉为了救她牺牲了。被埋 53 小时后，武警官兵在营救她时，她为了减轻官兵们的疲惫和自己的恐惧和疼痛，在废墟里唱着《两只老虎》配合营救。她被送到华西医院后，由于知道同学、老师、表姐的遇难，父亲的失踪，加之伤口的剧烈疼痛，曾一度烦躁不安，情绪很不稳定。卫生部"震后心理危机干预治疗队"通知我母亲去给她做心理辅导。也就是因为这个，我母亲从灾区转移到了华西医院。这是母亲震后接手的第一个个案。

任思雨在医院表现坚强乐观，倔强好学，母亲在《灵与肉的守护——一个心理志愿者的震后援助手记》里写了她的故事。因为她的经历和在废墟里承诺胡蓉老师"把爱传递出去"的临终嘱托，写她的文章的题目就叫《一粒种子》。

任思雨出院复学以后，牢记老师的嘱托，感恩助人，努力学习，一直是品学兼优的学生。目前任思雨已经上高三了，在北川中学绵中班成绩始终名列前茅。同时还自学了日语，翻译日语游戏公式书和文学作品，进行网络写作，吹羌笛，跳拉丁，写古体诗，是一位名副其实的学霸。她的职业理想是做一名同声传译，最大的抱负是要和自己的闺蜜王泽渝共同开发一款超过日本的中国自己的游戏，提高中国人的文化自信。

我们赶到北川中学时，已经快上晚自习了。学校对学生管理很严，任思雨和王泽渝只请了 10 分钟的假和我们见面。和两位 00 后的小妹妹的短暂交谈，使我不禁感到"后生可畏，廉颇老矣"。

5 月 10 日上午，我们去北川老县城地震遗址纪念馆参加了四川出版集团举办的"'5·12'汶川特大地震十周年纪念会暨赠书仪式"，在会上亲耳聆听了母亲讲述"爬出废墟的孩子们"的 10 年成长，讲述他们寻觅孩子的过程。母亲声情并茂，故事感人至深，打动了在场所有的人。

那天的北川老县城阴雨绵绵，仿佛老天在为逝去的人们落泪哀悼。望着纪念馆庄严肃穆的建筑，看着县城两边的断壁残垣和各种纪念墙、纪念碑，读着那些被雨水打湿的碑文、那些陌生的名字，那些来自四面八方的问候和鼓励，我的心在被灾难的寒冷凝缩着，也在被灾后的热量温暖着。

跟随父母一路行进，我的精神也在不断向前。这正是父母用行动传递给我的无声的爱，我也想将这份爱传递给更多的人。

8. 小人物的大爱

一、1000 张大饼带来的感动与内疚

在写这本书的过程中，听到了许多有关"5·12"零零散散的故事，甚是感人。由于篇幅和结构的限制，也因为这些故事要放在《大道之爱——汶川地震后公益人的十年行走》这样一个主题里，有些单薄。于是，只有忍痛割爱。但这个故事实在舍不得割。因为它承载了一个农民、一个家庭、一个村庄，乃至整个中华民族质朴而厚重的爱；也反映了在灾难援助过程中情感和规则的纠结与冲突；更表现了接受爱心捐助的工作人员的感恩与智慧。这个故事也给我们呈现了另一种"爱之道"。

在那个特殊的时刻，在那样特殊的情况下，接受捐赠容易，要拒绝捐赠，很难。

一位农民，带着父老乡亲的重托和心愿，用四轮农用车满载着一车大饼，历经旅途艰辛，日夜兼程，来到绵阳抗震救灾总指挥部。

可是，按照规定，他带来的大饼不能进入灾区，并且还要就地销毁。

那可是一村人熬更守夜赶出来的呀！他们希望被困在灾区的群众不要挨饿，吃了他们的大饼能够挺一阵子，熬过难关。

送饼人哭了。那是委屈的眼泪，着急的眼泪……

10 年之后，蒲文龙在讲到这个故事时，还两眼噙满泪光。他说，10 年来，每每想起这件事，内心总被浓浓的感动浸泡着，被深深的内疚紧攥着。

"5·12"汶川特大地震 10 周年之际，他写了这篇文字，表达他的崇敬和感恩、思念与牵挂。

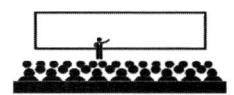

哥，别来无恙！

蒲文龙

哥，别来无恙？

事情发生在 10 年前的一个深夜，那是一个永生难忘的时刻。

"5·12"汶川特大地震后，我在绵阳火炬广场汶川特大地震绵阳抗震救灾总指挥部帮助工作，负责物资捐赠接受和处理。

5 月 19 日深夜，我值夜班——接受世界各地到绵阳灾区捐赠物资登记。大概凌晨三点过，一位约莫 50 岁的农民大哥，驾驶着一辆小四轮农用车，风尘仆仆地赶到广场，要求我们卸货。他操着陕西口音说：

"我是自陕西蒲城县来的。这是我的身份证件和村委会捐赠证明书。"

说着，他从随身的包里掏出所有证明。我记住了他姓陈。接着他给我们讲起他和他那一车货物的由来：

得知四川发生大地震后，他们村连夜赶制了 1 000 张大饼，并派他立即送往灾区。他独自一人拉着大饼，翻越秦岭，以最快的速度赶到绵阳。

"这车上雨布盖着几麻袋烤大饼，一共 1 000 张，还有几袋大蒜，是我们捐赠的抗灾物资，请你们一定收下，请把这些急需转送给受灾最严重的北川羌族自治县灾区……"

朴实的陈大哥看见我们非常忙，担心物质不能及时送到灾区，因此请求要亲自把大饼和大蒜送到受灾最严重的北川去。

这可难住了我们。指挥部有规定，熟食一律不准进灾区。经请示，得到的答复是：大蒜留下，熟食退回或就地处置。为了安全起见，最好就地销毁。

我非常不忍心地把指挥部的意见转告了陈大哥，他竟然哭了起来！

陈大哥哽咽着说："这可是全村人的重托和心意啊！……"

我们一下子全懵了，不知所措。

突然，陈大哥抓起一张大饼猛啃起来。

"你看你看，这饼究竟有没有毒？有没有毒？"

陈大哥坐在地上，一边啃一边哭，像一个受了委屈的孩子。

我们在场的所有同事都沉默了。每个人都拿起一张大饼，一边流泪，一

边啃起来。

"好吃好吃，这饼真好吃！……"

憨厚的陈大哥见我们称赞他的饼，破涕为笑。

我紧紧抓住陈大哥的手说：

"大哥，你放心，我们收下这些饼和大蒜。请你回去一定向乡亲们转告我们四川人民的谢意！"

陈大哥放心地走了。可是，我们的心情却十分沉重：

我们怎么能销毁掉那些大饼呢？那可是乡亲们一份浓浓的爱呀！可是，又不能违规送往灾区，怎么办？

经过大家商量，我们决定把饼当作工作人员和志愿者的工作餐。那一段时间，我们每天吃大饼。

"5·12"特大地震已经过去10年了，许多人、许多事都慢慢地淡出了记忆。而这件事，这个人，让我始终不能忘怀，我一直被这件事感动着。

陈大哥哭着猛啃大饼的印象，在我眼前挥之不去。没有将他和乡亲们的心意送到受灾群众手里，这也是我多年来一直感到内疚，难以释怀的一件事。

因为当时忙乱没有留下详细的联系方式，千里迢迢送大饼的陈大哥我联系不上。

10年了！我无时不在思念这位陈大哥。

大哥，您还好吗？从废墟上站起来的人，永远不会忘记你。

蒲文龙，男，生于1963年4月，蒲氏清风阁系一世祖蒲宗闵（与其兄北宋左丞相蒲宗孟同为一世祖）37世孙。祖籍南部县老观场，现定居绵阳，公务员（曾从事高中语文教学工作五年），1986年起在报纸杂志发表各类文字，笔名易水寒、文龙、三颗星等。工作之余喜欢读书和写作，长于散文随笔创作。作品散见于各类报刊及网络平台。

"5·12"汶川特大地震以后在绵阳抗震救灾总指挥部工作。

二、罗彬的 10 年之爱

罗彬，是我 2008 年在华西医院做儿童地震伤员心理辅导时遇到的一位志愿者。当时，他还是西南民族大学动物医学系的一名大二的学生。毕业后回到家乡茂县工作，现在是茂县雅都镇的一名中级兽医师。

（一）有这样一个大男孩

2008 年 6 月，在华西医院儿童外科病房见到罗彬时，我以为他是医院里的工人，他总是在病房里忙这忙那。比如转运地震伤员、陪伴孩子做检查、推着伤员在过道上散步、帮地震伤员端茶送水打饭等。

后来，我们晚上到病房做活动，也经常见他在那里待着，又认为他是哪位地震伤员的家属。

第一次给孩子们做团体辅导"好大一个家"时，他也在一个病房里面参加活动。有一个游戏叫"说出你的优点和特征"。游戏的做法是，孩子、家长、志愿者在病房里围成一圈，大家先依次自报姓名、年龄、学校、优点、特征，然后每个孩子说出别人的这些内容，说得最多的就是优胜者。

轮到他时，他一点不差地说出了所有人的全部信息。好家伙，真是个记忆之神。可他抢去了孩子的优胜奖。

后来给孩子们出的脑筋急转弯等智力题，他也抢着答。我们组织活动的一些志愿者都有些不满了，提醒他别剥夺了孩子们答题的权利，他只是"嘿嘿"一笑，下一次照样"犯规"。

可孩子们并没有因此而不满，他们认为这很公平，甚至有些崇拜他：

"哇，罗彬哥哥好强哟。"

其实，真正熟悉罗彬，是七月初我们随孩子们转移到了地震康复中心以后。一天，我们"绿丝带病房学校"的几名志愿者在一起总结安排工作，交流心得体会时，黄颖说：

"罗彬那个孩子真不简单，我太受感动了。"

罗彬的家乡在阿坝藏族羌族自治州的茂县，"5·12"汶川特大地震发生时，在成都的罗彬因为通讯中断，无法和家里取得联系。媒体新闻报道是他

了解家乡情况的唯一途径。离茂县很近的都江堰和绵阳市北川县的灾情消息不断涌来：北川县城几乎夷为平地，已经确定有数千人遇难，许多失踪；都江堰学校房屋垮塌严重，学生伤亡数目巨大。唯独没见对茂县的报道。

"茂县位于北川和汶川之间，我们在新闻媒体发布的地图上能看见北川、汶川，却始终找不到茂县。好像代表茂县的那个点被抹掉了。我想，自己的家乡肯定已从地球上消失了。"

这可急坏了罗彬和他在成都另一所大学读书的姐姐。想回去看看，可是回家的路断了，几天没有家里的任何消息。

"我至少有四天时间处于一种孤立无援的状态，真的不晓得家里出了啥事，我平常大大咧咧的，在那种情况下变得很敏感。关键又联系不上，那种感觉特别无助，受尽煎熬，彻夜不眠。"罗彬说。

他想，不能回家出力，总可以在成都为家乡人做点什么。于是，他到离学校较近的成都武警医院去寻找受伤的老乡，希望能帮帮他们。他并没有找到茂县的地震伤员，但却留在那里，开始了他的志愿者之旅。

"你很坚强，默默承担着内心的痛苦和恐惧，去陪伴那些地震伤员。"我说。

"我是表面坚强，其实很脆弱，一个想法不时浮现在脑海：自己也许成了孤儿。到了15号那天，终于憋不住了，痛哭了一场。"

罗彬和姐姐，还有那些能联系上的茂县人，在一个"我们的家"的微信群里相互鼓励和支撑。

茂县那边，为了让乡亲们给外面的亲人报告消息，救援官兵让乡亲们把亲人的电话号码和家乡的情况写在纸上，由直升机带出通讯盲区，然后打电话给亲人。

5月16号，终于接到了父亲的电话，得知家人平安，房屋没有垮塌，罗彬便更加安心地在医院陪伴地震伤员了。开始在各个医院奔波，5月底固定在华西医院陪伴和帮助受伤的孩子。开始在儿童外科病房，七月份便"扎根"在地震伤员康复医疗中心。

每天一早，孩子们刚起床，他就来到病房；深夜，等大家都睡了，他才又回到学校。他每天骑着一辆旧自行车往返于学校和医院，按时"上下班"，从不无故迟到缺席。

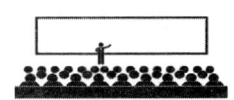

地震康复中心设在华西医院的八角楼。这是一栋二层楼的老式建筑，没有电梯。楼内中央有一旋梯通向二楼。为了方便地震伤员的上下，在楼外临时搭了一个斜坡的轮椅通道。

我们的课堂设在二楼，康复治疗室在一楼。每天地震伤员们必须上下于一二楼之间上课、治疗、训练。

既要及时把地震伤员运到，又要保证安全和舒适。因此，转运地震伤员，就成了地震康复中心一件繁重和麻烦的劳动。

为此，地震康复中心招募了大量学生志愿者，为地震伤员们服务。因为应招的学生太多，便分成了若干批次。一般是一批安排工作一周，然后轮换。

罗彬是每天工作时间最长、干的活最多、没有谁替换的志愿者。也没有谁安排他做什么。因为他是没有组织的"编外人员"。

因为他跟地震伤员及家属很熟悉，所以，在工作中，他常常是那些大学生们的向导和联络员。

有一天，他跟我说，他还是很希望归属一个组织的。我告诉他直接找专门在地震康复中心负责组织管理大学生志愿者的四川大学学生郝晓婷，并且把郝晓婷的电话号码也给了他。

我本来可以让他加入我们"绿丝带病房学校"。但我考虑参加大学生志愿者组织，可以得到一个证书，这样对他也有些用处。

奇怪的是，他跟郝晓婷认识，和地震康复中心的医护人员也很熟，大家也都知道他长期在地震康复中心工作。可过了几天我问他加入组织没？他说没有。问其原因是不好意思。这家伙，平时看起来脸皮挺厚的，怎么这事却这么迟疑？

其实，对证书他也是期望的。另外，他还向我流露过，参加大学生志愿者组织，可以得到一件文化衫，穿在身上显得名正言顺。而不像现在，是个"杂牌军"。

我鼓动了他几次，也给郝晓婷讲过，郝晓婷也同意安排，可他最终还是没有去，也没得到证书和文化衫。

后来，我给了他一件"中国卫生部心理危机干预治疗队"的文化衫，正式邀请他加入我们的行列。

另外有些事，难度大多了，他却执着地办到了。

那是九月份，澳大利亚的激励大师、无腿残疾人约翰·库缇斯来成都演讲。罗彬知道这个消息后，立即和组委会联系，为伤残孩子们争取听讲的机会。

约翰的讲座地在西南财经大学，而且是有偿讲座，票价不菲。组委会计划了 50 张赠票。但需要量太大，简直是杯水车薪。要弄到哪怕一张票都不容易。

罗彬骑着自行车，在炎炎烈日下奔波，多次和组委会游说。从孩子们严重伤情讲到坚强乐观；从他们目前的治疗状况讲到未来人生的规划发展；从他们的热切期望讲到演讲对他们的意义。

孩子们的故事和他的行为感动了组委会。组委会决定从紧缺的赠票中分出 10 张给了地震康复中心的小地震伤员，还给孩子们赠送了库缇斯的光碟和文化衫，并且派专车到医院接送。

听讲座那天，罗彬组织志愿者护送孩子们到会场，为他们安排位置，照顾他们。活动搞了一天，罗彬一直守候着，活动结束以后又陪着孩子们安全返回。

那天，孩子们非常开心，也受到了极大的鼓舞，对生活，对未来的前途充满了信心。

罗彬是个大孩子，他从山里来，有山里人的纯朴敦厚，也有一些孩子气的天真可爱，自由不羁。

他除了抢题，还会在联欢会上和孩子们一起抢东西吃。

地震小伤员向孝廉出院的前一天，我们开了一个晚会欢送她。退休教师志愿者李小文给孩子们带来很多好吃的，最受欢迎的是她自己卤制的鸡心。罗彬和孩子们一起尽情地享受着美食，尽情地说笑欢唱打闹。

当罗彬无意间拿到最后一个鸡心，被唐雨洁发现了，她大叫一声"我要！"，便飞扑上去要抢，罗彬见状，一下把鸡心塞进嘴里，猛嚼起来。惹得唐雨洁上前就是一拳。罗彬嘴里还没来得及吞下去的鸡心喷了出来。大家顿时哄堂大笑，唐雨洁更是笑得弯腰捂肚。

这一小小的闹剧给整个晚会又添高潮。

罗彬是个"奥运迷"，在奥运会期间，每天陪着孩子们看比赛。当看到美国射击运动员埃蒙斯继雅典奥运会后再次脱靶，把金牌拱手让给中国时，他带着孩子们"狂笑了五分钟"。

孩子们在病房里呆闷了，他经常推着轮椅带孩子们出去散心，玩耍。

有一天晚上，已经九点过了，我到地震康复中心看孩子，进门时见罗彬推着廖瑶瑶出去，问他们上哪儿去，说是"转转"。我也没多问。

进了病房不久，见廖瑶瑶的妈妈焦急地在找女儿。听我说"罗彬带出去了"。瑶瑶妈妈有些生气地抱怨说"这个罗彬，真不听话，总爱擅作主张。"

但她的眼神和语气里并没有太多的担心和愤怒，而是妈妈对孩子的一种爱嗔。

还有向孝廉，这个性格泼辣自在的小丫头；陈永宁，七岁的小精灵；八岁的断臂女孩唐雨洁，也经常跟罗彬一起"失而复得"。

家长们开始很担心，后来也习惯了。因为每次孩子们都"完璧归赵"，而且比出去前开心多了。

孩子们都很喜欢这个罗哥哥，家长们也把罗彬当成自己的孩子。如果哪一天罗彬有事没去病房，或者没带孩子出去玩，大家还有些不习惯。几个月的密切接触，相互支撑，他已经成了大家的一位亲人。

但谈起刚开始当志愿者那会儿，罗彬说很多事情他都觉得手足无措。有时真的觉得累得不行，又不知道怎么办才好！刚来的时候，那些被营救出来的孩子都还在地震的阴霾中，他不知道该怎么和他们交流，只有默默地陪着他们，有什么事就帮着做一下。也有过想放弃的时候。

但有一件事情坚定了他留下来一直陪伴他们的决心：

"那天我去病房看望一个刚从重症监护室转到普通病房的孩子。在地震中他的内脏受挤压严重而且失去了一只手臂。

刚一走进他的病房，我吃了一惊，房间里一片混乱：枕头、被子散落一地，孩子脸上还有泪痕，眼睛呆呆地盯着天花板，我没有去打扰他，默默地收拾地上的东西，心里有点难受。我把枕头从地上捡起来，准备把被子给他盖上的时候，他又把东西一样一样的往地上扔。真想扔下他不管，冷静了几分钟之后，我又回到病房帮他把东西整理起来。可能这个举动惹怒了他，当我走到他的床边时，他向我发起飚来，尽管我觉得委屈，但是我也能理解他当时难受的心情，于是任他打骂我都冷静地接受了，最后他终于大哭起来。

之后他看到我有些不好意思。但现在我们已经是很好的朋友了。其实这些孩子聪明、朴实，跟他们相处也很简单，就是多给点耐心就够了。"

这个看起来有些大大咧咧的男孩，内心却充满了细致与柔情。

小人物的大爱

从大地震发生后的几个月里，华西医院的志愿者来了一批又一批，走了一拨又一拨。正是"铁打的营房流水的兵"。而且九月份学校开学以后就很少有学生志愿者来了。

可他是"流水的营房铁打的兵"。那辆旧自行车伴着他一直坚持到地震康复中心最后一个孩子出院。那已是 2009 年初。

2009 年 1 月 11 日，他在地震后第一次回到家乡。

眼前的景象没有满目疮痍，但一种陌生感强烈地攫撄着他的心灵。童年的欢乐、天真、无忧无虑，少年的轻狂、执拗、异想天开，统统地被深深埋进家乡的泥土。

父老乡亲仍然平静安宁地生活着，仍然是那么淳朴善良，淡定从容。但他深深知道，他们是怎样熬过那段艰难痛苦的日子的。

他不禁泪眼模糊。为自己没能在最艰难的日子里陪伴家人而愧疚，为乡亲们迅速从灾难中挣脱出来的强大生命力而感动，也为看到家乡美好的未来而兴奋。

他突然觉得有一股暖流在胸中涌动，有一种力量在血液里膨胀。他感谢这里的每一寸土，每一个人；热爱这里的每一棵树，每一只鸟。

对家乡，他第一次想到了担当。他要成为家乡的建设者，成为顶天立地的大山的儿子。

地震过去了，灾难过去了，他长大了，不再是一个大男孩。

（二）10 年的无声之爱

2009 年 1 月，罗彬回到家乡陪伴亲人，参加灾后重建，和家人过了一个苦涩而又温暖的寒假。开学回成都后，罗彬一边学习，一边继续到华西医院去陪伴和照顾尚未出院的魏玲、王林、吕康银等重地震伤员。大学毕业罗彬回到家乡工作后，他仍然经常去成都看望那些当年的伤员。

以后的几年里，我经常看见罗彬，有时候是在医院，有时候是在程社明为灾区学生、老师、家长们举办的职业生涯规划培训班上。他是志愿者与地震伤员之间的联络人，也是会场上的助手。他多次为在灾区走访地震伤员和他们的家庭的志愿者提供联络信息，担任向导。这 10 年里，他和当年那些地震小地震伤员一直保持着联系。我们只要和孩子们联系不上了，找他，准靠

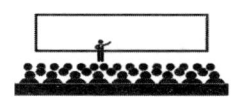

谱。我的几本书里的许多照片都是他提供的。

2017 年 12 月 13 日，罗彬回到母校参加一个业务骨干的培训。约了几个时间，罗彬都说他档期太满了。我见缝插针，中午休息的时候，在学校里的一个咖啡馆和他聊了一个多小时。

罗彬除了比以前略微胖一些外，言谈举止、音容笑貌几乎没有什么变化。质朴、率真、低调，谈起这 10 年对地震伤员们的关照，他总是说"我觉得很平常啊""也没特别在意""时间久了记不太清楚了"。

我们聊天很散漫，几乎没有主题，没有中心，没有催人泪下的故事，没有突出的主人公，聊的也都是一些平常的事。他熟悉地震的地震伤员和家属很多，除了我们在医院共同认识的那些地震小伤员外，还有一连串我不熟悉的名字。但在这些名字中，我发现了一个出现频率较高的名字——吕心怡。我便抓住机会，叫他讲一讲吕心怡的故事。

江油的吕康银因地震导致高位截瘫，妻子失踪，年幼的女儿吕心怡当时不到一岁，由奶奶照看，家里生活十分困难。罗彬是在华西医院的金卡医院陪伴魏玲时认识吕心怡的。那时候，吕心怡的爸爸吕康银也在华西医院住院。

见到幼小的吕心怡，罗彬十分疼爱，便一直关照着她，并为她联系帮扶者。后来吕康银转到了江油市人民医院，小心怡也跟着去了江油。罗彬也经常去江油看望小心怡。在罗彬的努力下，终于为小心怡联系到一位爱心女士，认小心怡作了干女儿，每个月为她提供生活费用。如今，吕心怡已经上小学 6 年级了，是一位品学兼优的孩子。

在与吕心怡的接触中，罗彬和她结下了深厚的感情。也因为心怡，他想到更多的类似于心怡这样的孩子。于是，他开始了震后重要的一项援助工作，就是为那些失去生活能力的地震重伤员的孩子和地震孤儿在全国范围内寻找公益组织，进行一对一帮扶。

地震后的几年，通过罗彬的牵线搭桥，为 10 来个孤儿和父母失去抚养能力的孩子找到了依托。罗彬和这些孩子，以及照顾孩子的爱心人士，形成了一个无形的大家庭，使孩子们有了生活和心灵的依靠。

唐仪君、李丹、段志秀、廖瑶瑶、向孝廉（都是地震受伤的中学生）等这些大孩子，罗彬一直和他们保持着兄弟姐妹一样的情谊。更多的时候像"铁哥们儿"。

丁启莲也是茂县人，地震的时候才 11 岁，双下肢多处骨折，打着夹板，很久都不能下床，罗彬一直把她当作妹妹照顾。丁启莲比较害羞，但是只要罗彬哥哥在场，她就显得很自在开朗。

罗彬说，这些在最艰难的时候建立起来的患难之情，会保持到永远。

罗彬的 10 年之爱，简单而深厚、细致而绵长。我想到了毛泽东主席的一句话：

"一个人做一件好事并不难，难的是一辈子做好事。"

罗彬就是这样一个一辈子做好事的人。10 年的历程，他已经从一个大男孩成长为一名独当一面的技术干部，业务骨干。但他的爱的行动还是那样低调、无声、平凡、不懈。

三、五月的思念——吴绍沱先生

我觉得最对不起吴绍沱先生的是《灵与肉的守护——一个心理志愿者的震后援助手记》一书出版以后，没尽快把书交到他的手上，书上写了他。总觉得他在成都，机会有的是，便一直拖着。没想到这一拖，竟成了终生遗憾。

2017 年在写《爬出废墟的孩子们——20 位汶川特大地震小伤员的 10 年成长》一书时，准备采访他，在"我们都是向日葵"群（当年在华西医院的地震小地震伤员和志愿者的群）里寻求他的通讯方式时，本来热闹的群聊一下子沉默了，没有任何人回应。廖瑶瑶在私信里伤心地告诉我：

"阿姨，吴爷爷在 2016 年已经因病去世了。大家害怕伤心，都不愿意说。"

除了难过，就是遗憾。

2017 年 12 月 3 日晚，我在成都南边的一个咖啡馆约见了吴绍沱先生的女儿吴若冰女士，亲手把书送到她手上，共同缅怀吴先生，回忆他的故事——

他身穿一件雪白的中式衬衫，戴着一副框架眼镜，梳着大背头，头发一丝不苟。双手交叉放在膝上，很安静地坐在教室的一角，看着我教向孝廉和贾佳唱《情深意长》。

那份端庄儒雅，平和淡定，不仅有一种学者的风度，还有一丝道骨仙风。

他是一名教音乐的志愿者，孩子们叫他"吴爷爷"。

"5·12"汶川特大地震发生后，刚刚从一家琴行退休的吴先生和大家一样，看到电视里有关地震的报道，心如刀割。

该做些什么了。

必须做些什么了！

能做什么？

吴先生看着电视，心急如焚，整日如坐针毡。干脆，关掉电视，走出门去，骑着自行车，在烈日炎炎下奔波，寻求应征志愿者的机会。

他跑遍了成都大大小小的招募点，几乎没有一处要他。他已经60岁了，一副文弱书生的样子，不能去灾区，不能献血，不能搬运货物。

地震过后的最初一个月，志愿者工作主要是前线的力气活、医院里的陪伴、安置点的心理辅导。招募者们似乎觉得老吴都不适合。

终于有一天，老吴骑车转悠到沙湾一处"红十字会"招募点。他说明来意，苦苦恳请，终于，精诚所至，金石为开，那里的工作人员深受感动，收下了他的请战报告和个人简介及照片，告诉他等候通知。

一个多月来的辛劳奔波，苦苦寻觅，终于有了个结果。老吴感到十分轻松，哼着小曲，骑车回到家中，静静地等待出征令。

一天过去了，一周过去了，一个月过去了。投出去的请战报告和热情犹如石沉大海，杳无音信。那时候已是七月中旬，华西医院地震伤员康复医疗中心成立，地址在四川大学八角楼。完成了外科治疗的地震伤员都集中在这里进行康复治疗。

老吴得知这一情况，眼前一亮，自己终于有了用武之地。教孩子们乐器，这是自己擅长的工作。不仅可以帮助孩子们进行功能训练，也是心理康复的良方。

于是，他骑着自行车来到地震康复中心，找到了负责的丁明甫主任，谈了自己的打算：准备买一部分口风琴送给愿意学习演奏的孩子，并且每天去给孩子们上课。用音乐帮助孩子们战胜痛苦，恢复健康。

他的请求得到了丁明甫主任的大力支持，立即安排孙增春住院总医师去统计愿意学琴的人数。

2008年7月22日天刚亮，老吴就被电话叫醒。那是华西医院地震康复中心的孙增春住院总医师打来的，告诉他，有10个孩子愿意学习乐器。

老吴兴奋不已，一向沉稳的他高兴得像个孩子。他迫不及待，立即打电

话跟欧亚琴行联系，在人家上班时间前就骑车去盐市口的库房里选了 10 个 37 键的口风琴，装了一纸箱，然后骑车拉到了八角楼。

老吴的志愿者旅程就此开始了。八角楼里整日响着口风琴的声音。

老吴家离医院不远，骑自行车大约 10 分钟。他每天都去，上午下午，从不缺席。

然而，教这些孩子学乐器比想象的难多了。孩子们每天都要做康复治疗，时间不一致，不能集中起来学习。老吴只好到病床前去一个个地教。先教手型保持，再教音阶吹奏，然后教五个音的歌曲。简单易学，立竿见影。

《划小船》《粉刷匠》《掀起你的盖头来》《龙的传人》，这些脍炙人口的乐曲很快就在楼上楼下响起来了。接着，《让世界充满爱》《隐形的翅膀》《自由飞翔》等流行的励志曲目，也飞遍八角楼的每个角落。

在中秋和国庆来临之际，他又教孩子们吹奏《但愿人长久》《月之故乡》《中华人民共和国国歌》。孩子们很快掌握了 C、F、G 这三个调的吹奏方法。

孩子们的进步，老吴看在眼里，喜在心上。

为了进一步鼓励孩子，让孩子们展示自己的才艺，他组建了乐队。乐队的名字叫"折翼天使"。队员有向孝廉、刘芳、龙娇、卿静雯、廖瑶瑶、贾佳、段志秀、王飞、李丹、岳强、孔爱玲、黄思雨、吴璟怡、陈琴、李娜等。向孝廉任队长。这当中，除了最先的口风琴队员外，后来又来了几个吹口琴和葫芦丝的，这就更增加了教学的难度。

但老吴不怕麻烦，除了个别教学外，他还要求孩子们经常参加集体排练，让他们在音乐的配合中找到乐趣，训练他们的集体协作精神。

孩子们的坚强乐观远远超过了老吴的想象。他们推着轮椅来排练时，往往会嘻嘻哈哈戏言自己的"私家车"是"奔驰""宝马"。十几辆"奔驰""宝马"的小主人在一起吹奏，那场面十分壮观！

虽然吴爷爷没有胖哥哥（程社明博士）的幽默，也不像王爷爷（志愿者王晓春）那样激情四射，他只是平静温和地指点着、示范着，但孩子们非常喜爱他，是孙子和爷爷的那种"隔辈儿亲"的感觉。这种感觉，吴爷爷十分满足。他自己还没有孙子，但这群孙子已使他幸福不已。

贾佳和廖瑶瑶是吴爷爷的两个得意门生，聪明好学，对音乐有特殊的热爱和领悟力。

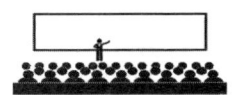

说起贾佳，吴爷爷至今还觉得有些惭愧。

记得刚转到地震康复中心时，贾佳来找吴爷爷，说她也想学吹口风琴。但吴爷爷见她没有左臂，不能把琴拿起来吹，便拒绝了她。小姑娘满脸灿烂的笑容一下子僵住了，慢慢转身离去。

事后吴爷爷感到十分难过，后悔不该这样去伤害一个小姑娘。那一晚上，他辗转反侧难以入睡。第二天一早，就去买了一个口风琴送给贾佳，并当面向她道歉。

从那以后吴爷爷和贾佳成了好朋友。贾佳音乐天赋很高，学得很快。她学了 C 调、G 调、F 调，接着又学 D 调和降 B 调。

中秋节，都江堰举办了一个中秋晚会，特意邀请贾佳全家去参加，贾佳在晚会上表演了口风琴独奏《隐形的翅膀》。她的演奏得到了大家的一致好评。吴爷爷庆幸当初没将她拒之门外。

廖瑶瑶是吴爷爷教的十几个孩子中最优秀的一个，她的葫芦丝独奏《情深谊长》上了新浪网络春晚。

夏去秋来，秋去冬至。从火热的七月，到萧瑟的秋季，再到冷雨蒙蒙的隆冬，八角楼也随着季节的迁移相应地变化着。

孩子们陆续离开地震康复中心，有的转院，有的出院，逐渐人去楼空。

最早离开的是黄思雨和吴璟怡，她们到北京安假肢；

陈琴回到聚源中学；

李娜回了紫坪铺小学；

刘芳转科了；

龙娇回什邡了；

向孝廉出院到郫县上学了；

卿静雯是残奥会的火炬手，九月去北京一直没回来。

段志秀、王飞、李丹、孔爱玲也相继离开……

孩子们像小鸟一样，一只一只飞走了。只有廖瑶瑶一个人留在那里。

志愿者也都离开了，吴爷爷还在陪伴着八角楼里孤独而清冷的琴声。

2009 年 1 月 19 日下午，廖瑶瑶也出院了。这个"5·12"特大地震后在蠡华中学废墟下最后一个被救出来的女孩，也是最后一个离开地震康复中心。

华西医院地震康复中心完成了它的历史使命，老吴也结束了他的志愿者

征程。

望着空荡荡的八角楼，吴爷爷的心也空落了。

半年了，整整半年，和孩子们建立起的深厚感情难以割舍。他有些茫然，甚至不知道接下来该怎么过。内心笼罩着一层牵挂和忧伤。

人生的道路曲折又漫长，有很多孤独和痛苦需要孩子们去勇敢面对。在最孤单寂寞的时候，愿音乐永远陪伴他们。

老吴对着空楼吹响了口风琴。那是给孩子们的出发令，也是对自己本命年的盘点。

琴声悠悠，思绪绵绵。

2008年的集结号，寂寥而辉煌，空灵而饱满。

八年以后，吴爷爷离开了孩子们，永远地离开了。他的音容笑貌，他的仁爱宽厚，永远珍藏在孩子们的心中。

在2017年采访贾佳的时候，我问贾佳：

"地震以后，帮助过你的人中，你最难忘的是谁？"

"吴爷爷。"她说出这三个字时，我们俩眼圈都红了。"那天我在群里得知吴爷爷过世了，心里好难过。"

贾佳停顿了一会儿继续说：

"他给我们写了一首歌《五月的思念》，那时候，并不觉得好听，现在听起来，荡气回肠。我真的觉得好对不起他，他可能在去世前还在想：这些孩子会不会去看望他……"贾佳的眼泪流了下来。

"想起来心里特别堵。我当时就和龙娇说什么时候我们去给他扫墓，看看他，和他说说我们现在的情况。那样，对他也是一种安慰。"

贾佳告诉我，当年吴爷爷写的《五月的思念》，他们经常一起唱，这么多年，一想起这首歌，就特别想念吴爷爷。觉得吴爷爷临终时大家都没在他身边，爷爷一定很牵挂他们。

我没有找到这首歌的乐谱，后来刘芳给我发了一个当年吴爷爷录制的这首歌的录音。我记录下了这首歌曲，以寄托我们的哀思和崇敬。

《五月的思念》，是10年前吴爷爷对那场灾难中孩子们的关怀和牵挂，如今，它成了孩子们对天堂里的吴爷爷的深情思念。

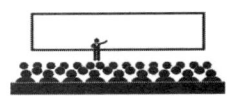

五月的思念

1=C 2/4

吴绍沱 词曲

(6 3 5 6 | 6 - | 7 6 7 6 5 | 3 - | 6 3 1 2 | 2 - | 3 2 3 5 6 | 6 -)

6 3 3 | 5 6 6 | 6 6 2 3 4 | 3 - | 6 3 3 | 2 3 1 | 2 | 3 2 | 5 6 7 | 6 - |
五 月 的 鲜 花 张 开 笑 脸，五 月 的 阳 光 洒 满 校 园，

1 1 2 | 3 2 3 | 3 6 5 4 | 3 · 2 | 1 1 2 | 3 5 3 | 6 2 1 2 7 | 6 · (3 5 |
灾 区 的 孩 子 你 们 还 好 吗？ 冬 去 春 来 又 是 一 年。

6 5 3 2 | 1 · 3 2 7 ‖ : 6 · 6 6 6 | 6 6 6 6) : ‖ 3 1 | 6 1 2 | 3 - | 3 - |
忘 不 了 那 一 天，

6 3 | 3 2 3 | 3 - | 3 - | 2 2 1 2 | (2 2 2 2) | 3 3 2 3 | (3 3 3 3) |
天 塌 地 也 陷， 房 倒 屋 塌， 山 崩 地 裂

7 7 | 7 - | 7 - | 7 5 | 6 - | 6 - | 0 1 6 | 2 3 | 6 3 2 3 | 0 5 3 |
天 昏 地 暗； 多 少 校 园 毁 于 一 旦，多 少

6 3 | 2 3 | 1 2 | 0 6 6 | 5 6 | 7 7 | 5 3 | 0 5 3 | 5 6 | 2 2 | 2 - |
家 庭 骨 肉 离 散，多 少 孩 子 终 身 伤 残，多 少 亲 人 地 下

0 1 7 | 6 - | 6 - | 6 5 6 5 | 3 - | 3 - | 7 6 5 | 6 - | 6 - | 6 3 2 1 |
长 眠，啊 啊 啊

2 - | 2 - | 1 2 1 7 | 6 - | 6 · ‖ : 6 6 1 1 2 | 3 3 0 | 6 6 5 5 6 | 5 3 0 |
啊 啊 擦 干 悲 痛 的 泪 水，我 们 心 手 相 连，

6 6 6 3 3 | 6 1 0 | 7 7 5 3 3 | 5 6 · : ‖ 2 2 5 3 3 | 1 6 ·
昂 起 倔 强 的 头 颅 重 建 我 们 的 家 园， 重 建 我 们 的 家 园。

6 (5 6 1 2 | 3 2 3 | 3 - | 2 3 6 | 6 - | 3 2 3 | 3 - | 2 3 6 | 6 -)

6 3 3 | 5 6 6 | 6 6 2 3 4 | 3 - | 6 3 3 | 2 3 1 | 2 | 3 2 | 5 6 7 | 6 - |
五 月 的 鲜 花 张 开 笑 脸，五 月 的 阳 光 洒 满 校 园，

1 1 2 | 3 2 3 | 3 6 5 4 | 3 - | 2 2 1 2 | 3 · 5 | 6 2 1 2 7 | 6 - |
灾 区 的 孩 子 你 们 可 知 道？青 山 依 然 在， 真 情 满 人 间，

2 2 | 2 1 2 | 3 - | 3 · 5 | 3 · 2 1 7 | 6 - | 6 - | 6 0 ‖
青 山 依 然 在， 真 情 满 人 间，

注：2009 年，志愿者吴绍沱（已故）为地震小伤员创作的歌曲。

9. 奔跑吧，轮椅！

——中国康复马拉松

　　尽管我是学医出身，但对于康复医疗的初步了解，是在 2008 年"5·12"汶川特大地震以后。我在 5 月底接到卫生部"震后心理危机干预治疗队"的任务，到四川大学华西医院做儿童地震伤员心理辅导。6 月份在儿童外科病房，7 月转到地震伤员康复医疗中心，在那里一直工作到年底。

　　由于我们辅导的孩子每天都要做康复治疗，他们的康复治疗需要我们心理辅导的配合。同时，在超压力工作下的医护人员也需要我们做一些心理减压。所以，我们和康复医护人员接触较多，对康复医疗有了一些了解。10 年以后对孩子和医护人员的回访，更加深了我对康复医疗的认识。

　　康复治疗，孩子们在坚持，医护人员也在坚持，而且一坚持就是 10 年，甚至是一生。坚持的不仅仅是身体功能的康复，更是一种倔强的信念，一种健康的生活方式。

　　这里写的"康复马拉松"，也不仅仅是一种运动形式，最重要的就是这种坚持。比赛的马拉松只有几个小时，但健康人生的马拉松是一辈子，是一个漫长而艰辛的过程。

一、印象中的江苏医疗队

　　2008 年"5·12"汶川特大地震以后，江苏省人民医院立即派遣康复医疗队前往四川进行支援。2008 年 7 月 13 日到 12 月 31 日，他们一直驻扎在四

川大学华西医院地震伤员康复医疗中心。那时候我也正好带领一个团队在华西医院做儿童地震伤员心理辅导。我就是在那里知道了中国著名康复医疗专家、江苏省人民医院康复中心主任励建安教授和他的团队。其实，我并没有直接接触过励建安教授，只是经常从地震康复医疗中心的医护人员和地震伤员们口中知道他的名字。另一个名字比较熟悉的人是随他同去四川支援的康复治疗师，当时只有 28 岁的李勇强。李勇强是田富刚的治疗师、轮椅操作师傅和好朋友。在 2008 年 9 月，地震康复医疗中心举办的"病房残运会"上，师徒俩表演了精彩的轮椅秀。后来田富刚成了国家射击队一名残疾人运动员，多次在国际国内比赛上获得奖牌。在我们的另一本书《爬出废墟的孩子们——20 位汶川特大地震小伤员的 10 年成长》中写他的那部分叫"让子弹随梦飞"。在采访田富刚的过程中，他也多次提起他的师傅李勇强。

还有一名江苏来的医生叫汤从智，是我在去年回访当年在华西医院辅导过的孩子时，听他们常提起的人。

"励伯伯""李大哥""汤叔叔"在我的印象中成了江苏医疗队的典型代表。当然，我知道当年江苏省人民医院来援助我们四川的，不仅仅是他们三位，而是一个团队，一共 13 人，他们是：励建安、李勇强、周莉、何逸康、周奕戈、王晓涛、昝云强、汤从智、朱振杰、倪波业、杨洁、胡玉明、王伟。

在此，我谨以此篇表达一个四川人对江苏医疗队、对中国康复人深深的谢意和敬意。

如果没有对孩子们的回访，如果没有华西医院康复医疗中心王凤英护士长的讲述，如果没有康复马拉松，是没有这样一篇文字的。

在提到励建安时，王凤英护士长是这样评价的：一个仁心仁术的医者，一个睿智慈祥的长辈，一个灵魂级的大师。

王凤英护士长说，励建安教授带来的新的康复理念、新的康复技术，以及在争取政策方面的努力，有效地推进了四川康复医学的发展。

"直到现在，许多细节的东西都一直伴随着我们的治疗，影响着我们的医疗观。你刚才说到励建安，一种强烈的情感突然袭来。好亲切呀！"

王凤英护士长说到这里，两眼闪着无比怀念的光芒。

"励建安教授对工作的认真程度对我们的影响是潜移默化的。跟他接触，

不管是生活上的交流，工作上的讨论，都觉得没有距离感。安排工作的时候，他并不是以领导的身份告诉你，命令你怎么做，做哪些，而是会以长者的身份告诉你今天应该做些什么，怎么做。然后，你近期应该做什么，远期应该做什么。所以很喜欢他的工作方式，很愿意把他告诉我们的东西做得很好。"

最后，王凤英特别强调说，励建安教授在每一个治疗的细节上都是从患者的身体状况、心理状况、现实情况和未来的发展综合考虑的，是一位非常有责任感的康复医疗专家。

2008 年，华西医院地震康复医疗中心是在 7 月份为了适应全国各地回来的地震伤员康复治疗的紧急需要，在废弃失修多年的旧楼八角楼抢建出来的。条件差，地震伤员又很多。这对于从我国东部发达地区江苏来的医疗队来说，困难更是难以想象。

"但是，江苏来的医生从来没有过任何怨言，和我们一起日夜守候在地震伤员身旁，和我们一起想办法，解决问题，不断完善。励建安教授当时的办公室就在我们办公室的对面，他的那张办公桌还是我从地下室里找出来的。他就是在那张旧办公桌上研究方案，做出决策，制定治疗和指导方案的。他们在我们医院半年时间，几乎没有休息日。他们的敬业精神和与患者的沟通方式对我们产生了很大的影响。"

尽管我对江苏医疗队当年在四川援助的具体情况了解得并不多，但这些点点滴滴，却激起了我想进一步采访，将他们写进书里的愿望。

二、和励建安教授的对话

励建安，教授，主任医师，博士生导师，南京医科大学康复医学系主任，南京医科大学第一附属医院（江苏省人民医院）康复医学中心行政主任，美国国家医学院院士。

2018 年 1 月 11 日，我拨通了励建安教授的电话。短暂的自我介绍之后，我开始了八股似地提问题：

作者：励教授，因为你当年在四川大学华西医院做地震伤员的康复医疗，很多小伤员都记住了你。这次我回访当年的小伤员们许多人都提到你，还有那些医务人员也提到了你。所以我首先想问一下，这 10 年来你与地震伤员保

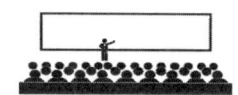

持着怎样的联系？

励教授：到四川帮助地震伤员，我们是一个团队，反复去过很多次。因为我是总负责人，直接跟患者接触并不是很多，接触更多的是我们下面的医务人员。我有时候也会跟患者交流，感谢他们还记得我。这 10 年我直接和他们联系的并不多。但是我们团队和他们一直保持着长时间的联系，但少数人我联系得比较密切，比如田富刚。

作者：我想，这种联系包括两个方面：康复治疗和人文关怀。你和你的团队是从哪些方面去考虑，去着手的呢？

励教授：主要是鼓励他们，让他们树立信心，积极配合治疗，尽量恢复已经损伤的功能，加强健全部分的代偿功能。身体虽然不健全，但心理一定要健康。不仅不成为社会的拖累，还要为社会创造价值。

作者：对呀，田富刚就是一个很好的例子，他就是因为你们的鼓励开始了他的体育生涯，成功回归社会，并创造了社会价值。

励教授：田富刚确实让我们感到欣慰。

作者：你们医疗队在四川工作了多久？

励教授：我们对地震伤员的康复治疗最早期是在华西医院的地震康复医疗中心，在那里给他们做了一些早期的康复。2009 年，我们在绵竹开了一个地震康复中心，并争取到了香港福幼基金会、国际助残组织、南京焦点科技这三个方面的资助。

作者：在绵竹你们做了多久？

励教授：从 2009 年到 2013 年，从医院的康复到社区的康复，我们在这四年期间一直都在做康复治疗。绵竹的绝大部分地震伤员都在康复中心做了四年的康复治疗。

作者：当时主要是对什么样的患者做康复治疗呢？

励教授：最多的是骨折，最重的是脊髓损伤。

作者：地震以后的伤情跟平常你们见到的脊髓损伤的有什么不同吗？

励教授：伤情差不多，但是地震伤员精神上的创伤可能比一般的伤员更加严重，因为他们经历了太多惨烈的场面和亲人、朋友的离去。

作者：在治疗上，对地震伤员的治疗有什么不一样的呢？

励教授：原则上是一样的。但是因为突如其来那么多地震伤员需要康复

治疗，最初的时候条件比在江苏这边做的要艰苦很多，难度大一些，设备也差一些。

作者：怎么样去克服这些困难呢？

励教授：在没有好的设备时，尽力动脑筋想办法做。接下来就是想办法争取好的设备帮助患者做康复。后来在国家的帮助下，两三年内资金和设备也都到位了，就逐渐往好的方面发展了。

作者：听华西医院的医护人员说，地震，以及你们的到来，把四川的康复医学向前推进了一大步？具体表现在哪些方面？

励教授：地震是一场灾难，也是一个机遇。大量的地震伤员出现，这本身就对康复医疗提出了挑战。必须去研究、去思考新的方法和技术，以适应新的要求。另外，当时卫生部长陈竺提出"二级以上的医院都必须建立康复科"，这是一股强大的东风。

现在绵竹人民医院的康复医疗已经成为四川省的一个康复治疗重点学科。我们团队不仅完成了地震伤员的康复治疗，还给当地留了一个能上重点的学科，这也是我们留下的比较有价值的一个东西。

另外，我们主张"康复治疗及早介入"，这在四川地震伤员的康复方面起了显著的效果。

作者："康复治疗及早介入"是一个什么样的概念？

励教授：早诊断，早治疗，早康复。这是国务院颁布的健康发展规划里面明确提出的一个基本思想。早期康复已经成为政府和医生的共识。汶川"5·12"特大地震已经10年了，10年来这个理念也已经成为国家的政策。

作者：这个成为国家政策和你们的推动有关系吗？

励教授：有关系。

作者：是你直接提出来的吗？

励教授：不是我一个人，是我们康复工作人员一起提出来的。那个时候我们还制订了一个地震伤员早期康复的治疗规划。

作者：早期康复早到什么时候？

励教授：过去的做法是外科治疗完成以后再进行康复治疗。可是外科治疗往往需要很长时间，尤其是像地震伤员在地下被挤压，有许多并发症，等外科治疗结束以后，可能肌肉、关节等功能就明显退化了，再进行康复治疗

困难就大得多，甚至难以逆转。所以，我们现在的做法是，病人一旦生命体征稳定，就进行康复治疗，防止肌肉萎缩、关节僵化、心肺功能减弱等。对于那些截肢患者，我们要保证他健存的肢体功能不退化。这样，他以后成功回归社会的希望才更大。

作者：着眼于他的未来？

励教授：对。患者的未来是我们康复医疗的宗旨。

作者：这就是医疗中最大的人文关怀。

励教授：对。我们后来也争取到了一些项目资助，让地震伤员们出院回到家庭、社区以后也能做康复治疗。离开医院之后，我们团队还参与了社区的康复治疗。

作者：你们对社区的人员是不是也要进行培训呢？

励教授：是的，都有培训。包括对医疗人员、护理人员、志愿者、患者及其家属都做培训。

作者：他们对这种培训的接受度和理解度怎样？

励教授：总体上来说，患者和患者的家属接受度很好，社区的医护人员也都是自己家乡的人，所以还是很不错。

作者：后来，你们追踪那些患者康复的效果怎么样？

励教授：整体上来说不错。当初地震伤员达到残疾的就有数万人，最终，除了截肢和脊髓损伤的地震伤员以外，其他的地震伤员都恢复了。

作者：我现在看到的那些截肢和截瘫的孩子生活、学习、工作状态都很好。

励教授：是的。

作者：大地震以及其他大的自然灾害对我们的康复医疗都是一个很大的挑战和机遇。在这方面，励教授你有什么样的希望和建议呢？

励教授：希望在未来的发展中，建立流动的康复医院，作为平时康复医疗的重点。

作者：流动康复医院？怎么理解？

励教授：如果我们要建立一所固定的康复医院，需要大量的资金，建设过程也需要好几年时间。离医院远的患者不方便去，医院床位闲置又浪费资源。

流动医院就是把设备装在车上，医务人员随车到需要的地方去进行康复治疗。既能够及时帮到患者，又是一个很好的宣传，让大家都了解康复医疗。

作者：太好了！既方便快速，又节约资源。而且可以成为一个长时间的有备无患的状态呀。

励教授：这个不仅适用于大的灾难，也适用于散在少量的患者，特别适合贫困地区。但是这样的工作需要社会的支持，资金的支持，我们也在帮助募集一些资金，大家都在共同努力。

作者：经过了"5·12"汶川特大地震后10年经验的积累，假设再有一个大的地震的话，会不会有更好的治疗方案呢？

励教授：治疗团队和设备肯定更好了，但是治疗的环境问题还是会有一些麻烦。就像一些高原地带，很多人去了以后就会发生高原反应。不过呢，只要找一些没有高原反应的人去不就行了吗？

作者：是。我前不久采访了一个慈善机构，他们就做得不一样，他们去的人要经过严格的筛选、培训，还自己带了发电机、制氧器等设备。

励教授：这都是很容易做到的事情，关键是要有统一的协调和科学的管理，不然再来一个大地震还是会有问题。我们也希望通过这次地震，国家在各个方面都能有一个进步。

作者：是啊。你到四川来有没有特别感动的事情？

励教授：我们所有人在四川都遇到很多感人的事。我带的那个团队都是博士生、硕士生、我们去过极端艰苦的地方，住在地震棚里面。下了雨早晨起来鞋子都湿了或者飘走了。有人坚持了三个月，有人坚持了半年，也有的人坚持了一年。后来我们都是轮换去的。

在灾区，有许多当地的医务人员在极端困难的条件下做着非常重要的工作，在救援中竭尽全力，不离不弃，特别让我感动。有一名基层医生家人全部遇难了，他自己在路边扎了一个小棚子，把自己的衣服撕成一条一条的，给那些地震伤员包扎，等到绵阳市人民医院的医疗队来到地震灾区的时候他都不愿意离开，继续参与急救。

这一方面，我们的医务工作者比国外做得好。

作者：你去过了很多国家，也见过很多。您还是觉得我们国家的医务人员的敬业精神并不比国外的差，尤其在大灾大难面前，更表现出很强的奉献

和牺牲精神？

励教授：对，不管我们平时有多少烦恼，在遇到大的困难的时候，我们的医务人员还是表现出一种非常崇高的职业素养和敬业精神。

作者：您个人和那些灾区的医生、患者、家属之间，有没有一些特别的，记忆深刻的故事？

励教授：这个一下子说不出来，但是从患者的整个康复训练中，患者和家属的乐观态度给我的印象挺深刻的。

作者：在我辅导的孩子当中，有哪些给您印象比较深？比如说：刘芳、唐仪君、李丹、龙娇，他们都在提到。

励教授：所有的孩子在我印象当中都很好，特别是龙娇，她是特别有趣的一个孩子。很可爱，很乐观，我对她的印象特别深。当时大家都觉得她应该不能走路了吧，不知道现在怎样了？

作者：恢复得相当好。龙娇是在地震的时候我接触比较多的孩子。她喜欢跳舞，我也喜欢跳舞，所以就教她在床上用手臂舞蹈，她的姿态特别美。2010年我到她家去看她时，她已经可以跟我在地上一起跳舞了。现在已经是一名大二财会专业的学生了。

励教授：那太好了。还有一个叫李丹的，她是右臂截肢了，也是特别积极向上的女孩子。

作者：对，李丹现在结婚了，儿子已经两岁了，特别可爱。她在一家公司做设计师，还在自己的家乡，绵竹年画村开了一个年画店。在那里画年画，教年画。

励教授：那真的是很不错呀！记得还有一个廖瑶瑶，下肢截肢的。

作者：嗯，她现在在美术学院读书，画画得特别好，办过个人画展，现在准备考研究生了。

励教授：嗨呀，"5·12"的时候他们还是一群孩子，现在能有这样的成就真的很不错呀！是不是还有一个叫王林的孩子啊？

作者：是。不过，她现在还躺在床上，没有脱离呼吸机。也是我认识的唯一一个没有出院的孩子。

励教授：哦，她损伤的位置太高了，还真是一个难题。

和励教授的对话，由讨论康复医疗问题，转移到回忆那些孩子们。10年

了，孩子们都在他的心中。我突然觉得，他从一个严谨的学者变成了一个亲人，一个大家不能忘怀的，充满温情的"励伯伯"。

三、"患者的未来就是最大的价值。"

孙增春，四川省八一康复中心（又名四川省康复医院）康复医学科副主任。2008 年，任华西医院地震伤员康复医疗中心住院总医师，在那里我们有较多的接触。在我的另一本书《灵与肉的守护——一个心理志愿者的震后援助手记》中写他的部分是"荒地上的开垦者"。

2008 年，我结束了在华西医院的震后心理辅导后，几乎没和孙增春再见过面。2017 年冬天，我到四川省八一康复中心去看望高位截瘫、至今仍躺在床上的地震伤员王林时，又联系上了他，并和他有一席长谈。

"2008 年地震伤员出院后，从 2009 年开始，我就跟丁明甫教授（华西医院康复医学专家，2008 年任地震康复医疗中心主任。）去随访那些地震伤员。作为医生，尤其是康复医生来说，我们更多的是从疾病的角度、身体角度关注他们的恢复情况，有没有并发症等等。因为这些会继续影响到他的整个生命和生活质量。所以，我们 2009 年就去灾区各地，到地震伤员家里面了解他们的家庭生活环境和康复状况，能帮的就帮。"

"你们给他们什么样的帮助？"我问。

"我们主要是帮助他们做康复训练，给他们一些建议。"

"这么多伤员，你们一家一家地走，要走多久？"

"我们分成了好几个小组，各自到不同的片区去。印象最深的是去擂鼓镇，当时地震受灾最严重的区域之一。2009 年重建还没有完成，道路非常难走。记得有几户人家在深山里，要翻越大山。山道很窄，路又滑，非常危险。经常会担心车翻到沟里去。2009 年，跟着丁明甫老师走访了差不多一年，后来我又跟着励建安教授的一个项目组去随访过几次。从 2013 年到 2015 年我们都在随访。最近这几年走访没那么密集了，但还是与伤员们保持联系。我们对地震伤员每一年要进行复查。"

"你们大概走访了多少人？都在什么地方？"

"仅是我们小组走访的就有好几十人，我们几个小组一共有 100 多人。"

"都是些什么伤情？"

"主要还是脊髓损伤。其他的像截肢的问题不是很大。"

"都是你们当年在地震康复医疗中心救治的那一批吗？"

"大多数是住华西医院的那一拨人。后来跟着励建安教授的项目组就涉及当年华西医院以外的病人。他们在绵竹做得比较多一些。因为江苏省是对口支援绵竹的。"

"你们有时候可能一出去就是好几天，而且要经常去走访。这个和你医院的工作有没有冲突？"

"冲突肯定是有的。但毕竟'5·12'地震是那么大一件事，院方和医生自己也都克服了很大的困难。"

"可这也不是长久之计呀。随着离地震发生的时间越来越久，大家的关注度和投入的精力也会逐渐减少。那时候怎么办？"

"所以，励建安教授也正在做一个项目，希望得到更多的支持，让那些远离城市的患者，不管是不是地震的，都能够得到有效的帮助。"

"你是说'流动康复医院'？"

"是的。我们把它叫作'康复大篷车'。励建安教授正在努力促成这个事。"

"你们的随访对于那些患者起到的作用主要体现在哪些方面？"

"一方面，我们直接继续对他们进行康复治疗，促使他们身体功能进一步恢复；第二，给他们和家属一些指导，教一些基本的康复技术和训练方法，他们可以自己进行治疗和训练；第三，我们的回访使他们感到一种关爱。加之我们的鼓励，他们更有信心，生活的态度更加积极。"

"如果没有你们的随访，或者你们没有随访到的，会出现什么后果？"

"我们并不是所有的患者都随访到了。有些患者回去以后就没有和外界保持联系，悲观，生活状况差，如果家人耐心，坚持康复锻炼，和我们保持联系，就有好的结果。举个例子，有位姓王的女患者是高位截瘫，2008年出院的时候情况还可以。但回去之后没多久她就出现压疮，后来又出现肺部感染，这时，励建安教授发现了她，就把她带回华西医院，继续治疗。生命危险度过之后，做了一些训练，给她制定了训练计划，教会一些知识，没有大的问题，就出院了。她现在一直和医院保持联系，生活得非常积极，学会了

用嘴和残手的残存功能做出很漂亮的刺绣，觉得自己活着有了价值。像这样的情况也促进了我们当时回访工作的深入和完善。我们和当地医院、政府、社区等紧密联系，尽量利用当地的资源，和患者保持密切的联系，及时掌握病情，进行有效的帮助。"

说到这里，孙大夫语气明朗了起来：

"2010 年四川省八一康复中心建成开业，我们接回了一些患者，其中包括上面提到的那位女患者。她在我们医院接受水疗，就是在水里做一些康复训练，进一步降低她的肌张力，提升她的功能，效果非常好。这个项目当时是我在负责。我记得很清楚，她一到水里，肌张力就降下来了。我们后来也把这个项目申报为'863'计划（国家高技术研究发展计划）的科研课题。由华西医院康复医疗中心主任何成奇教授挂帅，丁明甫教授组织实施。"

"你们做随访，接患者回医院继续治疗，还有申报科研课题，除了直接为患者服务，还有什么目的和意义？"

"除了给患者带来直接好处外，最重要的目的是对康复医疗的总结和探索，推动康复医疗的发展。我们申请科研课题，一方面更加深入系统地研究，另一方面也是想获得经费的支持。"

"你们在人文关怀方面所做的工作发挥的作用有多大？"

"太大了。每个人的个性不一样，经历不一样，家庭情况不一样，他们对康复的理解和态度就不一样。生活状态怎样，前途怎样，与他们的心理因素关系很大。这时候，我们的人文关怀、心理帮助就显得特别重要。其实，像位置比较低的脊髓损伤患者，上肢活动完全没有问题。只要心态好，完全可以自食其力，生活得较好。所以，我们随访除了知道他们身体训练，重要的还是要对他们和家人进行心理辅导，鼓励地震伤员勇敢地面对现实，利用健存的身体部分去积极生活。同时，给家属和地震伤员讲积极生活的意义。凡是积极配合的，现在情况都很好。"

"在这 10 年，对患者的追踪随访和帮助中，你认为的最大价值是什么？"

"我们通过康复医疗，让他们能够恢复功能或者部分恢复功能，减少对别人的依赖，甚至说不需要依赖别人，而且还有一些人可以恢复工作，这就是我们最大的价值。总的说来，还是为了未来。"

"患者的未来？康复医学的未来？"

"是的。患者的未来就是最大的价值。"

这句话和前面励建安教授的话"患者的未来是我们康复医疗的宗旨。"不约而同。这就是康复医生的医疗观、价值观，也是他们的大道之爱。

四、"'5·12'让我们养成了许多习惯。"

华西医院地震康复医疗中心护士长王凤英，2008 年 7 月参与紧急筹建"地震伤员康复医疗中心"并任中心护士长。在《灵与肉的守护——一个心理志愿者的震后援助手记》中写她的部分是"透进古楼的阳光"。

2018 年 12 月 2 日再次见到王凤英护士长时，她跟 10 年前留给我的印象一样，仍然是热情爽朗、阳光灿烂的样子。

我和她一起回忆了在地震康复医疗中心——八角楼的日子，她非常怀念那些可爱的小地震伤员。听我说这次重访，见到那些孩子们都很好时，她十分欣慰，也心怀感激之情。她说那些地震伤员和家属的乐观坚强和友善，对她的影响是深远的，甚至是一辈子的影响。

"有一句话说，21 天养成一个习惯。那段时间是若干个 21 天，我和我的同事们好多好的工作习惯都是那时候养成的。"王凤英说。

"具体是些什么？"我问。

"那时候我每天上班，一走近八角楼，地震伤员们都爬在窗户上向我招手，叫我，热情地问候我。我也爽朗地答应着他们。有了这样一个环节，一天的心情都很愉悦。无论有多累，压力有多大，身心都是轻松的。后来我就形成了一个习惯，每天上班必须和地震伤员们愉快地互动。现在，病房里住的都不是地震伤员了，但我还是习惯每天先去和病人热情地交流几句。"

"10 年来都这样？"

"10 年来都这样。因为这不仅是一个习惯，也是一个非常好的工作方式，对于患者和医护人员的心理状态以及他们之间的沟通都有好处。这种习惯也一直在护士中传承下来。每天给病人一个微笑，一个问候。"

当年地震灾难给患者造成的巨大的身心伤害和痛苦超出了医护人员的任何经历和想象。为了减轻地震伤员的痛苦，王凤英他们对地震伤员的关心不

是亲人甚似亲人。有许多护士在地震伤员出院后还保持着长久的联系，关心他们的身心健康、生活和医疗需求，把患者真正当成了亲人。这种关系对于地震伤员后期的身体康复和信心的建立起到了积极的作用，患者们对护士也有了更深的情感和理解。护士们深深地感受到这种关系给他们自身带来的职业价值感和幸福感，以及个人在人文情怀和专业技术上的成长。

"从那以后，护士们对患者自然多了一层亲近感。没有人要求，他们都会特别关注到患者的家庭背景、生活状态、心理变化，并给予及时恰当的关心和帮助。"王凤英说到这里，还给我讲了一个故事：

"有一位70岁的老太太住进我们科室，情绪非常不好，完全是抑郁的状态。我们的护士就立即和老人谈心，了解到老太太的女儿很早就去世了，老伴也不在了，唯一一个亲人就是侄儿，但都不常来看她。护士们得知老人的情况，一有空就去陪伴老人，和她聊天，使她感到家的温暖。这位老人出院后一直与我们保持着联系。"

"这不仅是一种温暖的医患关系，而且对护士们工作中的沟通能力也有很大的提高？"

"是的。也培养了护士的爱心和耐心。我记得很清楚，那个老太太70岁的生日是在病房里过的。护士小妹妹在QQ群里发了一个给老人家送蛋糕过生日的照片，我才知道。后来，只要患者住院碰上了过生日，护士们都要给他们送蛋糕，搞一个小小的party。这已经成了一个不成文的规矩。"

"在这个过程中，爱就无声地传递下去了。"我说。

"传下去了，发散出去了，传递开了。我们的团队也更有激情了。现在我们的团队是一个非常好的团队，我为此感到很自豪，很骄傲。"王凤英护士长强调说。

回忆起当年在地震康复医疗中心，王凤英特别感谢来自四面八方的志愿者，她说，这是一股不小的力量。除了为他们解决了许多实际问题，也让他们学到了许多和患者沟通、组织患者活动的方法。

"我们很多基础性的工作全靠这些志愿者在做，他们还在病房开展了好多人文活动，这对于患者的康复起到了很大的作用。比如，你们和程社明博士的团队给我们做的医患沟通和对医护人员的心理辅导，让我们深刻体会到，治疗患者，是身心并重的。并且，医护人员自身的心理状态也应该受到关怀。

从那以后，我们也形成了经常在病房开展人文活动的习惯。有些活动看起来和治疗没有直接的关系，纯粹是娱乐，后来发现其实就是一种治疗方法。比如唱歌，就可以训练肺活量，防止肺部感染，同时心情愉悦。"

"这实际上也是在践行一种医学模式的转化？"我问。

"对！我们过去一直在提医学模式从生物模式向生物—心理—社会模式转化，但做得都不是很好。'5·12'汶川特大地震以后，我们才更多体会到这种医学模式转化的真正含义。"

"是不是通过大地震的一段经历，你们也感觉到了患者的治疗不仅仅是医院的事，尤其是对于慢性疾病和残疾的人？"

"是的。经过跟社会团队之间的一些合作，确确实实能够更容易成事一些，而且容易把工作做得更加精致，做得更加完美。我觉得对于一个人的关怀，不光停留在医院里，如果在患者出院之后，还和他保持联系，对于他们非常有意义。这也是在地震以后逐渐强化起来的意识。从地震伤员的身上我们看到，如果在他出院之后仍然关心他们的话，哪怕一个电话、一条短信、简单的一句话、一个表情，他都会觉得很温暖。他们从心里非常高兴，就有了积极向上的动力，康复的效果就会更好。同理可推，我们的普通病人，也是这样的。所以，从那时候起，病人出院后，我们都保持联系。"

"所有的患者出院后你们都和他们保持联系，这可不是一件容易的事，你们在精力上也是有限的呀？"

"是啊，但是必须做。我规定我们的护士，在病人出院之后一周，一定要给患者打一个电话，了解他的情况。然后三个月、半年、一年各打一次电话。电话的内容除了聊治疗，问候一句，拉拉家常都可以。我们还专门成立了QQ群、微信群，叫作'病友之家'，病人一进院就进这个群。大家都可以在上面聊，说一些积极的话题，交流康复的心得，讲一些保健知识，传达一些人与人之间的关怀等等，这些都是正能量。比如有一个患者，他的爱人生病很多年，而且病情比较重，他经常给他爱人写一些诗，表达他对爱人的爱意，发布在群里，对大家都有很好的影响，而且对我们在病房里一对一做治疗都有很大的帮助。"

"这样的沟通对于医患关系的作用是什么呢？"

"很好地改善了医患关系。其实，这就是一个沟通和相互理解的问题。

最让我难以忘怀的是在 2008 年，一些小伤员说：解放军不顾生命危险把我们从废墟中救出来；临床医生没日没夜地把我们从死亡线上拉回来；康复科的医生护士不辞辛苦地让我们笑着站起来、跑起来。"

"这种认可就是对你们最大的支持？"

"对的，只要大家相互体谅，换位思考，就能够化解许多矛盾。其实，故意刁难的病人很少，发生矛盾往往都是双方焦虑造成的。患者担心自己的病，医护人员因病人太多，工作太重，没有足够的时间进行太多的一对一交流。所以，微信群、QQ 群就算是一种弥补吧。解决了很多问题。"

"每个科室都有医患群吗？"

"现在基本上普及了。"

"是要求吗？"

"不要求，都是自愿的。"

"谁来管理这个群呢？大家都那么忙。"

"我们是每个护士轮流值班一个月，负责回答和处理患者提的问题，间歇性地推介一些医疗保健方面的知识，组织大家讨论一下。这样的交流也给患者带来便利。病人有些小问题，就在群里问，用不着跑到医院来。他们还把做的训练动作拍成视频发过来，让我们指导。"

"太好了。这是一个很好的平台，这个平台可不可以优化一下，不仅仅是微信群或者 QQ 群的形式，搞成一种专业平台？"

"也有，我们康复'120'上就有。患者出院之后回家训练。把他整个家里面的日常生活情况，比如怎么步行，怎么站，怎么坐，起床怎么站，家里的设施、环境拍成视频发到里面，我们就教他。但这个是公开的，大家都能看到。有些隐私内容，还是通过 QQ、微信比较好。"

"这些都是免费的？"

"免费的。"

"那医生不是更忙了？"

"在群里几句话就说了，很简单的。省去了来回折腾。而且病人还觉得他都出院这么久了，医生护士还在帮助他、关心他，心里面很温暖。他就会觉得我们之间的关系不光是医患关系了，有一种亲情和友情。"

"这些现象的发生，主要是源于现在互联网技术的发展，还是与'5·12'

地震有关？"

"'5·12'主要是观念的改变，不光只是关心病人在院期间的问题，还要关注他们回家后的持续康复和功能恢复状态。一个伤残患者，回家之后的恢复可以说是终生的，在这个过程当中，没有专业人员给他指导，有可能他的功能会退化。而互联网为指导他们在家里的训练带来了便利。我们利用这个措施和手段把工作做得更细致，更周到。"

"记得在地震康复医疗中心，许多患者不仅自己积极配合治疗，还带着大家一起训练，这个也是起了非常好的作用的。"

"是的，记得最清楚的是北川有位中学校长叫杨华兵，他双腿高位截肢，每天早上像学校出早操一样，准时带着大家在病房外面训练走路。他还在患者、家属、医护人员之间做了许多沟通协调工作。我们受到他的启发，就在每个病房里选一位患者作为带头人，相当于一个组长和协调员。我们和一个带头人沟通，他理解了我们，又去传播、复制，达到的效果事半功倍，这就是一个桥梁作用。这个方法一直延续到现在。"

2008年，我和王凤英在地震康复医疗中心共同工作了近半年，无论工作有多么繁忙和艰辛，都从未见她发过火。她总是那么温文尔雅，柔声细语。我问她是因为性格还是修养。她说，她很热爱护士这个工作，从一开始，就没觉得有什么值得发火的。无论是"5·12"前，还是"5·12"后，态度都很好，无论是和同事还是和家人，都相处得很好。哪怕是当年刚进入护理这个行业时，许多人对护士这个行业还有很大的偏见，她仍然从这份工作中感受到幸福和荣耀。特别是每当看见那些昏迷了几个月的危重患者逐渐好起来，最后康复出院，还恢复了工作，那份自豪感非常强烈。

我明白了，王凤英的温和个性、良好的职业素养、对职业的热爱使她成为一名充满激情、温厚体谅、细致周到、不断进取的优秀的护士长。她的这些品质在不断地感染着她的团队，使这个集体即使经历风雨，也总能充满阳光。

跟王凤英还聊了许多：关于汶川特大地震对中国康复医学的推动，对她个人和儿子成长的影响，那些医患之间感人的故事，等等。但作为一个护士长，她聊得最多的还是"5·12"汶川大地震给她们工作观念和习惯带来的变化。

"'5·12'让我们养成了许多好习惯。"她最后强调说。

五、奔跑吧，轮椅！

2018 年 11 月 29 日，南京的早上，十分美丽。我沿着南京市建邺区河西新城空旷的马路，在金黄色的银杏树的陪伴下，迎着冬日的阳光愉快地步行到第三届中国康复马拉松的起跑点——南京国际青年文化公园。

我以为还很早，但走到半路上，刘芳已经给我发来短信了：

王阿姨，您到了吗？我已经到了。

我立即以马拉松比赛的速度跑到国际青年文化公园，发现一大群轮椅朋友和几百名健康跑友已经集中在那里整装待发。

和刘芳及陪她的长沙湘雅博爱康复医院的刘燕青大夫拍了几张照片，广播里就提醒比赛马上就要开始了。

（一）我们一起出发！

"啪！啪！啪！啪！"

随着一阵发令枪声，一群驾着轮椅，穿着外骨骼机器人，带着心率带等辅具的患者在康复医生和志愿者的陪同下，和几百名健康跑者一同冲向跑道。

鸣枪发令的是美国医学科学院国际院士、江苏省人民医院康复医学中心主任励建安教授，江苏省人民医院工会主席王燕，南京体育学院科研处副处长、运动健康科学系副主任戴剑松，华润置地助理总裁，酒店健康事业总监张伟。

此次华润置地第三届中国康复马拉松赛为金陵康复医学高层论坛的重要组成部分，共分为半程马拉松（21.0975 公里）、迷你马拉松（6 公里）、健康走（6 公里以内，不设要求）、康复行（3 公里，邀请慢性病跑者参与）四个组别。共有 355 人报名参加，其中半程马拉松参赛者 127 人，迷你马拉松参赛者 131 人，健康走参赛者 27 人，康复行参赛者 70 人。选手中既有医护人员，有被这项运动吸引的社会健康人员，也有康复患者，这些患者有的是神经损伤患者，有的是肌骨损伤及术后患者，有的是心肺疾病等有氧代谢能力障碍疾病患者。这些患者在赛前均经过专业的评估及训练，使用一些如轮椅、心率带、外骨骼机器人等辅具参加马拉松。相比常规马拉松赛事，此次中国康复马拉松赛更注重慢性病和康复患者的参与，使这些患者能和正常人

一样享受运动带来的快乐。

近年，全国各地的马拉松赛事如火如荼地举行着，虽然有越来越多的人参与到此项运动中来，但是很少有非健康人群或是亚健康人群加入其中，因此，为了使此项运动真正实现全民参与，贯彻"健康中国"和"为健康而跑"的理念，自 2016 年起，连续三年在南京由美国国家医学科学院国际院士、江苏省人民医院康复医学中心主任励建安教授提出并发起中国康复马拉松赛，赛事的成功举办使得"体医融合"的构想得到了具体阐释。

已经连续多次参加康复马拉松、连续 N 次参加各种马拉松赛事的励建安教授这次也是完成了新的马拉松旅程，再创佳绩，他告诉记者，"健康中国 2030"规划纲要提出了"共建共享、全民健康"，既然是全民健康，那就不应该将非健康人群排除在外，他们可能或多或少存在一些功能障碍等，但他们也有享受运动的权利，无论是使用轮椅还是机器人装备，都是为了帮助他们实现自己的目标，让他们和正常人一样享受快乐，体验精彩的人生。

"另一方面，现在的慢性病患者，如糖尿病、高血压患者人群参与此项活动还比较少。目前，中国高血压人口有 1.6 亿～1.7 亿，高血脂患者有 1 亿多人，糖尿病患者达到 9 240 万人，超重或者肥胖症 7 000 万到 2 亿人，血脂异常的有 1.6 亿人，脂肪肝患者约 1.2 亿人……因为各种门槛要求，他们中的很多热爱跑步的人没有参与到马拉松赛事中去。"励建安教授表示，"我们鼓励这部分患者也能多参与活动。但是必须提醒的是，此类慢性病患者如果想加入马拉松的队伍，一定要做好基础疾病的筛查和治疗，循序渐进，逐渐加大康复训练量，提高心肺功能，逐步适应马拉松的运动强度。"

励建安教授表示，马拉松这项运动的魅力，来自于它的坚持不懈。马拉松的运动价值和对跑者的人生价值，已经远远大于比赛的获胜。马拉松运动的真正意义，即是比赛过程，当不同选手或早或晚，出现生理、心理极限的情况下，如何克服困难，最终战胜自我，突破个人极限的意义。未来，我们提倡进一步推进全民运动，深入推广"全民健康"的理念，希望能有更多的健康人群和非健康人群加入到跑步这项运动中来，希望能有越来越多的人能感受到马拉松带来的快乐。同时，这个以残疾人、慢性病患者、医务人员为主体的马拉松赛，正在逐步发展，并一定会燎原中国！

（摘自周宁人 李嘉慧 王佳悦《体医融合 唱响生命强音：第三届康复马

拉松在宁热力开跑！》2018.11.29）

刘芳驾着轮椅在我和刘燕青、南京医科大学骨科专业研究生张胜的陪同下，随着大家跑了出去。

刘芳是在 2008 年"5·12"汶川特大地震中脊髓高位损伤的截瘫患者。在华西医院住院时，她是我的心理辅导对象，也是我辅导的唯一一个脊髓损伤的孩子。由于她的伤势较重，性格又比较柔弱，出院后我一直牵挂着她，和她保持了一段时间联系。在 2010 年我写作出版的震后心理辅导手记《灵与肉的守护——一个心理志愿者的震后援助手记》中写她的那部分是"雨做的云"。后来她上了大学，学习室内设计，以后我们联系就很少了。2017 年，在重访我们辅导过的孩子时，知道她在江苏镇江一家环境设计公司实习。10 月 29～30 日，我和我的先生胡宪生到镇江看望了她，并倾听了她 10 年成长的故事。在 2018 年 5 月，我们写作出版的长篇报告文学《爬出废墟的孩子们——20 位汶川特大地震小伤员的 10 年成长》中写她的一章是"向着太阳骄傲地活着"，那是她自己取的题目。

这是她第一次参加康复马拉松，她跑的项目是 3 公里"康复行"。说起刘芳这次参加康复马拉松，还有一些戏剧性的巧合。

在电话采访李勇强大夫时，我说刘芳在镇江，如果她能到南京参加康复马拉松还比较方便。

"刘芳？是那个胸 3（第三胸椎）受损的小姑娘？她在镇江？她现在怎样？在做什么工作？"李勇强兴奋又急切地问。

原来，2008 年在华西医院地震康复医疗中心，李勇强是刘芳的康复治疗师。10 年不见，他对刘芳的伤情还记得很清楚。得知刘芳的状况很好，他很激动，也很希望刘芳能够参加康复马拉松。我给刘芳发去了微信，讲了康复马拉松的事，并告诉她，如果她要参加，我会专程去南京陪她跑。刘芳很快回复我说：

"阿姨，我现在不在镇江了，刚转到长沙工作。"

我立即和励建安教授联系，希望他能够通过长沙的康复医生联络刘芳，给她一些帮助并评估一下看康复马拉松能不能参加。

旋即，励教授发来回信：我在长沙，叫她联系我。

我又立即把这个消息转告刘芳，几分钟后，刘芳说，她和励伯伯联系上了。

我很惊讶，因为2017年我们陪她在镇江西津渡玩的时候，偶遇的两位帮助抬轮椅的小伙子在南京医科大学读书，一位学康复，一位学护理，学康复的那位还是励建安的学生，而且两位都和刘芳同年出生。他们以后就和刘芳一直保持着联系，刘芳有什么身体康复和护理的问题也都请教他们。刘芳怎么总是会有那么多巧遇？好像是有老天爷在冥冥之中帮忙。用现代年轻人的流行说法就是"刘芳人品太好了"。

几天后，刘芳告诉我她经过评估，符合参加康复马拉松的条件，决定前往。这就有了我这一次的南京之行。

芳芳只跑了三公里，而且因为第一次参跑，一开始速度较慢，所以，刚上跑道不久，我们就被大队伍拉下了，路上几乎看不见其他人。我们一边跑，一边欣赏着路边长江两岸的风景，心旷神怡。不知不觉来到了折返点，在那里拍了几张照片，便原路返回。

回来的路上，芳芳显得经验丰富多了，双臂灵活有力地转动着轮子，一路谈笑风生，不知不觉回到了起跑点，也是终点。

在宣布结果时，主持人叫了几次刘芳的名字，我们都没有反应过来。没想到，她还得了"康复行"的轮椅第二名。

从领奖台下来后，刘芳高举着奖牌，兴奋地说：明年我要挑战六公里！

接下来，那些跑得更长的患者在医生和志愿者的陪伴下，一个一个地回到终点。看着他们，我心中洋溢着一种温暖。深深感动着我的是：我们一起出发。

我们一起出发！医生陪伴着患者；

我们一起出发！机器支持着肉身；

我们一起出发！心灵引领着身体；

我们一起出发！残疾人和健全人同往一个目标。

（二）"运动即医药，适应环境即健康。"

2018年11月7日，我就康复马拉松的话题专门电话采访了中国康复马拉松发起人励建安教授，他当时正在北京开会，但还是非常热情地给我讲起

了关于运动康复的许多体会和看法。他说：

"跑步是最简单的一个群众性体育运动，也是对健康相对来说作用最大的运动。跑步最典型的活动标志就是马拉松赛。全国每年有七八百万人参赛，2018 年估计要突破千万人。总场次应该会在 1 500 人左右，官方的、民间的都有。这样一个非常热门的群众性体育运动，几乎所有的赛事都有一个规定：高血压患者、糖尿病人、心脏病人、65 岁以上的人不能参加。这样就给大家一个印象：这些人是不能跑步的，造成一个负面的导向。实际上这些人是最需要这样一种慢跑的方式增强体质，预防疾病，纠正衰老带来的健康问题。我们需要有一种方式来宣传：为了健康而跑的马拉松应该是安全的。"

"毕竟这些患者身体跟健康人不一样，超过了他们自身的负荷，不会有安全问题吗？"我问。

"不追求成绩就安全，追求成绩就可能不安全。"励建安教授肯定地说，"别的马拉松限制参加的人，都可以参加我们到这个马拉松里，我们欢迎。有问题的，我们在比赛前一两天要做一些医学的评估，来确保运动中的安全性。同时这个比赛也不强调什么奖金奖品的事。大家对自己的能力有一个恰当的评估，能够安全完成，有自信，这就是基本的目的。"

"励教授，发起康复马拉松，是出于你对康复医学的深刻认识，还是因为见到更多，自己体会更多？"

"有多种因素：国际上有很多运动锻炼对健康好处的报道。今天在北京开会就是讲这个事：适应性训练对健康的好处。有氧运动是全世界都知道的运动形式。有氧运动之父肯尼斯·库珀（Kenneth H. Cooper）写过一本书叫《有氧运动》（Aerobics），他指出：

Aerobic fitness is the basis for all other forms of excellence; we empower everyone to achieve it. （有氧能力是其他一切人生出彩的基础，我们要帮助每一个人奠定它。）

国内著名心血管病专家、医学教育家胡大一教授也是运动锻炼积极的倡导者，我们做的研究也是关于运动与健康的关系。还有众多的国内外研究证明运动锻炼对健康是有好处的。关于运动和健康，世界上著名的一句话就是'运动就是医药'（exercise is medicine）。也有人翻译成'运动就是良药'，但这没有医的概念在里面。所以我觉得最好的翻译应该是'运动就是医药'，

包括医和药的作用。"

励建安教授说，他的个人经历也促使他要竭力宣传"运动就是医药"这样一个道理。

"三年前，我 63 岁，身高 170 厘米，体重超过了 90 公斤，并且脂肪肝和高脂血症都伴随着我。2016 年 1 月，为了减肥，我开始跑步运动，每周至少三次，一次一小时左右。快三年了，现在我的体重在 70 公斤，脂肪肝和高脂血症全没了，身体所有的指标都挺好。"

说着，励建安教授愉快地笑了起来。

"你是在给跑步运动打广告了。"我也打趣地说。

"是啊，通过我自己锻炼的效果，现身说法，最有说服力。跑步不仅促进了我的身体健康，也改变了以前一些不正确的概念。"

"哦？您不一直是健康运动的倡导者吗？"

"但关于跑步，以前的看法是有问题的，认为 50 岁以后不适合跑步，会伤膝关节等等。但是通过我自己的跑步发现，老年人跑步是对身体有益的。我跑了三年，不仅减了肥，消除了高脂血症和脂肪肝，而且没有一次大的病毒感染，没有吃过一片药，而且也没有出现骨关节损害的问题。于是我就想，我能做到，别人为什么就不能做到？"

励建安教授站在康复专家的角度总结经验，并希望把自己的经验传给更多的老年人和患者，让他们受益。在他的倡导下，由江苏省康复医学会主办，江苏铁人体育文化运营，上海三崴医疗提供技术支持，2016 年 12 月 1 日，首届中国康复马拉松在万众瞩目下于南京正式开跑。那次的参赛选手均为康复医学及相关专业从业人员。作为健康运动的受益者和倡导者，作为一名康复医生，江苏省康复医学会会长励建安教授也参与其中。大家抱着对康复医学的热情，对运动的热爱汇聚到一起，用矫健的脚步踏出康复人一路奔向健康的动人乐章。接着，2017 年 12 月 3 日、2018 年 11 月 29 日，分别举办了第二届、第三届中国康复马拉松。这两次马拉松分别有近 50 名截瘫患者、心血管疾病、糖尿病、肾功能不全等慢性病患者参与。

在第三届康复马拉松上我采访了一些轮椅朋友和慢性病患者，他们都表示，自从参加跑步运动以后，身体机能、心理健康、生活工作能力都有了很大的改善。他们对未来充满了信心。

"目前，我们的康复马拉松还是一个局限在江苏的小型的运动，没有形成国际品牌，在国内的影响也不大。但是在江苏引起了人们的注意，尤其是江苏省体育局，对这个很感兴趣。未来我们要把它做成全国多站点的小型康复马拉松，不只局限在江苏，也方便各地的患者参加。"

我问励建安教授，对参跑的患者是否有专门的训练？他说目前还没有，但他们在策划一个"健康训练营"，还没完全落实，正在考虑招商的问题。

"要做成商业化的，不然支撑不了。"励建安教授说。

"是的，公益事业要做大，是需要财力物力支撑的。有了财力才能做大做强，让更多的人更长久受益。这也是我想表达的科学慈善的内容之一。"

我对励建安教授这样说，他非常赞同我的观点。

因为励建安教授在开会期间，时间很紧，也不想占用他更多的时间。在结束这段访谈时，我问他，关于康复马拉松，还希望我表达什么？他的表达很简洁，也很坚定：

"运动就是医药。"

2018 年 11 月 29 日，励建安教授完成中国康复马拉松半程马拉松赛程后说：

"我理解的健康就是天人合一，就是人和环境的和谐。哪怕是有功能障碍的人士，他们借助高科技方式，仍然适应环境，在我眼里，那也是一种健康。"

（三）汶川的"轮椅马拉松"

李勇强，江苏省人民医院康复医学中心行政副主任，2008 年汶川特大地震以后，他随励建安带领的江苏医疗队一起来到四川进行康复医疗援助。2008 年主要在四川大学华西医院，以后在绵竹等灾区进行援助。我是在华西医院做儿童心理康复时知道他的。2017 年在重访地震小地震伤员时，又经常听孩子们说起他。

和李勇强直接交谈是关于康复马拉松，因为他是康复马拉松的发起人之一，也是 2016 年和 2017 年中国康复马拉松的协调人之一。

2017 年 6 月，励建安在新疆克孜勒苏柯尔克孜自治州（以下简称"克州"）人民医院建立了励建安院士工作站，以克州高发的脑卒中、脊髓损伤、骨关节病等疾病的康复治疗为重点，为克州在神经瘫痪康复、心血管康复、运动控制障碍等方面的发展注入新的活力，也为克州的学科建设、医学研究、

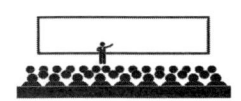

人才培养、学术交流和科室管理等方面提供了一个崭新的平台。江苏省人民医院康复医学中心行政副主任李勇强于 2018 年 7 月成为中组部第九批"组团式援疆"医疗队员，被派往克州人民医院进行为期一年半的援助工作，担任康复医疗科主任和东院副院长。

虽然已经晚上 8 点钟了，拨通李勇强的电话，他还没下班。那里时间比成都晚 2 小时，比南京晚接近 3 小时，在电话里还能感受到他紧张的工作状态。为了不打扰他的工作，我们约好在 10 点以后再通电话。

不知是听谁说的"轮椅马拉松"这样一个名字。我以为和南京的康复马拉松是一回事。但和李勇强一说到"轮椅马拉松"，他谈的竟不是南京，而是汶川。这使我有点疑惑，但他的讲述让我有了意外的收获。

2018 年 5 月 13 日，为了纪念汶川大地震 10 周年，汶川县人民政府、汶川县文化体育广电新闻出版局要举办一个马拉松，目的是展示汶川特大地震以后 10 年家乡建设和人们精神面貌的巨大变化，激励人们发扬抗震精神，勇往直前。

"这次马拉松原来并没有计划坐轮椅的朋友参跑。我就和励建安教授一起商量，我们在四川地震灾区有那么多的病人，能不能把他们组织起来参加这次马拉松。我们和汶川当地政府联系，谈了我们的想法，当地政府非常支持。我们就组织了一些当年我们治疗过的地震伤员参跑，还安排了马拉松运动员中的医护人员一对一地陪伴着患者跑。这个是借鉴的我们的康复马拉松。2017 年，我们在南京搞了第二届康复马拉松，就有几十名患者参加，我们的医护人员一对一地陪伴他们跑完。我们就把这种方式用在了汶川马拉松中。"

于是，在 2018 年汶川马拉松里就出现了一个特殊的群体——驾着轮椅的地震伤员。有人就把这部分人的"跑步"叫作汶川的"轮椅马拉松"。

"江苏有 30 多位康复医务工作者报名参加了。其中有一部分就是当年去四川工作过的康复医疗工作者。我们 10 年后相约四川，陪我们的患者跑完 20 多公里。那种场面非常壮观，20 多公里呀，跑道两边都是啦啦队，从来没见过这么大的场面，很温暖。有自发的老百姓、有组织来的学生，都在为我们加油。我们感受到汶川马拉松是最震惊、最壮观、最富有感染力的马拉松。它见证了 10 年以后，汶川站起来了。"

说起汶川的"轮椅马拉松"，李勇强的语气里流露出无比的兴奋和激动。

"跑完后，当天晚上我们还在汶川举行了一个纪念会，相互鼓励和支持。"

"10年以后看到四川灾区和灾区的人民，是什么样的感受？"

"人的精神面貌和环境的变化。太震撼了！"

"地震以后，来过四川多少次？"

"几乎每年都来。我们有个机构叫'汶川地震国家康复医疗队'，是针对四川所有的地震康复地震伤员的，所以，我们也要跑所有的灾区。由于绵竹是江苏省对口支援的，我们在绵竹持续的时间最久，差不多四年。"

我问李勇强，他们组织和参与这场"轮椅马拉松"的目的和意义是什么？李老师概括了四点：

1. 和南京康复马拉松一样，为健康而跑。就像励建安教授说的，运动本来就是治疗，就是康复，就是医药。

2. 让残疾人和正常人一样能够享受到运动带来的快乐，感受到自我价值感和尊严。

3. 让患者感受到医务工作者对他们的持续关怀，感受到人间的温暖。10年前，我们医护人员为他们进行治疗和康复，10年以后我们医护人员仍然是他们身体和心灵的守护神。

4. 证明我们对汶川地震的残疾人做的康复工作是有效的，从而鼓励残疾人，让他们对未来更有信心，同时对我们康复医疗工作者也是一个鼓励。

李勇强说："即使当时我们给他们做的康复治疗效果不错，但他们回到家里，没有走向社会，不能实现社会价值，而且成为社会的负担，这也不能说明我们的康复是成功的。但他们能够坐在轮椅上出来跑马拉松，无论是半程还是全程，他跑完了，做了好多正常人都做不到的事，那就能够展现他们的价值，提高他们的信心，也证明康复的效果。"

"归根结底，成功的康复是要用患者长久的价值来证明的。"我说。

"对。残疾人康复后不仅能够回到家庭，也成功地走向社会，这种康复才是有效的。"

李勇强、励建安、孙增春、王凤英，我这次访问到的每一位康复医疗工作者，他们的康复观、患者观、价值观完全一致：

"一切为了患者的未来。"

这也是广大医务工作者的情怀。

（四）每一位康复医疗工作者，都应该运动起来！

"我知道，你是中国康复马拉松的发起人和组织者之一，当初是出于一个什么样的想法要搞一个康复马拉松？"我问李勇强。

"我们康复治疗的主要方式就是运动。教患者如何正确运动，获得健康，这是康复医学重要的目的和手段。因此，我们康复医生自己必须运动，才能说服和指导病人。首先是自己健康，才能把健康带给病人。当时有一种观念：每一位康复医疗工作者，都应该运动起来！其实，我们当时只是想到在康复医疗工作者当中举办这样的运动。"

"我是不是可以这样理解康复医生跑马拉松的意义：1.保证自己健康。2.为患者做示范和榜样。3.体验患者的感受。"

"是的。"

"是谁先想起搞康复马拉松的？"

"主要还是励建安教授。"

"2016年举办的第一届中国康复马拉松有多少康复人参加？"

"大概有200人。都是医务人员，来自全国，四川大概有四五个人。"

"第一届中国康复马拉松是在12月1日举行的，第二届是12月3日，今年第三届是11月29日。都在11月底、12月初，这有什么特殊的原因吗？"

"因为我们有一个金陵康复医学高层论坛，就在每年11月的最后一个周末举行。我们的康复马拉松是和这个论坛结合在一起的。也可以说康复马拉松就是金陵康复医学高层论坛的一部分。参加开会的医务工作者只要身体允许，自愿报名都可以参加。还有一些参加会议的外国专家也参加了我们的康复马拉松。"

"那些外国专家怎么评价咱们的康复马拉松？"

"他们觉得很新鲜，很有意义。"

"我们的医务人员跑出来的成绩怎样？"

"有些康复医生的成绩还挺好。最好的一个半程马拉松跑出了1小时16分的成绩。大家基本上3个小时都能完成。"

"第二届和第三届康复马拉松和第一届有什么不同？"

"第二届康复马拉松有患者参加，有50多人，10多人是来自全国各地

奔跑吧，轮椅！——中国康复马拉松

307

地震灾区的，其他都是江苏的。他们大都是脊髓损伤患者，坐着轮椅跑。那一次赞助商之一的凯乐石体育服装公司老总就是一个截瘫病人，他也参加了比赛。还有一些慢性病患者，如山东的尿毒症患者薛英勇，这次要参加第三届康复马拉松。"

"病人和健全人速度差距多大？"

"很大一部分人比健全人跑得快。在第二届康复马拉松上，来自四川的地震截瘫地震伤员田富刚获得了半程马拉松第三名。获得第一名的是荷兰的一位康复专家。1小时20多分钟。"

"康复马拉松和普通马拉松主要区别在哪里？"

"普通马拉松是一种全民健身活动，也有商业运作的成分。而康复马拉松纯粹是为了健康而跑，而且是为了所有人的健康而跑，包括残疾人和慢性病患者。

‘为健康而跑’是我们唯一的目的。最需要健康的是慢性病人，最需要健康的是坐在轮椅上的人，最需要健康的是老年人。让他们在我们医务人员的陪伴下，一起跑完马拉松，把健康带给他们。"

"怎样控制那些心血管疾病等患者的风险？"

"我们有筛选机制。在参加马拉松之前我们对他们进行筛选，合格的就可以去跑。不合格的就训练，训练到可以跑。"

"在跑的过程中有什么监控机制？"我问。

"一方面有我们的专业医生陪伴、监控。另外，还有一些监控穿戴设备。比如，高血压病人在跑的过程中就带有手环监控，只要血压不增高就可以跑。一旦高压增高到150～160毫米汞柱，手环就会报警，可以停下来休息一下，血压下来后再跑。这就是物联网的好处。我们所有的患者在跑的过程中，都会有身体指标的监控，出现危险之前就停止跑动了。而且，我们并没有对病人要求多久跑完，可以2小时、3小时，只要跑完就可以了。"

"就像励建安教授说的，不要求成绩就是安全的。"

"对。康复马拉松不仅为了健康而跑，也是在为患者争取平等的权利，不受歧视，为尊严而跑。"李勇强强调说。

"就马拉松这样一种运动形式，除了引领、激励、展示以外，本身具有多大的康复作用？"

"仅就一次马拉松活动来讲，对身体没有太大的直接康复作用。但是，

这个活动带来的运动观念和习惯、自信和价值感对患者身心健康的影响是深远的，不可估量的。康复马拉松让患者运动起来，走出家门，走向社会，让全世界都知道运动可以促进健康，这就是最大的作用。"

"患者参加康复马拉松，对他们就业有些什么影响？"

"我们的患者能够出来跑康复马拉松的，本身就有自食其力的能力。他们在这样的活动中，和别人能够平等交流，会交到更多的朋友，获得更多的信息，这样就增加了就业的机会。"

"据你了解，这些患者都通过哪些形式就业？"

"这个差别就比较大，有些人开网店销售产品，有些人在网上为别人做些事，有些人自己成立公司，也有些人在一些企业打工。"

"在搞康复马拉松过程中，有哪些感人的事？"

"最感人的是我们的医务工作者，他们本来可以跑得很快，但顾忌到病人，就不跑那么快，一直注意观察和关照着患者，给他们助力、鼓劲。道路不平，过不去的时候，医务工作者要去推一把。这是一种关照和体谅，也是一种陪伴和鼓励。他们是患者的守护神，把患者的健康和自尊放在第一位。"

"有些患者是在医生的帮助下，比如推轮椅跑完的，有的完全靠自己跑完的，这当中怎样去看这个公平性？"

"我们和患者都达成共识，不管怎样的方式，只要跑完，都是胜利。我们不介意患者被医务人员帮助一下，我们也没有那么严格。我们的目的是让患者走出家门，回归健康生活，而不是比出成绩。还有，我们的奖品是有限的，发奖的时候，所有参加的医务人员没有奖品，而所有的患者，只要到达终点，都有奖品。"

在 2018 年 11 月 29 日第三届中国康复马拉松结束后，我问一位陪患者跑的南京医科大学康复医疗专业的学生的感受，他说：

自己跑是一种快乐，陪患者跑是一种幸福。我愿意以这种方式开启我的康复医疗生涯的道路，永远陪着患者，一直"跑"下去。

（五）为了患者的尊严和健康

"2018 年 11 月底的第三届康复马拉松马上就要来了，要怎么做？跟去

年和前年的有什么不一样？"

"最大的不一样就是研发了一个康复机器人，一些患者可以穿戴外骨骼机器人站起来，走完马拉松。我们设计的路线是和'一带一路'结合起来。从我现在工作的地方——新疆克孜勒苏柯尔克孜自治州州府阿图什、中国地区太阳最后落下的地方开始跑，历经乌鲁木齐、西安、北京等几个站，最后到达南京的奥林匹克体育中心。"

"真不简单。康复马拉松是咱们的首创？"

"是的，我们的中国康复马拉松是世界独一无二的。"

"在创办康复马拉松的过程中遇到的困难是什么？"

"最开始就是担心患者受伤，出现意外。所以，我们把防范措施做得很好，也就没有问题。"

"最初提出办康复马拉松，有没有反对的声音？申办的过程中有没有遇到障碍？"

"当然有。患者参加马拉松，风险很大，申办的过程中，一些政府部门和赞助机构是有顾虑的。我们只有通过沟通去求得理解和支持。把意义说到，把风险控制做好，他们最终还是理解了，大家都很支持了。"

"那些参跑的轮椅朋友许多曾经是你们的患者，出院以后，你们以什么方式和他们保持联络呢？"

"我们的工作越来越忙，直接联系越来越少。我们联系的方式主要有几种：一是每年请那些成功的患者及正在积极康复的患者到医院和那些正在治疗的、情绪不好的、对未来失去希望的患者聊天，鼓励他们更好地配合治疗，适应社会；二是老患者和新患者之间牵线搭桥，促进他们之间的互相帮助，互相关心；第三是患者们无论遇到什么问题，都会打电话给我们，请求帮助，这是一种常规的联络；当然，像康复马拉松这样的大型活动也是我们和患者之间的联络方式。"

因为有共同的抗震救灾的援助经历，而且我曾辅导过的那些伤残孩子也是他们救治的患者，所以总免不了谈到关于地震的话题：

"'5·12'汶川特大地震以后，从我国康复医学方面有哪些进步？"

"最重要的是地震伤害的康复经验以前没有。1976年，唐山大地震时，还谈不上康复。2008年'5·12'汶川特大地震以后，当时的卫生部部长陈竺

指出'康复是我们国家的一个短板'，提出'以任务带动学科'的口号。我们对汶川特大地震将近一万名地震伤员进行了系统的康复。在系统康复以后，很多躺在床上的患者坐上了轮椅，很多残疾患者走向了正常的生活。这当中积累和总结的经验对后来的玉树地震、雅安地震、鲁甸地震都起到了积极的作用。同时也使国家的管理层看到了康复医疗的重要作用。"

李勇强无不感慨地说：

"'5·12'汶川特大地震是个'试验田'，带动了学科进步，真正地把康复医学带动起来了，为更多的老百姓造福。大的灾难让我们取得了经验，使我们能够从容地应对灾难。这也是灾难带给我们的重要课题。国家在这方面的支持力度也非常大，我们的信心也更足了。"

"现在科技的发展对康复的作用也有许多推进？"

"10年来，大数据、机器人、智能化，尤其是计算机的发展带动了全行业的发展。我们可以用人工智能模拟的方式使康复技术发展得更好。"

"目前，我们的康复医学在世界上的情况是什么样？"

"我们国家在西医的领域与一些发达国家还是有差距的，但这个差距正在缩小。在康复医学领域，我们走在了世界的前沿，在灾难医学方面超过了其他国家。"

"当年我们看到你和田富刚在玩轮椅，简直是人椅合为一体了，轮椅就像是你们的一个玩具。当时你是怎样想到要把轮椅玩得这么娴熟？"

"我也是向国外的医生学的。国外的一位老师告诉我：当一个患者把轮椅玩得很娴熟的时候，不仅解决了生活中的问题，也提高了自信，对未来有了美好的憧憬。因为目前我们的科学还不可能把断掉的脊髓接上，轮椅就是患者的腿，熟悉的技巧就是患者的翅膀。发挥患者的潜能就是把轮椅玩到最好，玩到极致，玩到能够走向美好的生活。"

"其实，这也是为了患者生活得更加有质量，有尊严。"说到这里，我突发奇想，"有没有想到像做康复马拉松一样，也给他们做一个轮椅技巧表演展示？其意义有康复马拉松的意义，还可以作为生计去挣钱。比如到杂技团去表演。"

"你这个提议很好，我将来要去做。但跌倒的风险比较高。"李勇强说。

"人的潜能是无限的，就像我们开创康复马拉松，不仅控制了风险，还

奔跑吧，轮椅！——中国康复马拉松

311

会创造奇迹。"

"好的，为了患者的健康和尊严，我们会更加努力！"

四川省八一康复中心康复医学科副主任孙增春大夫参加过 2017 年的金陵康复医学高层论坛和第二届中国康复马拉松。对于康复马拉松的体会，他说：

"这是极大的好事，国内残疾人出门太少了，无障碍措施不足，人们的异样眼光……这样的活动就是让人们看到、意识到，还有这样的群体需要充分的尊重和支持。尤其在当下人们对生活不满，或者遭遇挫折时，看看他们积极的活着，也会看开些，更积极地面对生活中的不如意。在跑道上，与他们一起，你会感动、振奋，给他加油，也给自己加油。这就是有温度的爱的流动。"

（六）走进"无人区"

在向李勇强和第三届康复马拉松的组织者、江苏省人民医院康复医生郑瑜博士了解本届康复马拉松的特点时，他们提到了三个名字：李涛、邵海朋、薛英勇。这三个人的行为可以说是走进了中国康复运动的无人区。

李涛和邵海朋两人都是截瘫患者，第一次穿外骨骼机器人参加康复马拉松。薛英勇是尿毒症患者，通过跑步改善了身体的状况。

和刘芳正在折返点拍照时，一位高大帅气的年轻人穿着外骨骼机器人，在医生和志愿者的陪同下向我们走来。这就是被媒体誉为"钢铁侠"的李涛。

李涛拄着拐杖，步履稳健地走着。虽然有些吃力，但脸上洋溢着自信和坚定。

我深深地理解，一个长期坐在轮椅上或躺在床上的人站起来的感觉绝不仅仅是一个体位的改变和强身健体那么简单。眼界的宽阔，看世界的角度不同，内脏器官的位置和功能的变化，骨关节和肌肉的运动形式丰富，都会给人带来巨大的，甚至是颠覆性的身心感受和认知变化。

人类从爬行到直立，经过了数万年时间，足以说明我们的祖先对站立的渴望。记得唐仪君（一位在"5·12"汶川特大地震中致双下肢高位截肢的患者）曾对我讲述他第一次坐起来和穿着假肢站起来时的激动和兴奋，仿佛觉得人对世界的看法都发生了巨大的改变。

目前，人类的科学技术还没有办法把损伤的脊髓修复，利用机器人可以帮助患者实现站起来，并走起来的愿望。励建安教授说，外骨骼机器人对于

失去站立或行走功能的患者，提供了直立行走康复训练新方式，可以帮助患者高频率长时间保持仿人行走运动训练。外骨骼机器人是励建安教授团队的科研成果之一，穿戴机器人完成康复马拉松，之前在全国无人涉入。

2018年11月15日，一场名为"科技助残"中国康复机器人马拉松在励建安教授工作站，新疆克州人民医院首站开跑。

从新疆克州州府阿图什，中国地区太阳最后落下的地方出发，两位在国内首次身穿外骨骼机器人的截瘫朋友——邵海朋和李涛，开启了他们特殊的征程：

11月15日：阿图什旅游集散中心—阿图什火车站——松他克乡瓮提尼沙克希望小学

邵海朋步行6公里，累计用时220分钟，李涛步行1.59公里，累计用时60分。

11月16日：新疆克州吐尔尕特口岸

邵海朋步行7公里，累计用时250分钟，李涛步行3.34公里，步行累计用时115分。

11月17日：新疆千年古城喀什噶尔古城

邵海朋步行1.71公里，累计用时70分钟，李涛步行1.71公里，累计用时55分。

11月18日：西安大雁塔景区

邵海朋步行0.51公里，累计用时20分钟。李涛步行3.63公里，累计用时140分。

11月19日：大唐芙蓉园

邵海朋步行4.41公里，累计用时165分钟，李涛步行1.6公里，累计用时58分。

11月20日：秦始皇兵马俑景区

邵海朋步行2.92公里，累计用时140分钟，李涛步行2.11公里，累计用时112分。

11月21日：北京亦庄国际企业文化园

邵海朋步行6.2公里，累计用时240分钟，李涛步行3.1公里，累计用时110分。

11月22日：北京天坛公园

邵海朋步行3.77公里，累计用时135分钟，李涛步行1.45公里，累计用

时 62 分。

11 月 23 日：北京国际企业文化园

邵海朋步行 9.7 公里，累计用时 340 分钟，李涛步行 3.1 公里，累计用时 110 分；

9 天的行走，9 天的辛苦跋涉，9 天对新的高度的不断挑战，邵海朋走完全程马拉松，累计用时 26.5 小时；李涛走完半程马拉松，累计用时 14 小时。他们创下了截瘫患者步行的新纪录。

11 月 29 日，邵海朋和李涛到达此次行程的终点——南京青年文化公园，参加了第三届中国康复马拉松。

我这次去南京，除了陪刘芳参加康复马拉松以外，另一个重要的目的就是亲手赠送给那些参赛的患者每人一本书。比赛结束后，我把签上了"奔跑吧，轮椅！"的《爬出废墟的孩子们——20 位汶川特大地震小伤员的 10 年成长》一个一个地送到坐着轮椅的朋友和慢性病患者手上。

赠书的过程中，我见到刚刚卸下机器人的李涛，就和他攀谈起来。对于首次穿着外骨骼机器人站立行走，李涛的感受是兴奋、紧张，感觉自己有希望了，视线也高了，能像正常人走了。

李涛是 2016 年因患脊髓炎而致截瘫的。能在短短的两年内摆脱心灵的痛苦，迈开大步运动起来，着实令人钦佩不已。

10 年来，和地震伤残者的接触，我非常了解他们的艰辛和勇气。

和李涛聊天的同时，他旁边另一位坐着轮椅的年轻人一直笑眯眯地看着我，我把目光投向他。李涛说这是邵海朋，他的同行人。我拿出一本书，签上字，送到邵海朋手里时，他迫不及待地告诉我：

"老师，我能说几句话吗？请你带给所有残疾的朋友。"

我立即拿出录音笔，记录下了邵海朋的话：

"我想通过这次活动让残疾人都看到，我们以后有希望；希望他们能够走出家门，自信地面对今后的生活。"

邵海朋是 2017 年 6 月第 12 胸椎、第 1 腰椎受损导致下肢瘫痪的。仅仅一年多时间，他完全走出阴影，走出家门，他特别感谢沈阳陆军总医院的康复医生和自己的母亲。目前他完全可以依靠自己的视听编辑和电路板的焊接技能自食其力。他说参加了这个行走的活动感到自己更自信了。待他经济条

件和身体条件都允许了，他要走遍全中国。

和李涛一样，邵海朋描述穿着机器人站起来的时候感觉特别复杂：期待、兴奋、心酸、担心，五味杂陈。

两位行者都谈到久违的站立看世界的视角、升起希望和希望后的担忧。他们期盼人类的科学技术能够更快地发展，能有更加智能和轻便的机器人帮助他们更自如地行走。

其实，我们都期盼。但无论现实怎样，他们的行走，他们的生活状态，是在向人们宣示着一种信念，一种精神。

出现在第三届中国康复马拉松上的另一位踩入"无人区"的人叫薛英勇。2004 年，薛英勇被诊断为肾功能衰竭，尿毒症已伴随他 14 年。在这 14 年中，他每周要做三次血液透析。当时的统计数据表明，中国的尿毒症患者平均寿命为 6 年。如今，14 年过去了，薛英勇还活跃在康复马拉松上，是什么力量、什么信念，让他创造了生命奇迹？

最大的力量是为了妻子、女儿，最强的信念是"生命在于运动"。

2004 年，薛英勇出院不久，一边坚持每周三次的透析，一边开始了慢跑运动。坚持跑步一段时间后，他发现自己的身体状态得到改善。于是，他为这个结果做出了一个合理的、在医学科学上也说得通的解释：

"跑步的过程会出大量的汗，对我的身体来说可以排毒，代偿了一部分肾脏功能。跑步增强了机体的代谢能力，让病理指标下降了很多，达到可以接受的范围。"

2015 年，薛英勇报名参加了第一个跑步比赛——李宁 10 公里跑，并且成功完赛。之后便"一发不可收拾"，几乎各个马拉松赛场上都能看到他的身影。到 2018 年底，薛英勇已经完成了 10 多场半程马拉松，20 场全程马拉松，获得了近 40 块马拉松奖牌。最好成绩是 2018 年在广州马拉松上跑出来的全程马拉松 3 小时 17 分 49 秒。这个成绩已经属于国内业余马拉松选手精英级别，战胜了 90% 以上的男子选手。

参加马拉松比赛两年多时间，薛英勇的身体更加强壮了。肌肉越来越结实，体力越来越好，而且每月一次的生化指标检查也证实了锻炼的效果，各项指标都有所改善。

"2018 年是他第一次参加中国康复马拉松，在半程马拉松中取得了佳

绩，希望他的经历能激励更多的患者参加到运动康复中来！"康复马拉松的组织者对我说。

"其实每场比赛的前一天，我一定是要在医院里透析的，我想以最好的状态去奔跑，在我热爱的赛道上，让大家看到活力无限的我。幸运的是每一次我都能全身而退。我们需要战胜自己，勇敢地面对生活的不幸与磨难，闯过去便是晴天。心态决定状态，跑步不但没有给我身体带来负面影响，而且让我充满了活力。当然运动也要量力而行，一切以安全为前提。我爱人和孩子给予了我很大的支持，每次我跑完马拉松后的状态，都让她们十分安心。"

薛英勇的话让人放心，他不仅在运动前后和运动的过程中严格监控自己的身体指标和反应，而且运动量的大小也是根据自己的感受和医生的建议而调整的。他并不是一位莽撞的"英勇者"，而是一位懂得科学健身的人。这就是他14年来能够顺利通过"生命禁区"，并且"全身而退"的秘诀。

"我们要坚强起来，勇于承担起家庭和社会的责任，而不是成为他们的负担。勇敢一点，你一定没问题。面对未来，充满信心，相信一切都是最好的安排。"

这是薛英勇想对中国几百万肾病患者说的话。

薛英勇给自己定了两个"10年计划"：

10年之后，在女儿的婚礼上，牵着她的手送上祝福；

10年后，一个小孩能牵着外公外婆的手去公园畅游，到海边看旭日东升，看夕阳西下，看繁星满天。

薛英勇说："我并非盲目乐观，一切皆源于对自己身体清楚的认识和对医学发展的信心。我坚信，20年后我还能奔跑在马拉松的赛道上。"

还有许多奔跑者的故事，没有写在纸上，但永远留在我的心里。

离开赛场，离开南京，离开那些勇敢的人，那些胸怀大爱的人，我内心充满了感动和力量。

康复医疗，运动康复，是一场马拉松，道路很长很长。

路漫漫其修远兮，吾将上下而求索。

我相信，这是所有康复患者和康复医者的共同誓言。

奔跑吧，为了健康！奔跑吧，轮椅！

后 记

"作家"是这样炼成的

——谨以此文献给我已故的爸爸

写完《大道之爱——汶川地震后公益人的十年行走》，突然有一种放不下笔的感觉。记录地震的人和事，已经成为一种情结。但更为主要的是，震后的故事总是源源不断地涌来，思绪总是源源不断地涌来，让我无法止步。

每每写到困难和劳累时，会发一阵毒誓：这本书完了再也不写书了。但每一本书完成后，又马上"背信弃义"，想起下一本书的名字。有点吃辣椒的意味。

写这本书其实没有写《爬出废墟续的孩子们》那么辛苦。写作的节奏也慢下来，有时候甚至很散漫。

没有压力地写作，才发现那是一种享受。因此又不可救药地想到教育和心理的问题：怎样让我们和我们的下一代去享受没有压力做事的过程。当然，这只是一种妄想。压力于人，也是有非常积极的意义的。于是，我们又在压力与轻松之间去寻找平衡点。

一本书的交稿，不仅仅意味着一个任务的完成，它最大的意义是给写作者带来成长。许多原来并没有的想法，并未料及的事情，并未听说的故事，随着文字的向前爬行跟随了出来。像间种、嫁接一样插到当中，突然觉得原本单薄的东西变得枝繁叶茂，有了更强的生命感。这给予作者的感受是非常奇特和美妙的。你也许就想在写作的路上一再走下去。无论你是学什么专业

的，都可以成为一名作家。

很小的时候，我拿着一本《沫若文集》看，除了小郭沫若从榕树上跳进河里挺好玩那一节能看懂，其他的完全不知所云。可是，学校的一位退休老教师却对我说：

"你以后要当作家。"

当作家？想都没想过。那时候作家思想"反动"，犯"错误"的很多，作品也大都成为了"毒草"。我爸的一些同事也因为写了些什么什么字，发表在什么什么刊物上成了"反革命"。就连这本《沫若文集》也是悄悄从我爸装书的木箱子最底下发现并偷出来的。《红岩》《老共青团员》《欧阳海之歌》《苦菜花》《红旗谱》《水浒传》等都是从那个木箱子里偷出来的。还发现了《红楼梦》，但没偷。听说那本书"毒性"特别大，我很乖，怕中"毒"，拿出来又放了回去。

又一次，我从家里的书架上取出一本《鲁迅文集》，坐在门外的过道上认真读。我妈欣然地说：

"你不简单哦，还读《鲁迅文集》。"我当时感受到那是一种讽刺，也是一种激励。

于是，我就更爱读书了。

那时候，图书馆没有多少书，有的都是毛主席著作和一些红色小说。浩然的小说放在书架最显眼处，我全部读了，而且反复读。最先是《艳阳天》，然后是《金光大道》《西沙儿女》短篇小说选集《幼苗集》，等等。

在那个文化枯竭的年代，浩然书中的许多人物形象和故事情节像清泉一样滋润着我的心田，伴随我度过好长一段孤独而美妙的日子。《艳阳天》里黄昏时，马和骡子嚼着青草发出好闻的气味和好听的声音的"冀中平原农村安谧的夜"、《金光大道》和《艳阳天》里小算盘、弯弯绕、紫茄子、应声虫、瓦刀脸、马小辫等栩栩如生的形象留在我的脑海里。

我爸见我酷爱读书，就开始给我买书。记得买的第一本书是《闪闪的红星》。当我打开书时，令我惊讶并感动的是，几乎在每一页好的描写，优美的词语下面都有爸用红笔划的道道。他已经把书细细地读了一遍。对我的要求是，读书的时候，要把那些划了红道道的内容抄下来。我内心里完全没有任何排斥，很乖地照着做。《闪闪的红星》我看得如痴如醉，现在回想起来，

都觉得是我这辈子看的最好看的小说。以后再买了书，爸叫我自己见到好的句子就划道道，然后边读边抄。我看完后，他还要检查我是否划的有错漏。到高中毕业时，我抄的读书笔记已有几十本。同时，爸还要求我写作文按照上面摩写。

我爸爸是我初中时的语文老师，他教我们写作文的方法看起来很笨拙，其实很扎实。在进行每一种描写时，先把好的范例用毛笔抄在纸上，贴满教室的墙壁。第一次叫我们选一段合适的移植（用现在的话说，就叫"粘贴"）在我们的作文中。他评分的标准就是看是否用得合适。第二次就仿写；第三次看实物描写；第四次想象虚构。场景描写、人物描写、情节描写等等，都这样训练。一学期下来，班里同学的作文写得都很好。

初二我转到一所公认为教学质量很高的学校。交第一次作文时，我觉得写得很不好，心里忐忑不安。没想到，我的作文很快成了全校的范文，在老师中传阅，在同学中朗读，在墙报上张贴。那时候，我才真正认识到我爸爸那种"笨办法"的效果。

作为一名教育工作者，常常思考这样的问题：教育是什么？什么是最好的教育方法？每一代人都在做出回答。但我相信我爸妈那一代教师的方法是正确有效的。

我 1977 年参加高考。因为左的政治影响还在，填报志愿时爸不太愿意我考文科，因为他的同学就因为在一些刊物上发表了文学作品而被打成右派，他担心我们重蹈覆辙。我只有报考理科，后来进了医学院。很多年以后，我都还有点埋怨我爸，我爸也觉得有些愧疚。后来我报考研究生第一次报新闻专业。那时候一个学医的跨科考新闻，简直是惊世骇俗，甚至是大义不道，要报上名必须经过许多人、许多部门签字、盖章，证明有同等学力。我爸心里是不赞成的，但自尊心很强，从不求人的他还是帮我跑了许多地方去说情，去盖章。那一次我没考上，后来才考了心理学。

许多年以后，我很感谢我学的两个专业：医学和心理学。如果没有这两个专业，我不可能写出那些书来。

我不敢自称作家。标题里用了这个词，一方面是对那位退休老师的感谢，是她点亮了我内心的小火苗；另一方面是告慰我爸爸的在天之灵。《灵与肉的守护——一个心理志愿者的震后援助手记》写作之前，他全力支持我参与

到灾后心理援助的公益活动中。写作过程中，他仔细帮我校稿。书出版后他是最认真阅读的一个人。他在读我的书时，跟几十年前读作家们的书一样，拿一支笔、一个笔记本，在书上划道道，抄写下他认为好的段落和词语。那时候，他正在编写他的《汉语叠词AABB》，我书中的好几个AABB叠词被他收录在书中，并引用了我的文字作为范例和解释。

遗憾的是，《爬出废墟的孩子们——20位汶川特大地震小伤员的10年成长》他没能看到。《大道之爱——汶川地震后公益人的十年行走》当然也不可能看见了。我唯一能够做的是把这些书放在他的墓地向他汇报。

我们一家人能够10年一直坚持做公益，深受我爸的影响。他是2016年6月离开我们的。就在他生命最后的一年里，他还时常问起我书里的那些孩子现在怎样了。我说孩子们都很好，他像个孩子一样地"嘿嘿"一笑，接着说"那就好那就好。"

2017年6月是老爸去世一周年，之后我就频频梦见当年辅导的那些孩子，并下决心要再写一本书反映他们10年的成长。我不知道这除了我的牵挂，是不是还因为老爸的暗中催促。我相信，一定是。

"5·12"汶川特大地震成就了我的作家梦。我怀着无限的感恩叩谢经历了大地震和参与灾后援助的所有人。

我也带着同样大的感恩和无比骄傲的心情说：

"老爸，我又出书了。谢谢您！"

如果可以叫"作家"的话，是我爸的那些笨办法把我炼成了作家。

我的爸爸叫袁岳，他是我的继父。他对我的爱，当之无愧地称得上"大道之爱"。

王洁玉

2018年10月15日

2008 年 5 月，百年职校创始人姚莉（站立左二）在绵竹中学临时搭建的抗震棚中向学生和家长介绍学校情况；中央电视台主持人朱迅（站立右二）等志愿者共同参与

2008 年 5 月 19 日，百年职校爱心志愿团队抵达四川绵竹地震灾区，为当地受灾学生带去急需的各类物资

2008 年，百年职校从地震灾区招收的 20 名学生成立了"川籍希望工程班"

2008年5月，现成都市谐福残疾人关爱中心的志愿者在灾区发放救援物资

2008年6月，程社明（中）在绵竹汉旺地震灾区为地震灾民做心理辅导

2008年，大学生志愿者罗彬（右二）在四川大学华西医院陪伴地震伤员

2008年5月，百年职校创始人姚莉（站立左二）在绵竹中学临时搭建的抗震棚中向学生和家长介绍学校情况；中央电视台主持人朱迅（站立右二）等志愿者共同参与

2008年5月19日，百年职校爱心志愿团队抵达四川绵竹地震灾区，为当地受灾学生带去急需的各类物资

2008年，百年职校从地震灾区招收的20名学生成立了"川籍希望工程班"

001

2008年5月，现成都市谐福残疾人关爱中心的志愿者在灾区发放救援物资

2008年6月，程社明（中）在绵竹汉旺地震灾区为地震灾民做心理辅导

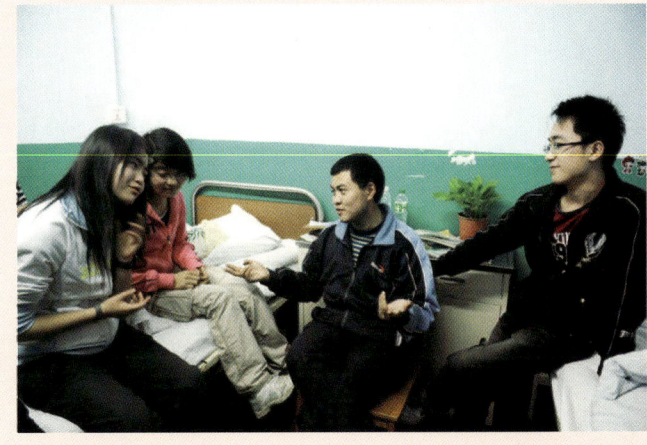

2008年，大学生志愿者罗彬（右二）在四川大学华西医院陪伴地震伤员

2009年，康复专家励建安（左二）率领江苏医疗队在四川绵竹进行康复医疗援助

2009年，康复医生孙增春（右一）到擂鼓镇探望地震伤员宋琴（左三）

2010年9月，友爱教育基金会理事长江上舟（左一）带病到地震灾区访问残疾学生家庭

2008 年 5 月，四川出版集团、四川科学技术出版社领导和四川省疾病防控中心领导商讨救灾事宜

2008 年 5 月，四川出版集团、四川科学技术出版社领导接受中央电视台记者采访

四川科学技术出版社和浙江科学技术出版社等出版的关于抗震救灾的图书

2009 年，康复专家励建安（左二）率领江苏医疗队在四川绵竹进行康复医疗援助

2009 年，康复医生孙增春（右一）到擂鼓镇探望地震伤员宋琴（左三）

2010 年 9 月，友爱教育基金会理事长江上舟（左一）带病到地震灾区访问残疾学生家庭

2008 年 5 月，四川出版集团、四川科学技术出版社领导和四川省疾病防控中心领导商讨救灾事宜

2008 年 5 月，四川出版集团、四川科学技术出版社领导接受中央电视台记者采访

四川科学技术出版社和浙江科学技术出版社等出版的关于抗震救灾的图书

2011 年 6 月 30 日，为纪念中国共产党建党 90 周年，都江堰市友爱学校师生在天安门广场看升国旗后合影

2014 年 11 月 3 日，"五彩基金"秘书长张骏（后排左二）、艺术总监熊文韵（右三）及老师们带领"5·12"地震小伤员在美国联合国大厦参加"五彩纽约行"画展

2017年，康复专家励建安（后左三）、李勇强（后左一）等在南京中国第二届康复马拉松上陪参赛患者一起完成比赛

2017年11月，作者王洁玉（左一）在南京中国第三届康复马拉松上给残疾朋友签名送书

"五彩基金"艺术总监熊文韵（右二）给志愿者做培训

2011 年 6 月 30 日，为纪念中国共产党建党 90 周年，都江堰市友爱学校师生在天安门广场看升国旗后合影

2014 年 11 月 3 日，"五彩基金"秘书长张骏（后排左二）、艺术总监熊文韵（右三）及老师们带领"5·12"地震小伤员在美国联合国大厦参加"五彩纽约行"画展

2017 年，康复专家励建安（后左三）、李勇强（后左一）等在南京中国第二届康复马拉松上陪参赛患者一起完成比赛

2017 年 11 月，作者王洁玉（左一）在南京中国第三届康复马拉松上给残疾朋友签名送书

"五彩基金"艺术总监熊文韵（右二）给志愿者做培训

2018 年 2 月 8 日，德国总统弗兰克－瓦尔特·施泰因迈尔到访都江堰，和都江堰市友爱学校的学生下国际跳棋

2018 年 4 月 23 日，作者胡波儿（右二）和父亲胡宪生（右一）、母亲王洁玉（左）陪地震伤员宋馨懿（左二）植树

2018 年 5 月 9 日，作者胡波儿（左一）在成都谐福残疾人关爱中心陪伴残疾孩子

2018年11月,邵海朋(左)、李涛(右)两位截瘫患者穿戴外骨骼机器人从新疆克孜勒苏柯尔克孜自治州州府阿图什出发走向南京康复马拉松赛场

成都市谐福残疾人关爱中心的志愿者和残疾孩子及家人们在一起

2018年6月,程社明(右五)带领团队在地震灾区为受灾群众做团体心理辅导

2018年2月8日，德国总统弗兰克-瓦尔特·施泰因迈尔到访都江堰，和都江堰市友爱学校的学生下国际跳棋

2018年4月23日，作者胡波儿（右二）和父亲胡宪生（右一）、母亲王洁玉（左）陪地震伤员宋馨懿（左二）植树

2018年5月9日，作者胡波儿（左一）在成都谐福残疾人关爱中心陪伴残疾孩子

007

2018年11月，邵海朋（左）、李涛（右）两位截瘫患者穿戴外骨骼机器人从新疆克孜勒苏柯尔克孜自治州州府阿图什出发走向南京康复马拉松赛场

成都市谐福残疾人关爱中心的志愿者和残疾孩子及家人们在一起

2018年6月，程社明（右五）带领团队在地震灾区为受灾群众做团体心理辅导